하루 한 장으로
규칙적인 수학 습관을 기르자!

한장 수학

중학 **수학 2(상)**

KB193051

| 기획 및 개발 |

최다인 윤미선

| 집필 및 검토 |

정란(옥정중) 강해기(배재중)

| 검토 |

김민정(관악고) 오혜경(동덕여중)

✦ 수학 전문가 100여 명의 노하우로 만든
   수학 특화 시리즈

✦ 연산 ε ▸ 개념 α ▸ 유형 β ▸ 고난도 Σ 의
   단계별 영역 구성

✦ 난이도별, 유형별 선택으로
   사용자 맞춤형 학습

기본부터 심화까지 **단계별 수학**

연산 ε(6책) | **개념 α**(6책) | **유형 β**(6책) | **고난도 Σ**(6책)

EBS No.1 과목 특화 브랜드

하루 한 장으로
규칙적인 수학 습관을 기르자!

한 장 수학

중학 **수학** 2(상)

Structure

▶ 한 장 공부 표

학습할 개념의 흐름을 파악한 후 한 장 공부 표를 활용하여 학습량을 계획하고 공부한 날짜를 기록해 보아요.

개념 학습하기

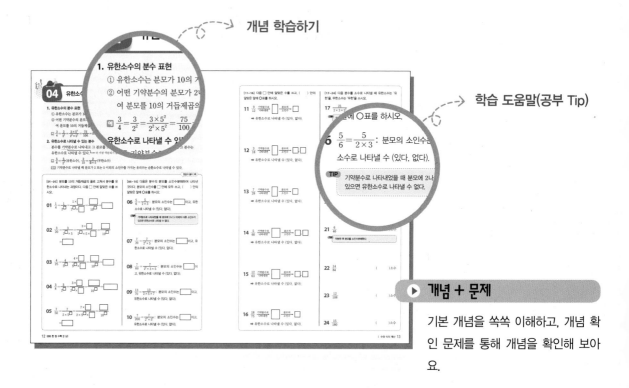

학습 도움말(공부 Tip)

▶ 개념 + 문제

기본 개념을 쏙쏙 이해하고, 개념 확인 문제를 통해 개념을 확인해 보아요.

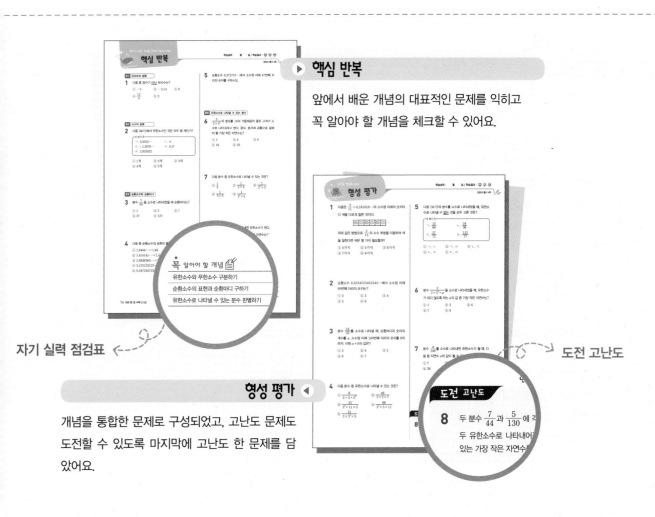

핵심 반복

앞에서 배운 개념의 대표적인 문제를 익히고
꼭 알아야 할 개념을 체크할 수 있어요.

자기 실력 점검표

도전 고난도

형성 평가

개념을 통합한 문제로 구성되었고, 고난도 문제도
도전할 수 있도록 마지막에 고난도 한 문제를 담
았어요.

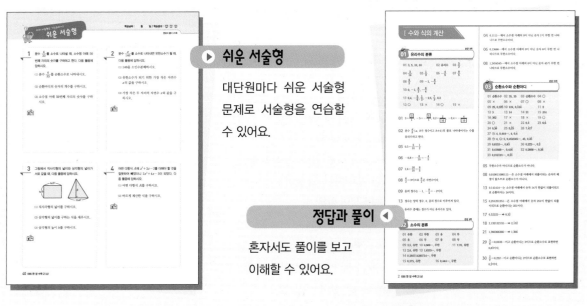

쉬운 서술형

대단원마다 쉬운 서술형
문제로 서술형을 연습할
수 있어요.

정답과 풀이

혼자서도 풀이를 보고
이해할 수 있어요.

이 책의 **차례**

Contents

III 함수

Application

1 하루 한 쟁! 수학은 규칙적으로 꾸준히 공부하자.

한 장 공부 표를 이용하여 매일 한 장씩 공부 계획을 세우고, 공부한 날짜 및 학습결과를 체크하면서 공부하는 습관을 들여요. 문제의 난이도는 낮추고 학습할 분량을 줄여서 부담 없이 공부할 수 있도록 구성하였기 때문에 어려움 없이 학습할 수 있습니다. 수학은 매일매일 꾸준히 공부하는 습관이 가장 중요한 거 아시죠? **한 장 수학**을 통해 수학 공부 습관을 길러 보세요.

2 단기간에 빠르게 끝내고 싶다면 하루 두 장! 또는 하루 세 장!

개념과 문제가 한 장씩 끊어지도록 구성되어 있는 교재입니다. 단기간에 책 한 권을 끝내고 싶다면 쉬운 난이도의 교재이기 때문에 하루 두 장, 또는 하루 세 장 분량의 학습량을 정하여 공부하는 것도 좋은 방법입니다. 처음부터 두 장 이상의 학습량이 부담스럽다면 처음에는 한 장씩 학습하여 매일 공부 습관을 기르고 점차 학습량을 늘리는 것도 방법이지요.

3 학습 결과를 분석하여 부족한 개념은 다시 복습한다.

핵심 반복, 형성 평가의 문제를 풀고 틀린 문제의 개념은 다시 복습해야 합니다. 수학은 틀린 문제의 개념이 무엇인지 파악하고 다시 복습하여 그 개념을 확실히 이해해야 다음에 비슷한 문제가 나와도 틀리지 않기 때문에 복습이 무엇보다 중요한 것 잊지 마세요.

I 수와 식의 계산

		공부할 날짜를 계획해 봐요.	공부한 날짜를 기록해 봐요.	학습 결과를 체크해 봐요.	학습 과정, 학습 결과에 대한 원인을 생각해 볼까요?	학습 결과가 만족스럽지 못하다면 추가 학습을 해 봐요.
한 장 공부 표	**학습 내용**	**계획하기**	**학습하기**	**확인하기**	**분석하기**	**추가 학습하기**
01장	01. 유리수의 분류 / 02. 소수의 분류	월 일	월 일	😊 😐 😣 잘함 보통 노력		월 일
02장	03. 순환소수와 순환마디	월 일	월 일	😊 😐 😣		월 일
03장	04. 유한소수로 나타낼 수 있는 분수	월 일	월 일	😊 😐 😣		월 일
04장	핵심 반복 / 형성 평가	월 일	월 일	😊 😐 😣		월 일
05장	05. 순환소수를 분수로 나타내기(1)	월 일	월 일	😊 😐 😣		월 일
06장	06. 순환소수를 분수로 나타내기(2)	월 일	월 일	😊 😐 😣		월 일
07장	07. 순환소수의 대소 관계와 사칙연산 08. 유리수와 소수의 관계	월 일	월 일	😊 😐 😣		월 일
08장	핵심 반복 / 형성 평가	월 일	월 일	😊 😐 😣		월 일
09장	09. 지수법칙(1), (2) / 10. 지수법칙(3)	월 일	월 일	😊 😐 😣		월 일
10장	11. 지수법칙(4) / 12. 단항식의 곱셈	월 일	월 일	😊 😐 😣		월 일
11장	13. 단항식의 나눗셈 14. 단항식의 곱셈과 나눗셈의 혼합 계산	월 일	월 일	😊 😐 😣		월 일
12장	핵심 반복 / 형성 평가	월 일	월 일	😊 😐 😣		월 일
13장	15. 다항식의 덧셈과 뺄셈 16. 여러 가지 괄호가 있는 식의 덧셈과 뺄셈	월 일	월 일	😊 😐 😣		월 일
14장	17. 이차식의 덧셈과 뺄셈 18. 단항식과 다항식의 곱셈	월 일	월 일	😊 😐 😣		월 일
15장	19. 다항식과 단항식의 나눗셈 20. 단항식과 다항식의 혼합 계산	월 일	월 일	😊 😐 😣		월 일
16장	핵심 반복 / 형성 평가 / 쉬운 서술형	월 일	월 일	😊 😐 😣		월 일

16장으로 수와 식의 계산 학습 끝!!

01 유리수의 분류

1. 유리수: 분수 $\dfrac{a}{b}$ (a, b가 정수이고, $b \neq 0$)의 꼴로 나타내어지는 수

2. 유리수의 분류

유리수 ┌ 정수 ┌ 양의 정수(자연수): 1, 2, 3, …
　　　　│　　　├ 0
　　　　│　　　└ 음의 정수: −1, −2, −3, …
　　　　└ 정수가 아닌 유리수: 예 1.5, −0.4, $\dfrac{1}{6}$, $-\dfrac{3}{7}$, …

참고 분수를 기약분수로 만들었을 때
　　• 분모가 1이면 ➡ 정수
　　• 분모에 1이 아닌 다른 수가 남아 있으면 ➡ 정수가 아닌 유리수

정답과 풀이 2쪽

[01~02] 다음 □ 안에 알맞은 것을 쓰시오.

01 $3 = \dfrac{\boxed{}}{1}$, $-5 = -\dfrac{\boxed{}}{1}$, $0.2 = \dfrac{2}{\boxed{}}$,

$-0.4 = -\dfrac{4}{\boxed{}}$

02 3, −5, 0.2, −0.4는 분모, 분자가 모두 정수인 분수의 꼴로 나타낼 수 있으므로 $\boxed{}$ 이다.

[03~07] 다음 수를 기약분수의 꼴로 나타내시오.

03 $\dfrac{15}{6}$

04 $\dfrac{12}{56}$

05 0.5

06 −0.8

07 1.6

[08~11] 다음에 해당하는 수를 〈보기〉에서 모두 고르시오.

┤ 보기 ├
0	−1	$\dfrac{6}{2}$	0.4	$-\dfrac{5}{6}$
$\dfrac{1}{2}$	−2.5	$\dfrac{7}{3}$	0.3	$-\dfrac{8}{4}$

08 자연수

09 음의 정수

10 정수

11 정수가 아닌 유리수

[12~15] 다음 중 옳은 것은 〇표, 옳지 않은 것은 ✕표를 하시오.

12 모든 자연수는 유리수이다. 　　　　　(　　　)

13 정수는 양의 정수, 음의 정수로만 이루어져 있다.
　　　　　　　　　　　　　　　　　(　　　)

14 유리수는 모두 분수로 나타낼 수 있다. (　　　)

15 유리수는 정수이다. 　　　　　　　(　　　)

02 소수의 분류

1. 유한소수: 소수점 아래의 0이 아닌 숫자가 유한 번 나타나는 소수

　예 0.2, 3.15, 1.02002

2. 무한소수: 소수점 아래의 0이 아닌 숫자가 무한 번 나타나는 소수

　예 0.2222…, 3.141592…, 1.4646…

정답과 풀이 2쪽

[01~02] 다음 □ 안에 알맞은 것을 쓰시오.

01 0.12는 소수점 아래의 0이 아닌 숫자가 유한 번 나타나므로 □ 소수이다.

02 0.121212…는 소수점 아래의 0이 아닌 숫자가 무한 번 나타나므로 □ 소수이다.

[03~08] 다음 소수가 유한소수이면 '유', 무한소수이면 '무'를 쓰시오.

03 0.1　　　　　　　　　(　　)

04 0.1111…　　　　　　　(　　)

05 1.25　　　　　　　　　(　　)

06 0.13666…　　　　　　　(　　)

07 0.2456　　　　　　　　(　　)

08 1.2454545…　　　　　　(　　)

[09~10] 다음 분수를 나눗셈을 이용하여 소수로 나타내고, 유한소수와 무한소수로 구분하시오.

09 $\dfrac{7}{2}=$ □

➡ □ 소수

$2\,)\overline{7}$

10 $\dfrac{2}{3}=$ □

➡ □ 소수

$3\,)\overline{2}$

[11~16] 분수를 소수로 나타내고, 유한소수인지 무한소수인지 알아보려고 한다. 다음 □ 안에 알맞은 것을 쓰시오.

11 $\dfrac{9}{4}=$ □ ➡ □ 소수

12 $\dfrac{13}{5}=$ □ ➡ □ 소수

13 $\dfrac{11}{6}=$ □ ➡ □ 소수

14 $\dfrac{2}{7}=$ □ ➡ □ 소수

15 $\dfrac{3}{8}=$ □ ➡ □ 소수

16 $\dfrac{4}{9}=$ □ ➡ □ 소수

순환소수와 순환마디

1. 순환소수: 소수점 아래의 어떤 자리에서부터 일정한 숫자의 배열이 한없이 되풀이되는 무한소수

　예　$0.222\cdots,\ 1.4535353\cdots,\ 1.271271271\cdots$

2. 순환마디: 순환소수의 소수점 아래에서 한없이 되풀이되는 가장 짧은 한 부분

　예　$0.222\cdots$: 2, $1.4535353\cdots$: 53, $1.271271271\cdots$: 271

3. 순환소수의 표현: 순환마디의 양 끝의 숫자 위에 점을 찍어서 나타낸다.

　예　$0.222\cdots=0.\dot{2},\ 1.4535353\cdots=1.4\dot{5}\dot{3},\ 1.271271271\cdots=1.\dot{2}7\dot{1}$

- $0.aaa\cdots=0.\dot{a}$
- $0.ababab\cdots=0.\dot{a}\dot{b}$
- $0.abcabc\cdots=0.\dot{a}b\dot{c}$

　참고　• 무한소수 중에는 $0.101101110\cdots$, $\pi=3.141592\cdots$와 같이 순환소수가 아닌 소수도 있다.

　　　• 순환마디는 소수점 아래에서 처음으로 반복되는 부분을 찾는다.

　예　$0.235235235\cdots$에서 순환마디는 235(○), 352(×), 523(×)이다.

정답과 풀이 2쪽

[01~03] 다음 □ 안에 알맞은 것을 쓰시오.

01 $0.343434\cdots$는 소수점 아래에서 숫자 34가 한없이 되풀이되므로 ⬜이다.

02 $0.353535\cdots$는 소수점 아래에서 숫자 ⬜가 한없이 되풀이되므로 순환마디는 ⬜이다.

03 $0.1223334444\cdots$는 소수점 아래에서 되풀이되는 숫자의 배열이 없으므로 ⬜가 아니다.

[04~08] 다음 소수 중 순환소수는 ○표, 순환소수가 아닌 것은 ×표를 하시오.

04 $0.3333\cdots$ 　　　　　　　　　(　　)

05 0.727272 　　　　　　　　　(　　)

06 $0.123456\cdots$ 　　　　　　　(　　)

> TIP　일정한 숫자의 배열이 반복되어야 순환소수이다.

07 $0.123123123\cdots$ 　　　　　(　　)

08 $0.010011000111\cdots$ 　　　(　　)

[09~10] 다음 □ 안에 알맞은 것을 쓰시오.

09 순환소수 $0.3252525\cdots$의 순환마디는 ⬜이고, 순환마디에 점을 찍어 간단히 나타내면 ⬜이다.

10 순환소수 $0.124124124\cdots$의 순환마디는 ⬜이고, 순환마디에 점을 찍어 간단히 나타내면 ⬜이다.

[11~16] 다음 순환소수의 순환마디를 찾아 쓰시오.

11 $0.222\cdots$

12 $3.333\cdots$

13 $0.141414\cdots$

14 $1.212121\cdots$

15 $0.251251251\cdots$

16 $2.362362362\cdots$

[17~21] 다음 순환소수의 순환마디 위에 점을 찍어 나타낸 것으로 옳은 것은 ○표, 옳지 않은 것은 ×표를 하시오.

17 $0.32222\cdots \Rightarrow 0.3\dot{2}\dot{2}$　　　　（　　　）

18 $2.132132132\cdots \Rightarrow \dot{2}.1\dot{3}$　　　（　　）

19 $1.515151\cdots \Rightarrow 1.5\dot{1}$　　　　（　　）

20 $1.4275275275\cdots \Rightarrow 1.4\dot{2}7\dot{5}$　　（　　　）

21 $1.366366366\cdots \Rightarrow 1.\dot{3}6\dot{6}$　　　（　　）

[22~26] 다음 순환소수의 순환마디에 점을 찍어 나타내시오.

22 $0.444\cdots$

23 $6.666\cdots$

24 $0.383838\cdots$

25 $5.252525\cdots$

26 $7.417417417\cdots$

> **TIP** 순환마디의 양 끝의 숫자 위에 점을 찍어서 나타낸다.

[27~33] 다음 분수를 소수로 고친 후 순환마디에 점을 찍어 간단히 나타내시오.

27 $\dfrac{4}{9}$

소수: _____

순환마디: _____

순환소수의 표현: _____

$$\begin{array}{r} 0.4\boxed{㉠}\cdots \\ 9\overline{)4\ 0} \\ 3\ 6 \\ \hline 4\ 0 \\ 3\ 6 \\ \hline 4 \end{array}$$

같다

28 $\dfrac{5}{11}$

소수: _____

순환마디: _____

순환소수의 표현: _____

$$\begin{array}{r} 0.45\boxed{㉠}\boxed{㉡}\cdots \\ 11\overline{)5\ 0} \\ 4\ 4 \\ \hline 60 \\ 55 \\ \hline 5 \end{array}$$

같다

29 $\dfrac{5}{6}$

소수: _____

순환소수의 표현: _____

30 $\dfrac{2}{9}$

소수: _____

순환소수의 표현: _____

31 $\dfrac{5}{12}$

소수: _____

순환소수의 표현: _____

32 $\dfrac{4}{15}$

소수: _____

순환소수의 표현: _____

33 $\dfrac{7}{33}$

소수: _____

순환소수의 표현: _____

04 유한소수로 나타낼 수 있는 분수

1. 유한소수의 분수 표현

① 유한소수는 분모가 10의 거듭제곱인 분수로 나타낼 수 있다. ➡ 분모의 소인수가 2나 5뿐이다.

② 어떤 기약분수의 분모가 2나 5만을 소인수로 가지면 분모, 분자에 2 또는 5의 <u>거듭제곱을 적당히 곱하</u>여 분모를 10의 거듭제곱의 꼴로 고쳐서 그 분수를 유한소수로 나타낼 수 있다. └─→ 2와 5의 지수가 같도록 만든다.

예 $\dfrac{3}{4}=\dfrac{3}{2^2}=\dfrac{3\times5^2}{2^2\times5^2}=\dfrac{75}{100}=0.75$

2. 유한소수로 나타낼 수 있는 분수

분수를 <u>기약분수</u>로 나타내고 그 분모를 소인수분해하였을 때, 분모의 소인수가 2나 5뿐이면 그 분수는 유한소수로 나타낼 수 있다. └─→ 더 이상 약분되지 않는 분수

예 $\dfrac{5}{8}=\dfrac{5}{2^3}$(유한소수), $\dfrac{2}{15}=\dfrac{2}{3\times5}$(무한소수)

참고 기약분수로 나타낼 때 분모가 2 또는 5 이외의 소인수를 가지는 유리수는 순환소수로 나타낼 수 있다.

정답과 풀이 3쪽

[01~05] 분모를 10의 거듭제곱의 꼴로 고쳐서 분수를 유한소수로 나타내는 과정이다. 다음 □ 안에 알맞은 수를 쓰시오.

01 $\dfrac{1}{4}=\dfrac{1}{2^\square}=\dfrac{1\times\square}{2^\square\times\square}=\dfrac{\square}{10^\square}=\boxed{}$

02 $\dfrac{3}{20}=\dfrac{3}{2^\square\times5}=\dfrac{3\times\square}{2^\square\times5\times\square}=\dfrac{\square}{10^\square}$

$=\boxed{}$

03 $\dfrac{4}{25}=\dfrac{4}{5^\square}=\dfrac{4\times\square}{5^\square\times\square}=\dfrac{\square}{10^\square}=\boxed{}$

04 $\dfrac{3}{8}=\dfrac{3}{2^\square}=\dfrac{3\times\square}{2^\square\times\square}=\dfrac{\square}{10^\square}=\boxed{}$

05 $\dfrac{7}{50}=\dfrac{7}{2\times5^\square}=\dfrac{7\times\square}{2\times5^\square\times\square}=\dfrac{\square}{10^\square}$

$=\boxed{}$

[06~10] 다음은 분수의 분모를 소인수분해하여 나타낸 것이다. 분모의 소인수를 □ 안에 모두 쓰고, (　　) 안의 알맞은 말에 ○표를 하시오.

06 $\dfrac{5}{6}=\dfrac{5}{2\times3}$: 분모의 소인수는 $\boxed{}$ 이고, 유한소수로 나타낼 수 (있다, 없다).

TIP 기약분수로 나타내었을 때 분모에 2나 5 이외의 다른 소인수가 있으면 유한소수로 나타낼 수 없다.

07 $\dfrac{7}{20}=\dfrac{7}{2^2\times5}$: 분모의 소인수는 $\boxed{}$ 이고, 유한소수로 나타낼 수 (있다, 없다).

08 $\dfrac{7}{60}=\dfrac{7}{2^2\times3\times5}$: 분모의 소인수는 $\boxed{}$ 이고, 유한소수로 나타낼 수 (있다, 없다).

09 $\dfrac{13}{70}=\dfrac{13}{2\times5\times7}$: 분모의 소인수는 $\boxed{}$ 이고, 유한소수로 나타낼 수 (있다, 없다).

10 $\dfrac{7}{200}=\dfrac{7}{2^3\times5^2}$: 분모의 소인수는 $\boxed{}$ 이고, 유한소수로 나타낼 수 (있다, 없다).

[11~16] 다음 □ 안에 알맞은 수를 쓰고, (　　) 안의 알맞은 말에 ○표를 하시오.

11 $\dfrac{9}{12}$ $\xrightarrow{\text{기약분수로}\atop\text{나타내면}}$ ☐ $\xrightarrow{\text{분모의}\atop\text{소인수}}$ ☐

➡ 유한소수로 나타낼 수 (있다, 없다).

12 $\dfrac{3}{18}$ $\xrightarrow{\text{기약분수로}\atop\text{나타내면}}$ ☐ $\xrightarrow{\text{분모의}\atop\text{소인수}}$ ☐, ☐

➡ 유한소수로 나타낼 수 (있다, 없다).

13 $\dfrac{7}{28}$ $\xrightarrow{\text{기약분수로}\atop\text{나타내면}}$ ☐ $\xrightarrow{\text{분모의}\atop\text{소인수}}$ ☐

➡ 유한소수로 나타낼 수 (있다, 없다).

14 $\dfrac{5}{60}$ $\xrightarrow{\text{기약분수로}\atop\text{나타내면}}$ ☐ $\xrightarrow{\text{분모의}\atop\text{소인수}}$ ☐, ☐

➡ 유한소수로 나타낼 수 (있다, 없다).

15 $\dfrac{12}{63}$ $\xrightarrow{\text{기약분수로}\atop\text{나타내면}}$ ☐ $\xrightarrow{\text{분모의}\atop\text{소인수}}$ ☐, ☐

➡ 유한소수로 나타낼 수 (있다, 없다).

16 $\dfrac{18}{75}$ $\xrightarrow{\text{기약분수로}\atop\text{나타내면}}$ ☐ $\xrightarrow{\text{분모의}\atop\text{소인수}}$ ☐

➡ 유한소수로 나타낼 수 (있다, 없다).

[17~24] 다음 분수를 소수로 나타낼 때 유한소수는 '유한'을, 무한소수는 '무한'을 쓰시오.

17 $\dfrac{21}{2\times3\times5^2}$　　　　(　　　)소수

TIP 약분하여 기약분수로 나타낸 후 분모의 소인수를 살펴본다.

18 $\dfrac{12}{2^2\times3\times5}$　　　　(　　　)소수

19 $\dfrac{15}{2\times5^2\times7}$　　　　(　　　)소수

20 $\dfrac{63}{2^3\times3\times5\times7}$　　　　(　　　)소수

21 $\dfrac{6}{40}$　　　　(　　　)소수

TIP 약분한 후 분모를 소인수분해한다.

22 $\dfrac{14}{84}$　　　　(　　　)소수

23 $\dfrac{12}{108}$　　　　(　　　)소수

24 $\dfrac{15}{180}$　　　　(　　　)소수

01 유리수의 분류

1 다음 중 정수가 <u>아닌</u> 유리수는?

① -5 ② -3.14 ③ 0

④ $\dfrac{12}{6}$ ⑤ 3

02 소수의 분류

2 다음 〈보기〉에서 무한소수인 것은 모두 몇 개인가?

┤ 보기 ├

ㄱ. $0.5555\cdots$ ㄴ. π

ㄷ. $-1.2678\cdots$ ㄹ. 0.37

ㅁ. 2.022022

① 1개   ② 2개   ③ 3개

④ 4개   ⑤ 5개

03 순환소수와 순환마디

3 분수 $\dfrac{7}{55}$을 소수로 나타내었을 때 순환마디는?

① 1 ② 2 ③ 7

④ 27 ⑤ 127

4 다음 중 순환소수의 표현이 옳지 <u>않은</u> 것은?

① $1.6444\cdots = 1.6\dot{4}$

② $1.414141\cdots = \dot{1}.\dot{4}$

③ $2.5838383\cdots = 2.5\dot{8}\dot{3}$

④ $3.123123123\cdots = 3.\dot{1}2\dot{3}$

⑤ $5.347234723472\cdots = 5.3\dot{4}7\dot{2}$

5 순환소수 $0.373737\cdots$에서 소수점 아래 47번째 자리의 숫자를 구하시오.

04 유한소수로 나타낼 수 있는 분수

6 $\dfrac{3}{2 \times 5^3}$의 분모를 10의 거듭제곱의 꼴로 고쳐서 소수로 나타내려고 한다. 분모, 분자에 공통으로 곱해야 할 가장 작은 자연수는?

① 2 ② 4 ③ 8

④ 10 ⑤ 25

7 다음 분수 중 유한소수로 나타낼 수 있는 것은?

① $\dfrac{1}{3}$ ② $\dfrac{1}{2 \times 3}$ ③ $\dfrac{1}{2^2 \times 3}$

④ $\dfrac{1}{3 \times 5}$ ⑤ $\dfrac{1}{2^2 \times 5}$

8 $\dfrac{2}{3 \times 5} \times n$을 소수로 나타내면 유한소수가 된다. 이때 n의 값이 될 수 있는 가장 작은 자연수는?

① 2 ② 3 ③ 4

④ 5 ⑤ 6

꼭 알아야 할 개념

	1차	2차	시험 직전
유한소수와 무한소수 구분하기			
순환소수의 표현과 순환마디 구하기			
유한소수로 나타낼 수 있는 분수 판별하기			

1 다음은 $\dfrac{2}{11}=0.181818\cdots$의 소수점 아래의 숫자마다 색을 다르게 칠한 것이다.

⬤⬤⬤⬤⬤⬤ …

위와 같은 방법으로 $\dfrac{3}{13}$의 소수 부분을 이용하여 색을 칠한다면 색은 몇 가지 필요할까?

① 4가지　　　② 5가지　　　③ 6가지
④ 7가지　　　⑤ 8가지

2 순환소수 $0.6234523452345\cdots$에서 소수점 아래 99번째 자리의 숫자는?

① 2　　　　② 3　　　　③ 4
④ 5　　　　⑤ 6

3 분수 $\dfrac{14}{33}$를 소수로 나타낼 때, 순환마디의 숫자의 개수를 a, 소수점 아래 100번째 자리의 숫자를 b라 하자. 이때 $a+b$의 값은?

① 3　　　　② 4　　　　③ 5
④ 6　　　　⑤ 7

4 다음 분수 중 유한소수로 나타낼 수 있는 것은?

① $\dfrac{8}{2\times3\times5^2}$　　　　② $\dfrac{48}{3\times5\times7}$

③ $\dfrac{21}{2^2\times11\times5}$　　　　④ $\dfrac{66}{2^3\times5\times11}$

⑤ $\dfrac{12}{2\times3^2\times5}$

5 다음 〈보기〉의 분수를 소수로 나타내었을 때, 유한소수로 나타낼 수 <u>없는</u> 것을 모두 고른 것은?

┤ 보기 ├
ㄱ. $\dfrac{15}{60}$　　　　ㄴ. $\dfrac{24}{36}$
ㄷ. $\dfrac{27}{72}$　　　　ㄹ. $\dfrac{132}{77}$

① ㄱ, ㄴ　　　② ㄱ, ㄹ　　　③ ㄴ, ㄷ
④ ㄴ, ㄹ　　　⑤ ㄷ, ㄹ

6 분수 $\dfrac{3}{2\times5^2\times a}$을 소수로 나타내었을 때, 유한소수가 되지 않도록 하는 a의 값 중 가장 작은 자연수는?

① 1　　　　② 3　　　　③ 6
④ 7　　　　⑤ 9

7 분수 $\dfrac{a}{336}$를 소수로 나타내면 유한소수가 될 때, 다음 중 자연수 a의 값이 될 수 있는 것은?

① 7　　　　② 14　　　　③ 21
④ 28　　　　⑤ 35

난 풀 수 있다. 고난도!!

도전 고난도

8 두 분수 $\dfrac{7}{44}$과 $\dfrac{5}{130}$에 각각 a를 곱하면 두 분수 모두 유한소수로 나타내어진다. 이때 a의 값이 될 수 있는 가장 작은 자연수를 구하시오.

05 순환소수를 분수로 나타내기(1)

학습날짜 :　　　월　　　일 / 학습결과 : 😊 😐 😣

(1) 순환소수를 x로 놓는다.
(2) 양변에 적당한 10의 거듭제곱을 곱하여 소수점 아래 부분이 같도록 두 식을 만든다.
(3) 두 식을 변끼리 빼서 x의 값을 구한다.
참고 소수 부분이 같은 두 순환소수의 차는 정수이다.

$x=0.3333\cdots$이라고 하면
$10x=3.3333\cdots$
$-)\quad x=0.3333\cdots$
$\quad 9x=3$
$\therefore x=\dfrac{3}{9}=\dfrac{1}{3}$

정답과 풀이 5쪽

[01~02] 순환소수를 기약분수로 나타내는 과정이다. 다음 □ 안에 알맞은 수를 쓰시오.

01　$0.\dot{4}$

$0.\dot{4}$를 x로 놓으면
$x=0.444\cdots$　　　…… ㉠
㉠×□을 하면
□$x=4.444\cdots$　　　…… ㉡
㉡−㉠을 하면
$\quad\quad$□$x=4.444\cdots$
$-)\quad\quad x=0.444\cdots$
$\quad\quad$□$x=$□
$\therefore x=$□

02　$0.\dot{3}\dot{4}$

$0.\dot{3}\dot{4}$를 x로 놓으면
$x=0.343434\cdots$　　　…… ㉠
㉠×□을 하면
□$x=34.343434\cdots$　　　…… ㉡
㉡−㉠을 하면
$\quad\quad$□$x=34.343434\cdots$
$-)\quad\quad x=\ \ 0.343434\cdots$
$\quad\quad$□$x=$□
$\therefore x=$□

[03~07] 다음 순환소수를 기약분수로 나타내시오.

03　$0.\dot{5}$

TIP $0.\dot{5}$를 x로 놓는다.

04　$2.\dot{3}$

05　$0.\dot{2}\dot{7}$

06　$1.\dot{8}\dot{2}$

07　$0.\dot{4}1\dot{3}$

[08~10] 순환소수를 기약분수로 나타내는 과정이다. 다음 □ 안에 알맞은 수를 쓰시오.

08 $0.3\dot{2}$

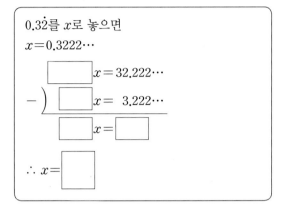

$0.3\dot{2}$를 x로 놓으면
$x=0.3222\cdots$

$$\boxed{}\,x=32.222\cdots$$
$$-\,\boxed{}\,x=\ \ 3.222\cdots$$
$$\boxed{}\,x=\boxed{}$$

$$\therefore\ x=\boxed{}$$

09 $1.6\dot{3}$

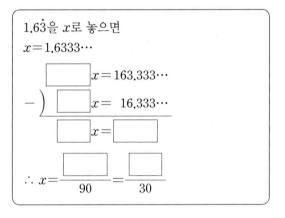

$1.6\dot{3}$을 x로 놓으면
$x=1.6333\cdots$

$$\boxed{}\,x=163.333\cdots$$
$$-\,\boxed{}\,x=\ \ 16.333\cdots$$
$$\boxed{}\,x=\boxed{}$$

$$\therefore\ x=\frac{\boxed{}}{90}=\frac{\boxed{}}{30}$$

10 $0.4\dot{1}\dot{8}$

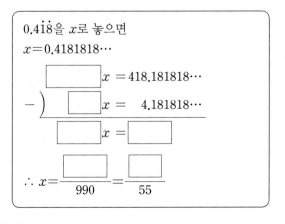

$0.4\dot{1}\dot{8}$을 x로 놓으면
$x=0.4181818\cdots$

$$\boxed{}\,x=418.181818\cdots$$
$$-\,\boxed{}\,x=\ \ \ \ 4.181818\cdots$$
$$\boxed{}\,x=\boxed{}$$

$$\therefore\ x=\frac{\boxed{}}{990}=\frac{\boxed{}}{55}$$

[11~15] 다음 순환소수를 기약분수로 나타내시오.

11 $0.1\dot{6}$

12 $2.0\dot{8}$

13 $0.71\dot{5}$

14 $0.5\dot{1}\dot{3}$

15 $1.3\dot{7}\dot{2}$

순환소수를 분수로 나타내기(2)

학습날짜 :   월   일 / 학습결과 : 😊 😐 😣

공식을 이용하여 순환소수를 분수로 쉽게 나타낼 수 있다.

1. 분모: 순환마디의 숫자의 개수만큼 9를 쓰고, 그 뒤에 소수점 아래 순환마디에 포함되지 않는 숫자의 개수만큼 0을 쓴다.

2. 분자: (전체의 수)−(순환하지 않는 부분의 수)

$$\cdot\, 0.\dot{a}\dot{b} = \frac{ab-a}{90}$$

$$\cdot\, 0.\dot{a}b\dot{c} = \frac{abc-a}{990}$$

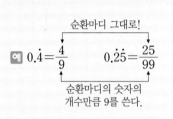

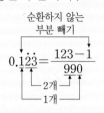

정답과 풀이 6쪽

[01~03] 순환소수를 기약분수로 나타내는 과정이다. 다음 □ 안에 알맞은 수를 쓰시오.

01 $0.\dot{2}$

$$0.\dot{2} = \frac{2}{\Box}$$

전체의 수

순환마디의 숫자가 □개

> **TIP** 순환하지 않는 부분의 수가 없을 때에는 분자에 전체의 수만 쓰면 된다.

02 $0.\dot{3}\dot{7}$

$$0.\dot{3}\dot{7} = \frac{37}{\Box}$$

전체의 수

순환마디의 숫자가 □개

03 $3.0\dot{8}$

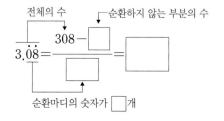

순환마디의 숫자가 □개

[04~11] 다음 순환소수를 기약분수로 나타내시오.

04 $0.\dot{8}$

05 $0.\dot{4}\dot{2}$

06 $0.\dot{9}\dot{3}$

07 $0.\dot{5}1\dot{4}$

08 $3.\dot{6}$

09 $1.6\dot{7}$

10 $2.1\dot{5}$

11 $3.25\dot{1}$

[12~15] 순환소수를 기약분수로 나타내는 과정이다. 다음 □ 안에 알맞은 수를 쓰시오.

12 $0.3\dot{1}$

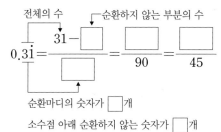

$$0.3\dot{1} = \frac{31 - \boxed{}}{\boxed{}} = \frac{\boxed{}}{90} = \frac{\boxed{}}{45}$$

전체의 수 — 순환하지 않는 부분의 수

순환마디의 숫자가 □ 개

소수점 아래 순환하지 않는 숫자가 □ 개

13 $0.14\dot{6}$

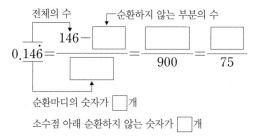

$$0.14\dot{6} = \frac{146 - \boxed{}}{\boxed{}} = \frac{\boxed{}}{900} = \frac{\boxed{}}{75}$$

전체의 수 — 순환하지 않는 부분의 수

순환마디의 숫자가 □ 개

소수점 아래 순환하지 않는 숫자가 □ 개

14 $2.0\dot{3}\dot{5}$

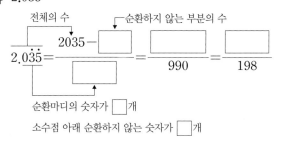

$$2.0\dot{3}\dot{5} = \frac{2035 - \boxed{}}{\boxed{}} = \frac{\boxed{}}{990} = \frac{\boxed{}}{198}$$

전체의 수 — 순환하지 않는 부분의 수

순환마디의 숫자가 □ 개

소수점 아래 순환하지 않는 숫자가 □ 개

15 $1.4\dot{0}\dot{2}$

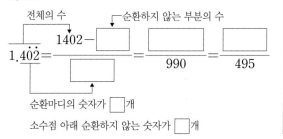

$$1.4\dot{0}\dot{2} = \frac{1402 - \boxed{}}{\boxed{}} = \frac{\boxed{}}{990} = \frac{\boxed{}}{495}$$

전체의 수 — 순환하지 않는 부분의 수

순환마디의 숫자가 □ 개

소수점 아래 순환하지 않는 숫자가 □ 개

[16~22] 다음 순환소수를 기약분수로 나타내시오.

16 $0.7\dot{6}$

17 $0.31\dot{7}$

18 $0.08\dot{3}$

19 $0.3\dot{0}\dot{9}$

20 $2.4\dot{1}$

21 $4.0\dot{3}\dot{2}$

22 $6.23\dot{5}$

07 순환소수의 대소 관계와 사칙연산

학습날짜 :　　월　　일 / 학습결과 :

1. 순환소수의 대소 관계

[방법 1] 순환소수의 순환마디를 풀어서 무한소수의 꼴로 고친 후 소수점 아래의 각 자리의 숫자를 차례로 비교한다.

예 $1.\dot{2} = 1.22222\cdots$ ➡ $1.\dot{2} < 1.2\dot{3}$
$\quad 1.2\dot{3} = 1.23333\cdots$

[방법 2] 순환소수를 분수로 고쳐서 비교한다.

예 $1.\dot{2} = \dfrac{11}{9} = \dfrac{110}{90} < 1.2\dot{3} = \dfrac{111}{90}$

2. 순환소수의 사칙연산: 순환소수를 분수로 고친 후 계산한다.

예 $0.\dot{3} + 0.\dot{7} = \dfrac{3}{9} + \dfrac{7}{9} = \dfrac{10}{9}$

정답과 풀이 7쪽

[01~02] 두 순환소수의 대소를 비교하는 과정이다. 다음 □ 안에 알맞은 것을 쓰시오.

01
$0.4\dot{2},\ 0.\dot{4}$ ➡ $\begin{cases} 0.4\dot{2} = 0.42222\cdots \\ 0.\dot{4} = \boxed{} \end{cases}$

➡ $0.4\dot{2}\ \boxed{}\ 0.\dot{4}$

02
$0.\dot{6},\ 0.\dot{6}\dot{0}$ ➡ $\begin{cases} 0.\dot{6} = \boxed{} \\ 0.\dot{6}\dot{0} = \boxed{} \end{cases}$

➡ $0.\dot{6}\ \boxed{}\ 0.\dot{6}\dot{0}$

[03~07] 다음 □ 안에 >, < 중 알맞은 것을 쓰시오.

03 $2.5\dot{6}\ \boxed{}\ 2.\dot{5}$

04 $0.0\dot{8}\ \boxed{}\ 0.0\dot{8}\dot{1}$

05 $1.\dot{2}\dot{3}\ \boxed{}\ 1.\dot{3}\dot{2}$

06 $2.3\dot{5}7\ \boxed{}\ 2.35\dot{7}$

07 $1.\dot{2}5\dot{8}\ \boxed{}\ 1.2\dot{5}\dot{8}$

[08~09] 순환소수를 계산하는 과정이다. 다음 □ 안에 알맞은 수를 쓰시오.

08 $0.\dot{2} + 0.\dot{5} = \dfrac{\boxed{}}{9} + \dfrac{\boxed{}}{9} = \dfrac{\boxed{}}{9}$

09 $1.\dot{8} - 1.\dot{3} = \dfrac{\boxed{}}{9} - \dfrac{\boxed{}}{9} = \boxed{}$

[10~13] 다음을 계산하시오.

10 $0.\dot{5} + 0.\dot{8}$

> TIP 분수로 고쳐서 계산한다.

11 $2.\dot{4} - 0.\dot{7}$

12 $0.\dot{7}\dot{3} - 0.\dot{1}\dot{6}$

13 $1.1\dot{6} - 0.\dot{2}$

1. 정수가 아닌 모든 유리수는 유한소수 또는 순환소수로 나타낼 수 있다.

2. 유한소수와 순환소수는 분수로 나타낼 수 있으므로 유리수이다.

소수 ┌─ 유한소수
     └─ 무한소수 ┌─ 순환소수 ┐ 유리수
                └─ 순환하지 않는 무한소수
                    └─→ 유리수가 아니다.

정답과 풀이 8쪽

[01~08] 다음 수가 유리수이면 ○표, 유리수가 아니면 ×표를 하시오.

01 0   (   )

02 π (   )

03 1.252525⋯   (   )

04 $-\dfrac{5}{11}$ (   )

05 $0.\dot{3}\dot{7}$ (   )

06 0.010010001⋯   (   )

> **TIP** 일정한 숫자의 배열이 반복되어야만 순환소수이다.

07 $\dfrac{1}{2^5 \times 3}$ (   )

08 0.232233222333⋯   (   )

[09~15] 다음 설명이 옳은 것은 ○표, 옳지 않은 것은 ×표를 하시오.

09 모든 유한소수는 유리수이다.   (   )

10 유한소수 중에는 유리수가 아닌 것도 있다.   (   )

11 모든 소수는 분수로 나타낼 수 있다.   (   )

12 순환하지 않는 무한소수는 유리수가 아니다.   (   )

13 정수가 아닌 유리수는 모두 유한소수로 나타낼 수 있다.   (   )

14 모든 무한소수는 유리수이다.   (   )

15 순환소수는 유리수이다.   (   )

핵심 반복

05 순환소수를 분수로 나타내기(1)

1 다음은 순환소수 $0.5\dot{4}$를 분수로 나타내는 과정이다. (가)~(마)에 들어갈 수로 옳지 <u>않은</u> 것은?

> $0.5\dot{4}$를 x로 놓으면
> $x = 0.5444\cdots$
>
> (가) $\begin{array}{l} x = 54.444\cdots \\ \end{array}$
> $-)$ (나) $x = 5.444\cdots$
> (다) $x = $ (라)
>
> $\therefore x = $ (마)

① (가) 100　　② (나) 10　　③ (다) 90

④ (라) 49　　⑤ (마) $\dfrac{49}{99}$

2 다음 중 순환소수 $x = 3.1\dot{6}$을 분수로 나타낼 때, 필요한 식은?

① $10x - x$ 　　② $100x - x$

③ $1000x - x$ 　　④ $100x - 10x$

⑤ $10000x - x$

06 순환소수를 분수로 나타내기(2)

3 다음 중 순환소수를 분수로 나타내는 과정으로 옳은 것은?

① $0.\dot{4} = \dfrac{4}{90}$ 　　② $0.\dot{4}\dot{3} = \dfrac{43-4}{90}$

③ $0.7\dot{2} = \dfrac{72-2}{99}$ 　　④ $2.\dot{4}\dot{9} = \dfrac{249-49}{99}$

⑤ $3.1\dot{7} = \dfrac{317-31}{90}$

4 다음 중 순환소수를 분수로 나타낸 것으로 옳지 <u>않은</u> 것은?

① $0.3\dot{1} = \dfrac{14}{45}$ 　　② $0.6\dot{5} = \dfrac{61}{90}$

③ $0.2\dot{4}\dot{6} = \dfrac{122}{495}$ 　　④ $4.3\dot{2}\dot{8} = \dfrac{857}{198}$

⑤ $2.4\dot{1}5\dot{7} = \dfrac{24133}{9990}$

5 순환소수 $1.\dot{3}$을 기약분수로 나타내면 $\dfrac{b}{a}$일 때, $a+b$의 값은?

① 7　　② 8　　③ 9

④ 10　　⑤ 11

6 다음 중 순환소수 $0.8\dot{3}$의 역수인 것은?

① $\dfrac{8}{9}$ 　　② $\dfrac{5}{6}$ 　　③ $\dfrac{90}{83}$

④ $\dfrac{6}{5}$ 　　⑤ $\dfrac{9}{8}$

07 순환소수의 대소 관계와 사칙연산

7 $0.\dot{7}$보다 $0.\dot{4}$만큼 큰 수는?

① $1.\dot{1}$ 　　② 1.15 　　③ $1.\dot{2}$

④ $1.2\dot{5}$ 　　⑤ $1.\dot{3}$

08 유리수와 소수의 관계

8 다음 중 유리수가 <u>아닌</u> 것은?

① -0.174 　　② $-4.\dot{2}$

③ $\dfrac{7}{39}$ 　　④ $0.12131415\cdots$

⑤ $2.123123123\cdots$

🔑 알아야 할 개념	1차	2차	시험 직전
순환소수를 분수로 나타내기			
순환소수를 공식을 이용하여 분수로 나타내기			
순환소수가 있는 식을 연산하기			

1 다음은 순환소수 $7.5\dot{1}\dot{3}$을 기약분수로 나타내는 과정이다. (가)~(마)에 들어갈 수로 옳지 <u>않은</u> 것은?

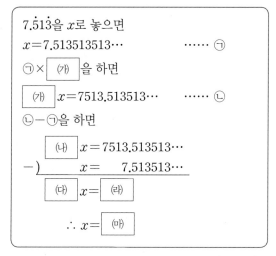

$7.5\dot{1}\dot{3}$을 x로 놓으면

$x = 7.513513513\cdots$ ······ ㉠

㉠ × [(가)] 을 하면

[(가)] $x = 7513.513513\cdots$ ······ ㉡

㉡ − ㉠을 하면

[(나)] $x = 7513.513513\cdots$

−) 　　　 $x = 7.513513\cdots$

[(다)] $x = $ [(라)]

∴ $x = $ [(마)]

① (가) 1000　　② (나) 1000　　③ (다) 999

④ (라) 7506　　⑤ (마) $\dfrac{3753}{450}$

2 다음 중 주어진 순환소수 x를 분수로 나타내기 위해 필요한 식을 짝지은 것으로 옳지 <u>않은</u> 것은?

① $x = 3.\dot{2}$ ➡ $10x - x$

② $x = 0.\dot{4}5\dot{7}$ ➡ $1000x - x$

③ $x = 4.1\dot{3}$ ➡ $100x - 10x$

④ $x = 0.0\dot{2}\dot{8}$ ➡ $1000x - 10x$

⑤ $x = 1.3\dot{8}6\dot{2}$ ➡ $10000x - 100x$

3 부등식 $0.\dot{x} < \dfrac{2}{3}$ 를 만족시키는 한 자리의 자연수 x의 값의 합을 구하시오.

4 $0.2\dot{3} = \dfrac{7}{a}$, $2.\dot{4}\dot{5} = \dfrac{b}{11}$ 일 때, $a - b$의 값은?

(단, a, b는 상수)

① 2　　　　② 3　　　　③ 4

④ 5　　　　⑤ 6

5 순환소수 $4.6\dot{3}$에 a를 곱하면 자연수가 될 때, 다음 중 자연수 a의 값이 될 수 있는 것은?

① 9　　　　② 11　　　　③ 30

④ 45　　　⑤ 50

6 $0.\dot{4}\dot{2}$에 어떤 수 a를 곱하였더니 $2.\dot{3}$이 되었다. 이때 a의 값을 구하시오.

7 유리수와 소수 사이의 관계에 대한 설명 중 옳은 것만을 〈보기〉에서 모두 고른 것은?

┤ 보기 ├

ㄱ. 모든 무한소수는 유리수이다.

ㄴ. 모든 순환소수는 유리수이다.

ㄷ. 순환하지 않는 무한소수는 유리수가 아니다.

ㄹ. 정수가 아닌 유리수는 유한소수로만 나타낼 수 있다.

① ㄱ, ㄴ　　② ㄱ, ㄹ　　③ ㄴ, ㄷ

④ ㄴ, ㄹ　　⑤ ㄷ, ㄹ

난 풀 수 있다. 고난도!!

도전 고난도

8 어떤 기약분수를 순환소수로 나타내는데 준수는 분자를 잘못 보고 계산하였더니 $0.4\dot{2}$가 되었고, 민정이는 분모를 잘못 보고 계산하였더니 $0.4\dot{7}$이 되었다. 처음의 기약분수를 순환소수로 나타내시오.

(단, 잘못 본 분수도 기약분수이다.)

09 지수법칙 (1), (2)

1. 지수법칙 (1)

m, n이 자연수일 때,

$$a^m \times a^n = a^{m+n} \longrightarrow a^l \times a^m \times a^n = a^{l+m+n}$$

예 $a^2 \times a^3 = (a \times a) \times (a \times a \times a) = a^{2+3} = a^5$

2. 지수법칙 (2)

m, n이 자연수일 때

$$(a^m)^n = a^{mn} \longrightarrow \{(a^l)^m\}^n = a^{lmn}$$

예 $(a^2)^3 = a^2 \times a^2 \times a^2 = a^{2+2+2} = a^{2 \times 3} = a^6$

참고 • 지수법칙은 밑이 같을 때만 사용할 수 있다.   주의 $a^m \times b^n \neq a^{m+n}$
     • a는 a^1의 지수 1이 생략된 것이다.

지수끼리의 합
$a^2 \times a^3 = a^{2+3}$
지수끼리의 곱
$(a^2)^3 = a^{2 \times 3}$

정답과 풀이 9쪽

[01~02] 다음 □ 안에 알맞은 수를 쓰시오.

01 $3^4 \times 3^6 = 3^{4+\square} = 3^{\square}$

02 $x^3 \times x^5 = x^{3+\square} = x^{\square}$

[03~08] 다음 식을 간단히 하시오.

03 $a^6 \times a^3$

04 $b^2 \times b^7$

05 $5^4 \times 5^7 \times 5^2$

06 $x \times x^5 \times x^9$

07 $7^3 \times 2^5 \times 7^6 \times 2^2$

TIP 밑이 같은 것끼리만 지수법칙을 이용한다.

08 $a^5 \times a^2 \times b^4 \times b^6$

[09~10] 다음 □ 안에 알맞은 수를 쓰시오.

09 $(2^5)^3 = 2^{5 \times \square} = 2^{\square}$

10 $(a^2)^4 \times a^5 = a^{\square} \times a^5 = a^{\square}$

[11~16] 다음 식을 간단히 하시오.

11 $(a^3)^4$

12 $(x^4)^6$

13 $(b^5)^7$

14 $(a^3)^2 \times a^6$

15 $(3^2)^6 \times (3^3)^5$

16 $(x^4)^3 \times (x^3)^7$

$a \neq 0$이고 m, n이 자연수일 때, ┌─→ $a^m \div a^n$을 계산할 때는 먼저
m, n의 크기를 비교한다.

(1) $m > n$이면 $a^m \div a^n = a^{m-n}$

(2) $m = n$이면 $a^m \div a^n = 1$ ──→ $a^m \div a^n \neq a^{m \div n}$에 주의

(3) $m < n$이면 $a^m \div a^n = \dfrac{1}{a^{n-m}}$ ──→ $a^m \div a^n \neq 0$에 주의

지수끼리의 차
$a^5 \div a^3 = a^{5-3}$

$a^3 \div a^5 = \dfrac{1}{a^{5-3}}$
지수끼리의 차

예 $a^5 \div a^3 = \dfrac{a^5}{a^3} = \dfrac{a \times a \times a \times a \times a}{a \times a \times a} = a^2 = a^{5-3}$, $a^3 \div a^3 = \dfrac{a^3}{a^3} = \dfrac{a \times a \times a}{a \times a \times a} = 1$

$a^3 \div a^5 = \dfrac{a^3}{a^5} = \dfrac{a \times a \times a}{a \times a \times a \times a \times a} = \dfrac{1}{a^2} = \dfrac{1}{a^{5-3}}$

참고 나눗셈이 연속하여 나올 때는 앞에서부터 두 지수의 크기를 비교하여 차례대로 계산한다.

정답과 풀이 10쪽

[01~03] 다음 □ 안에 알맞은 수를 쓰시오.

01 $x^7 \div x^4 = x^{\square - 4} = x^{\square}$

02 $4^5 \div 4^5 = \boxed{}$

03 $x^4 \div x^{11} = \dfrac{1}{x^{11 - \square}} = \dfrac{1}{x^{\square}}$

[04~08] 다음 식을 간단히 하시오.

04 $3^8 \div 3^2$

05 $a^5 \div a$

06 $a^5 \div a^5$

07 $5^2 \div 5^{10}$

08 $a^3 \div a^9$

[09~10] 다음 □ 안에 알맞은 수를 쓰시오.

09 $3^8 \div 3^2 \div 3^2 = 3^{\square} \div 3^2 = \boxed{}$

10 $a^8 \div a^5 \div a^7 = a^{\square} \div a^7 = \dfrac{1}{a^{\square}}$

[11~16] 다음 식을 간단히 하시오.

11 $a^9 \div a^4 \div a$

TIP 나눗셈이 2개 이상인 경우 앞에서부터 차례로 계산한다.

12 $a^{11} \div a^5 \div a^3$

13 $7^{10} \div 7^6 \div 7^4$

14 $x^{12} \div x^7 \div x^5$

15 $x^6 \div x^4 \div x^7$

16 $a^{11} \div a^8 \div a^6$

11 지수법칙(4)

학습날짜 :　　　월　　　일 / 학습결과 :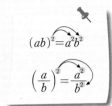

m이 자연수일 때,

(1) $(ab)^m = a^m b^m \longrightarrow (abc)^m = a^m b^m c^m$

(2) $\left(\dfrac{a}{b}\right)^m = \dfrac{a^m}{b^m}\ (b \neq 0)$

예 $(ab)^2 = ab \times ab = a^2 b^2$, $\left(\dfrac{a}{b}\right)^2 = \dfrac{a}{b} \times \dfrac{a}{b} = \dfrac{a^2}{b^2}$

참고 $(2y)^3$을 $2y^3$ 또는 $6y^3$으로 계산하지 않도록 주의한다.

즉, 숫자가 곱해진 식에서도 지수법칙은 똑같이 적용된다.

정답과 풀이 10쪽

[01~02] 다음 □ 안에 알맞은 수를 쓰시오.

01 $(4x^5)^2 = 4^{\square} x^{5 \times \square} = \boxed{} x^{\square}$

02 $(-3x^3)^3 = (-3)^{\square} x^{3 \times \square} = \boxed{} x^{\square}$

[03~08] 다음 식을 간단히 하시오.

03 $(xy)^3$

04 $(4a^2)^3$

05 $(a^3 b)^5$

06 $(x^5 y^3)^2$

07 $(-a)^7$

> TIP -1을 홀수 번 곱한 결과는 -1이다.

08 $(-2x^4)^5$

[09~10] 다음 □ 안에 알맞은 수를 쓰시오.

09 $\left(\dfrac{a}{2}\right)^3 = \dfrac{a^{\square}}{2^{\square}} = \dfrac{a^{\square}}{\boxed{}}$

10 $\left(-\dfrac{a^2}{3}\right)^4 = \dfrac{a^{2 \times \square}}{(-3)^{\square}} = \dfrac{a^{\square}}{\boxed{}}$

[11~16] 다음 식을 간단히 하시오.

11 $\left(\dfrac{x}{y^2}\right)^3$

12 $\left(\dfrac{a^4}{b^2}\right)^2$

13 $\left(\dfrac{x^2}{y^3}\right)^4$

14 $\left(\dfrac{a^2}{3}\right)^4$

15 $\left(-\dfrac{x^4}{2}\right)^6$

> TIP 음수를 짝수 번 곱한 결과는 양수이다

16 $\left(-\dfrac{x^5}{5}\right)^3$

(1) 계수는 계수끼리, 문자는 문자끼리 곱한다.

(2) 같은 문자끼리의 곱은 지수법칙을 이용한다.

                                                 → 문자에 곱해진 수

예 $3x \times 4xy = 3 \times x \times 4 \times x \times y$

                $= (3 \times 4) \times (x \times x \times y) = 12x^2y$

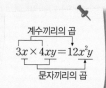

참고 단항식의 곱셈의 부호는 음수가 홀수 개이면 $-$, 짝수 개이면 $+$로 결정된다.

정답과 풀이 11쪽

[01~02] 다음 □ 안에 알맞은 수를 쓰시오.

01 $2x^3 \times 3x^2 = 2 \times \boxed{} \times x^3 \times x^{\boxed{}} = 6x^{\boxed{}}$

02 $6x \times \dfrac{5}{3}x^2y = 6 \times \boxed{} \times x \times x^{\boxed{}} \times y$

                         $= \boxed{}x^{\boxed{}}y$

[03~08] 다음 식을 간단히 하시오.

03 $3x \times 7y$

04 $(-2x) \times (-8y)$

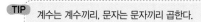

TIP 계수는 계수끼리, 문자는 문자끼리 곱한다.

05 $3a^2 \times (-6a^3)$

06 $\left(-\dfrac{1}{3}xy\right) \times 12x^3$

07 $14b \times \dfrac{1}{2}a^4b$

08 $\left(-\dfrac{1}{5}x^3y\right) \times (-15x^2y^4)$

[09~16] 다음 식을 간단히 하시오.

09 $(2a)^3 \times 4b$

TIP 지수법칙을 이용하여 거듭제곱을 먼저 계산한다.

10 $(3x^3)^2 \times 5xy$

11 $3a^2 \times (-4ab)^2$

12 $x^4y^3 \times (2xy^2)^3$

13 $(ab)^2 \times (3a^2b)^3$

14 $(-2x^2y^4)^3 \times (x^2y)^2$

15 $\left(\dfrac{4}{3}ab^3\right)^2 \times (-6a)^2$

16 $(-4x^2y)^3 \times \left(\dfrac{1}{2}xy^2\right)^4$

[방법 1] 나눗셈을 분수의 꼴로 바꿔서 계수는 계수끼리, 문자는 문자끼리 계산한다.

예 $6x^2y \div 2x = \dfrac{6x^2y}{2x} = \dfrac{6}{2} \times \dfrac{x^2}{x} \times y$
$= 3 \times x \times y$
$= 3xy$

[방법 2] 나눗셈을 곱셈으로 바꾸어 계수는 계수끼리, 문자는 문자끼리 계산한다.

예 $6x^2y \div 2x = 6x^2y \times \dfrac{1}{2x}$ ▶역수를 곱한다.
$= 6 \times \dfrac{1}{2} \times x^2 \times \dfrac{1}{x} \times y$
$= 3 \times x \times y = 3xy$

$\cdot A \div B = \dfrac{A}{B}$
$\cdot A \div B = A \times \dfrac{1}{B}$

참고 다음의 경우에는 [방법 2]를 이용하는 것이 편리하다.
① 나눗셈이 2개 이상인 경우　② 나누는 식이 분수의 꼴인 경우

정답과 풀이 12쪽

[01~02] 다음 □ 안에 알맞은 것을 쓰시오.

01 $18a^4 \div 3a = \dfrac{18a^4}{\boxed{}} = \dfrac{18}{3} \times \dfrac{a^4}{\boxed{}} = \boxed{}\,a^{\boxed{}}$

02 $10x^6 \div \dfrac{1}{2}x^2 = 10x^6 \times \dfrac{2}{\boxed{}}$
$= 10 \times \boxed{} \times x^6 \times \dfrac{1}{\boxed{}}$
$= \boxed{}$

[03~08] 다음 식을 간단히 하시오.

03 $24x^7 \div 3x^4$

04 $20ab \div 4b$

05 $12x^4y^3 \div 2xy$

06 $21ab^4 \div (-3ab^2)$

07 $8a^3b \div \dfrac{2}{3}a$

TIP 나누는 식에 분수가 있으면 곱셈으로 바꾸어 계산하는 것이 편리하다.

08 $9a^6b^4 \div \left(-\dfrac{3}{2}a^3b^2\right)$

[09~16] 다음 식을 간단히 하시오.

09 $8a^4b^2 \div (2ab)^2$

TIP 먼저 거듭제곱을 계산한다.

10 $(-4x^4)^2 \div (xy^2)^4$

11 $(-a^3b)^2 \div (2ab)^2$

12 $6x^{10}y^2 \div \left(-\dfrac{1}{3}x^3\right)^2$

13 $12a^4b^3 \div \left(\dfrac{-2b^3}{a}\right)^2$

14 $(2x^3y^4)^2 \div \left(\dfrac{2}{xy}\right)^3$

15 $12a^9 \div 3a^4 \div (-2a)^3$

16 $40x^2y^9 \div 2x^3y^3 \div 5x^4$

14 단항식의 곱셈과 나눗셈의 혼합 계산

(1) 거듭제곱 꼴이 있으면 지수법칙을 이용하여 거듭제곱을 계산한다.
(2) 나눗셈을 곱셈으로 바꾼다.
(3) 부호를 결정한 후 계수는 계수끼리, 문자는 문자끼리 계산한다.

- $A \times B \div C = A \times B \times \dfrac{1}{C}$
- $A \div B \times C = A \times \dfrac{1}{B} \times C$

예 $9x^3 y \div 6xy \times (2x)^2 = 9x^3 y \times \dfrac{1}{6xy} \times 4x^2$

$\qquad = 9 \times \dfrac{1}{6} \times 4 \times x^3 \times \dfrac{1}{x} \times x^2 \times y \times \dfrac{1}{y}$

$\qquad = 6x^4$

정답과 풀이 12쪽

[01~02] 다음 □ 안에 알맞은 것을 쓰시오.

01 $4x^3 \times 2x \div 8x^2$

$= 4x^3 \times 2x \times \dfrac{1}{\boxed{}} = \boxed{}$

02 $12ab^4 \div 3ab^3 \times (-2a^2 b)$

$= 12ab^4 \times \dfrac{1}{\boxed{}} \times (-2a^2 b) = \boxed{}$

[03~08] 다음 식을 간단히 하시오.

03 $3x^4 \times 6x \div 2x^2$

TIP 곱셈과 나눗셈의 혼합 계산은 앞에서부터 차례로 계산한다.

04 $6x^4 \times 4x^2 \div 8x^3$

05 $-8x^4 \div 4x^2 \times 5x$

06 $12a^2 b^4 \div 3ab \times a^2 b$

07 $30x^2 y \div 5x^4 \times 3x^3 y$

08 $ab^5 \div (-2b^2) \times \dfrac{1}{3} a^3$

[09~16] 다음 식을 간단히 하시오.

09 $12a^2 b \times (-2ab)^3 \div 3ab^2$

TIP 지수법칙을 이용하여 거듭제곱을 먼저 계산한다.

10 $8a^3 \times 6b^2 \div (-2a)^2$

11 $5xy^2 \times x^3 y^5 \div (x^2 y)^3$

12 $(-6x^4)^2 \times 4xy^3 \div (-2x^3 y)^3$

13 $15a^2 b \div 6ab^2 \times (2b)^2$

14 $4a^3 b^7 \div (-a^2 b)^3 \times 3a^2 b$

15 $(3x^2 y)^3 \div 9y^2 \times (-xy^2)^2$

16 $(6x^3 y^5)^2 \div (2xy^2)^4 \times 8x$

09 지수법칙(1), (2)

1 $(a^2)^3 \times b \times a^2 \times (b^3)^4$을 간단히 하면?

① a^3b^4 ② a^6b^{12} ③ a^7b^{12}

④ a^7b^{13} ⑤ a^8b^{13}

2 다음 □ 안에 알맞은 수는?

$$2^3 + 2^3 + 2^3 + 2^3 = 2^\square$$

① 4   ② 5   ③ 6

④ 7   ⑤ 8

10 지수법칙(3)

3 다음 두 식을 만족시키는 자연수 a, b에 대하여 $a+b$의 값은? (단, $x \neq 0$)

$$(x^3)^2 \div x^6 = a, \quad 3^4 \div 3^b = \frac{1}{9}$$

① 6   ② 7   ③ 8

④ 9   ⑤ 10

11 지수법칙(4)

4 다음 중 옳지 <u>않은</u> 것은?

① $(ab^2)^4 = a^4b^8$

② $(3x^2)^4 = 81x^8$

③ $(4a^3b^8)^2 = 8a^6b^{16}$

④ $(a^2b^4c)^5 = a^{10}b^{20}c^5$

⑤ $\left(-\dfrac{y}{4x}\right)^3 = -\dfrac{y^3}{64x^3}$

12 단항식의 곱셈

5 오른쪽 그림과 같이 밑면이 직각삼각형인 삼각기둥의 부피를 구하시오.

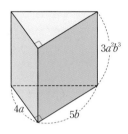

13 단항식의 나눗셈

6 $(6a^2b^3)^2 \div \dfrac{9}{2}a^3b^3 = 8ab^\square$일 때, □ 안에 알맞은 수는?

① 2   ② 3   ③ 4

④ 5   ⑤ 6

7 $(-4x^2y^3)^2 \div \dfrac{12x^3}{y^3} \div \left(\dfrac{y}{3x}\right)^2$을 간단히 하면?

① $6x^2y^5$ ② $6x^2y^6$ ③ $12x^3y^7$

④ $12x^4y^7$ ⑤ $18x^5y^8$

14 단항식의 곱셈과 나눗셈의 혼합 계산

8 $6x^4y^6 \times (-2x^2y)^3 \div 12x^3y^4$을 간단히 하면?

① $-3x^3y^3$ ② $-3x^5y^5$ ③ $-4x^7y^5$

④ $-4x^5y^5$ ⑤ $-8x^7y^5$

꼭 알아야 할 개념

	1차	2차	시험 직전
지수법칙을 이용하여 식을 간단히 하기			
단항식의 곱셈 계산하기			
단항식의 나눗셈 계산하기			

1 다음 (ㄱ)~(ㅁ) 안에 들어갈 수를 바르게 짝지은 것은?

① $3^{n+2}=3^n \times \boxed{\text{(ㄱ)}}$

② $x^3 \div x^{\boxed{\text{(ㄴ)}}}=\dfrac{1}{x^3}$

③ $16^3=2^{\boxed{\text{(ㄷ)}}}$

④ $(-2a^2b^4)^3=\boxed{\text{(ㄹ)}}a^6b^{12}$

⑤ $\left(\dfrac{y^2}{x}\right)^4=\dfrac{y^{\boxed{\text{(ㅁ)}}}}{x^4}$

① (ㄱ) 6   ② (ㄴ) 2   ③ (ㄷ) 12
④ (ㄹ) -6 ⑤ (ㅁ) 6

2 $a^x \times b^3 \times a^2 \times b^6=a^7b^y$일 때, 자연수 x, y에 대하여 $y-x$의 값은?

① 1   ② 2   ③ 3
④ 4   ⑤ 5

3 다음 중 $a^{12} \div a^5 \div a^3$과 계산 결과가 같은 것은?

① $a^{12} \div (a^5 \div a^3)$ ② $a^{12} \div a^5 \times a^3$
③ $a^{12} \div (a^5 \times a^3)$ ④ $a^{12} \times a^5 \div a^3$
⑤ $a^{12} \times (a^5 \div a^3)$

4 $720^4=(2^a \times 3^2 \times 5)^4=2^b \times 3^8 \times 5^c$일 때, 자연수 a, b, c에 대하여 $a+b+c$의 값은?

① 20   ② 22   ③ 24
④ 26   ⑤ 28

5 다음 중 계산이 올바른 것은?

① $(3a^2)^3 \times 4a^3=36a^9$

② $4a^3b \times (-2ab^2)^3=32a^6b^7$

③ $(-6ab^2) \div 2ab^3=-3b$

④ $(-a^4b^3) \div \left(\dfrac{1}{3}a^2b\right)^2=-9ab$

⑤ $(-3xy)^2 \times 4xy^3 \div \dfrac{1}{2}x^2y=72xy^4$

6 어떤 식을 $6x^2y^3$으로 나누어야 할 것을 잘못하여 곱했더니 $12x^4y^3$이 되었다. 바르게 계산한 식은?

① $\dfrac{3y}{x}$ ② $\dfrac{3y^3}{x}$ ③ $\dfrac{3}{4x^3y^2}$

④ $\dfrac{1}{3y^3}$ ⑤ $12x^2y^4$

7 $18xy^4 \div \boxed{} \times \dfrac{1}{3}x^3y^2=-2x^2y^3$일 때, $\boxed{}$ 안에 알맞은 식은?

① $-x^2y^3$ ② $-2x^2y^3$ ③ $-3x^2y^3$
④ $-2x^3y^2$ ⑤ $-3x^3y^2$

난 풀 수 있다. 고난도!!

도전 고난도

8 $4^6 \times 6 \times 5^{10}$이 n자리의 자연수이고 각 자리의 숫자의 합이 a일 때, $a+n$의 값을 구하시오.

학습날짜 :   월   일 / 학습결과 :

1. 다항식의 덧셈: 괄호를 풀고 동류항끼리 모아서 계산한다.

예 $(3a+2b)+(4a+b)$
$=3a+2b+4a+b$) 괄호를 푼다.
$=3a+4a+2b+b$) 동류항끼리 모은다.
$=7a+3b$) 간단히 한다.

$\bullet A+(B-C)=A+B-C$
$\bullet A-(B-C)=A-B+C$

2. 다항식의 뺄셈: 빼는 식의 각 항의 부호를 바꾸어 더한다.

예 $(5a-3b)-(3a-2b)$
$=5a-3b-3a+2b$) 괄호를 푼다.
$=5a-3a-3b+2b$) 동류항끼리 모은다.
$=2a-b$) 간단히 한다.

정답과 풀이 14쪽

[01~07] 다음 식을 간단히 하시오.

01 $(2a+b)+(3a-2b)$

TIP 동류항끼리 모아서 계산한다.

02 $(x+2y)+(4x+y)$

03 $(-5x+3y)+(2x-6y)$

04 $(4a+b)+2(-3a+2b)$

TIP 괄호 앞에 수가 있으면 분배법칙을 이용한다.

05 $3(2x-y)+6(x+2y)$

06 $2(a+6b)+4(-3a-b)$

07 $-2(x-4y)+5(2x-5y)$

[08~14] 다음 식을 간단히 하시오.

08 $(4a+2b)-(2a+b)$

TIP 빼는 식의 각 항의 부호를 바꾸어 더한다.

09 $(7x+2y)-(2x-4y)$

10 $(5a-3b)-(-7a+2b)$

11 $3(-2a+5b)-(a+6b)$

12 $(5a-b)-2(4a-2b)$

13 $3(2x-4y)-5(3x+y)$

14 $-2(x-4y)-3(x-5y)$

16 여러 가지 괄호가 있는 식의 덧셈과 뺄셈

여러 가지 괄호가 섞여 있는 다항식의 덧셈과 뺄셈은

$$소괄호(\quad) \Rightarrow 중괄호\{\quad\} \Rightarrow 대괄호[\quad]$$

의 순서로 괄호를 푼 후 간단히 한다.

예 $5x-[7y-2\{x-(3x-2y)\}]=5x-\{7y-2(x-3x+2y)\}$
$\qquad\qquad\qquad\qquad\qquad\quad =5x-\{7y-2(-2x+2y)\}$
$\qquad\qquad\qquad\qquad\qquad\quad =5x-(7y+4x-4y)$
$\qquad\qquad\qquad\qquad\qquad\quad =5x-(4x+3y)$
$\qquad\qquad\qquad\qquad\qquad\quad =5x-4x-3y=x-3y$

정답과 풀이 15쪽

[01~04] 다음은 식을 간단히 하는 과정이다. □ 안에 알맞은 수나 식을 쓰시오.

01 $5a+2b-\{3a-(a-4b)\}$
$=5a+2b-(\boxed{\qquad})$
$=5a+2b-\boxed{\ }a-\boxed{\ }b$
$=\boxed{\qquad}$

02 $-2x-\{-3y-(4x+y)+2x\}$
$=-2x-(\boxed{\qquad})$
$=-2x+\boxed{\ }x+\boxed{\ }y$
$=\boxed{\quad}$

03 $4a-[6a+2b-\{7b-(2a-3b)\}]$
$=4a-\{6a+2b-(\boxed{\qquad})\}$
$=4a-(\boxed{\qquad})$
$=\boxed{\qquad}$

04 $-3[4x-2y+\{5x-(7x-3y)\}]$
$=-3\{4x-2y+(\boxed{\qquad})\}$
$=-3(\boxed{\qquad})$
$=\boxed{\qquad}$

[05~10] 다음 식을 간단히 하시오.

05 $a-\{2a+8b-(a-4b)\}$

TIP 소괄호 ➡ 중괄호의 순서로 괄호를 푼다.

06 $-9x-\{5x-7y-(3x-2y)\}$

07 $3a-5b-\{6a-4b-(a-3b)\}$

08 $2x-4y-\{7x-3y-(9x-6y)\}$

09 $-2a-[5b-\{8a-3b-(4a-2b)\}]$

TIP 소괄호 ➡ 중괄호 ➡ 대괄호의 순서로 괄호를 푼다.

10 $5x-2y-[x+4y-\{3x-(y-5x)\}]$

17 이차식의 덧셈과 뺄셈

1. 이차식: 다항식의 각 항의 차수 중에서 가장 높은 차수가 2인 다항식

　예 x^2+x, $-2x^2+3$, $-x^2+4x-2$: x에 대한 이차식

2. 이차식의 덧셈과 뺄셈: 괄호를 풀고 <u>동류항끼리 모아서</u> 계산한다.

　예 $(3x^2+2x+4)-(2x^2+x-1)$ ⎫ 괄호를 푼다.
　　$=3x^2+2x+4-2x^2-x+1$ ⎬ 동류항끼리 모은다.
　　$=3x^2-2x^2+2x-x+4+1$ ⎭ 간단히 한다.
　　$=x^2+x+5$

→ 이차항은 이차항끼리, 일차항은 일차항끼리, 상수항은 상수항끼리 계산한다.

> $a \neq 0$일 때
> • $ax+b$: 일차식
> • ax^2+bx+c : 이차식

정답과 풀이 16쪽

[01~04] 다음 식이 이차식이면 ○표, 이차식이 아니면 ✕표를 하시오.

01 $3a$　　　　　　　　　（　　　）

02 x^2-4x　　　　　　　（　　　）

03 a^2-2a+3　　　　　　（　　　）

04 $x^3+4x^2-3-x^3$　　　（　　　）

> TIP 식을 간단히 한 후 식의 차수를 구한다.

[05~06] 다음 ☐ 안에 알맞은 것을 쓰시오.

05 $(2x^2+5x-7)+(3x^2-x+2)$
　$=2x^2+5x-7+3x^2-☐+2$
　$=2x^2+3x^2+5x-☐-7+2$
　$=☐x^2+☐x-5$

06 $(4a^2-3a-1)-(2a^2+5a-6)$
　$=4a^2-3a-1-2a^2-☐+6$
　$=4a^2-2a^2-3a-☐-1+6$
　$=☐a^2-☐a+☐$

[07~14] 다음 식을 간단히 하시오.

07 $(3a^2+a-4)+(2a^2-3a+2)$

> TIP 동류항끼리 모아서 간단히 한다.

08 $(5a^2-6a-4)+(2a^2+4a+1)$

09 $(5x^2-3x+4)+2(x^2-4x-3)$

> TIP 괄호 앞에 수가 있으면 분배법칙을 이용한다.

10 $(6x^2-8x+4)+3(-3x^2+2x-7)$

11 $(3a^2+2a-4)-(a^2-a+5)$

12 $(2x^2-5x+6)-(-3x^2+2x-4)$

13 $(5x^2-2x+4)-3(3x^2+4x-2)$

14 $(-2a^2+4a+3)-2(3a^2+5a-1)$

학습날짜 :   월   일 / 학습결과 :

1. 단항식과 다항식의 곱셈: 분배법칙을 이용하여 단항식을 다항식의 각 항에 곱한다.

$$a(b+c)=ab+ac, \ (a+b)c=ac+bc$$

2. 전개: 단항식과 다항식의 곱셈에서 분배법칙을 이용하여 하나의 다항식으로 나타

내는 것

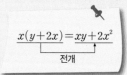

예 $x(y+2x)=x \times y + x \times 2x = xy + 2x^2$

주의 $-$ 부호를 포함한 단항식과 다항식의 곱셈에서는 $-$ 부호를 포함해서 분배법칙을 이용한다.

정답과 풀이 16쪽

[01~02] 다음 □ 안에 알맞은 것을 쓰시오.

01 $3a(2a-5)=3a \times \boxed{} - 3a \times \boxed{}$

$\qquad = \boxed{} - 15a$

02 $(3x-4) \times (-2x)$

$= 3x \times (\boxed{}) - 4 \times (\boxed{})$

$= \boxed{} + 8x$

[03~08] 다음 식을 간단히 하시오.

03 $4a(-a+2)$

04 $-5x(2x-1)$

05 $3a(5a+4b)$

06 $8x(2x-3y)$

07 $\dfrac{2}{3}x(15x-9y)$

08 $-\dfrac{1}{2}a(10a-6b)$

[09~16] 다음 식을 간단히 하시오.

09 $(2x+4) \times 3y$

10 $(x+5) \times 3x$

11 $(4a-3) \times 2a$

12 $(-3a+2) \times (-5a)$

13 $(-5a+2b) \times (-b)$

14 $(3x-6y) \times (-4x)$

15 $(12a+3b) \times \dfrac{1}{3}b$

16 $(20x-15y) \times \left(-\dfrac{3}{5}x\right)$

학습날짜 :　　　월　　　일 / 학습결과 :

(다항식)÷(단항식)은 다음과 같은 방법으로 계산한다.

[방법 1] 나눗셈을 분수 꼴로 바꾼 후 분자의 각 항을 분모로 나눈다.

$$(A+B) \div C = \frac{A+B}{C} = \frac{A}{C} + \frac{B}{C}$$

[방법 2] 나눗셈을 곱셈으로 바꾼 후 분배법칙을 이용하여 전개한다.

$$(A+B) \div C = (A+B) \times \frac{1}{C} = A \times \frac{1}{C} + B \times \frac{1}{C}$$

예 [방법 1] $(6a^2 - 8ab) \div 2a = \frac{6a^2 - 8ab}{2a} = \frac{6a^2}{2a} - \frac{8ab}{2a} = 3a - 4b$

　　[방법 2] $(6a^2 - 8ab) \div 2a = (6a^2 - 8ab) \times \frac{1}{2a} = 6a^2 \times \frac{1}{2a} - 8ab \times \frac{1}{2a} = 3a - 4b$

주의 $\frac{A+B}{C} = \frac{A}{C} + B$, $\frac{A+B}{C} = A + \frac{B}{C}$ 로 계산하지 않도록 주의한다.

정답과 풀이 17쪽

[01~02] 다음 □ 안에 알맞은 것을 쓰시오.

01 $(8x^3 + 12x) \div 2x = \dfrac{8x^3 + 12x}{\boxed{}}$

$= \dfrac{8x^3}{\boxed{}} + \dfrac{12x}{\boxed{}}$

$= \boxed{} + 6$

02 $(9a^2 + 5ab) \div \frac{1}{2}a = (9a^2 + 5ab) \times \boxed{}$

$= 9a^2 \times \boxed{} + 5ab \times \boxed{}$

$= \boxed{}$

[03~08] 다음 식을 간단히 하시오.

03 $(14x^2 + 6x) \div 2x$

04 $(-16a^2 + 8a) \div 4a$

05 $(15x^2 - 10xy) \div 5x$

06 $(24xy - 6y^2) \div 6y$

07 $(30ab + 15b) \div (-5b)$

08 $(18x^2 - 12x) \div (-3x)$

[09~16] 다음 식을 간단히 하시오.

09 $(5a^2 + 4ab) \div \dfrac{a}{2}$

TIP 나누는 식에 분수가 있으면 곱셈으로 바꾸어 계산하는 것이 편리하다.

10 $(2x^2 - 4xy) \div \dfrac{x}{4}$

11 $(8a^2 + 20a) \div \dfrac{4}{3}a$

12 $(12x^2 + 9x) \div \dfrac{3}{4}x$

13 $(2a^3 - 6a^2) \div \left(-\dfrac{2}{5}a\right)$

14 $(-6xy + 9y) \div \left(-\dfrac{3}{2}y\right)$

15 $(15ab - 30b^2) \div \left(-\dfrac{5}{2}b\right)$

16 $(14xy - 6x) \div \left(-\dfrac{2}{3}x\right)$

20 단항식과 다항식의 혼합 계산

(1) 거듭제곱이 있으면 지수법칙을 이용하여 거듭제곱을 먼저 계산한다.

(2) 괄호가 있으면 소괄호(   ), 중괄호{   }, 대괄호[   ]의 순서로 괄호를 푼다.

(3) 분배법칙을 이용하여 곱셈과 나눗셈을 한다.

(4) 동류항끼리 모아서 덧셈과 뺄셈을 계산하여 식을 간단히 한다.

예 $3(2a-b)+\{(-4b)^2-8ab\}\div 2b=3(2a-b)+(16b^2-8ab)\div 2b$ ◀──── 거듭제곱을 계산한다.

$$=3\times 2a+3\times(-b)+\left(\dfrac{16b^2}{2b}-\dfrac{8ab}{2b}\right)$$ ◀──── 분배법칙을 이용하여 곱셈과 나눗셈을 한다.

$$=6a-3b+8b-4a$$

$$=6a-4a-3b+8b$$ ◀──── 동류항끼리 덧셈과 뺄셈을 한다.

$$=2a+5b$$

정답과 풀이 18쪽

[01~08] 다음 식을 간단히 하시오.

01 $4x(x+1)+x(x-3)$

TIP 분배법칙을 이용하여 곱셈을 한다.

02 $a(4a-1)+2a(5-a)$

03 $3a(2a+1)-2a(5a-4)$

04 $-7x(2-x)-4x(2x+3)$

05 $(4a^2-8a)\div 2a+(6a^2-2a)\div(-a)$

06 $(x^2+4x)\div(-x)-(2x^2-5x)\div x$

07 $\dfrac{-10a^2+8a}{4a}+\dfrac{3a^2-6a}{2a}$

08 $\dfrac{3x^2-4x}{-6x}-\dfrac{2x^2+x^3}{3x^2}$

[09~16] 다음 식을 간단히 하시오.

09 $-2a(a-4)+(a^2-5a)\div a$

10 $x(6x+2)+(15x^3-5x^2)\div(-5x)$

11 $3a(4+b)+(2a^2b^2-a^2b)\div ab$

12 $-xy(-5x+y)+(12x^3y+6x^2y^2)\div(-3x)$

13 $(6a^2-12ab)\div 3b\times(-2a)^3$

14 $(16x^6-8x^5)\div(-2x)^3+(3x-2)\times(4x)^2$

15 $-2a^2-\{5a(1-3a)+4a\}$

16 $-\{7x-(12x^3-8x^2)\div(-2x)^2\}+4x$

15 다항식의 덧셈과 뺄셈

1 $(-6a+5b-6)-(3a-2b-8)$을 간단히 하면?

① $-9a+7b-2$ ② $-9a+7b+2$

③ $-3a+3b-2$ ④ $-3a+3b+2$

⑤ $3a+7b-2$

16 여러 가지 괄호가 있는 식의 덧셈과 뺄셈

2 $5y-[2x+3y-\{6x-(x-7y)\}]=ax+by$일 때, 상수 a, b에 대하여 $a-b$의 값은?

① -9 ② -6 ③ 0

④ 6 ⑤ 9

17 이차식의 덧셈과 뺄셈

3 다음 중 x에 대한 이차식인 것은?

① x^3-3x^2 ② $2x+6y-3$

③ y^2+4xy ④ x^2+4x-x^2

⑤ $3x^2+5x$

4 $(4x^2+5x-1)+(3x^2-x-2)$를 간단히 하였을 때, 이차항의 계수와 상수항의 곱은?

① -21 ② -15 ③ -12

④ 6 ⑤ 12

18 단항식과 다항식의 곱셈

5 $2ab(3a^2-4ab+7b^2)$을 간단히 하면?

① $3a^3-4a^2b+7b^2$

② $6a^2b-8a^2b^2+14b^2$

③ $6a^2b-8a^2b^2+14ab^3$

④ $6a^3b-8a^2b^2+14ab^2$

⑤ $6a^3b-8a^2b^2+14ab^3$

19 다항식과 단항식의 나눗셈

6 $(9x^3y^2+12xy)\div\dfrac{3}{4}xy$를 간단히 하면?

① $9x^2y+3$ ② $9x^2y+16$

③ $12x^2y+16$ ④ $12x^2y+9xy^3$

⑤ $12x^2y+16xy^3$

20 단항식과 다항식의 혼합 계산

7 $\dfrac{6a^2-14ab}{2a}-\dfrac{18ab+27b^2-9b}{3b}$ 를 간단히 하면?

① $-3a-16b-3$ ② $-3a-16b+3$

③ $3a-16b-3$ ④ $3a-16b+3$

⑤ $3a+16b+3$

8 $4x(x-3y)-(15x^3-21x^2y)\div 3x$를 간단히 하면?

① $-x^2-19xy$ ② $-x^2-5xy$

③ $-x^2+5xy$ ④ $9x^2-19xy$

⑤ $9x^2-5xy$

꼭 알아야 할 개념

	1차	2차	시험 직전
다항식의 덧셈과 뺄셈 계산하기			
여러 가지 괄호가 있는 식의 덧셈과 뺄셈 계산하기			
단항식과 다항식의 혼합 계산하기			

1 $\left(\dfrac{3}{4}x-\dfrac{2}{3}y\right)-\left(\dfrac{3}{2}x-\dfrac{5}{6}y\right)=ax+by$일 때,

상수 a, b에 대하여 $b-a$의 값은?

① $-\dfrac{11}{12}$ ② $-\dfrac{7}{12}$ ③ $\dfrac{1}{12}$

④ $\dfrac{7}{12}$ ⑤ $\dfrac{11}{12}$

2 $4x+2y-\{3x-(\boxed{})-5y\}=-2x+6y$

일 때, $\boxed{}$ 안에 알맞은 식은?

① $-3x-13y$ ② $-3x-y$ ③ $-3x+y$

④ $3x-y$ ⑤ $3x+y$

3 $(4x^2+2x-3)-(6x^2+bx+1)=ax^2+5x+c$

일 때, 상수 a, b, c에 대하여 $a+b-c$의 값은?

① -1 ② 2 ③ 4

④ 5 ⑤ 9

4 $\boxed{}\div\left(-\dfrac{3x}{y}\right)=2x^2y-3xy+4xy^2$일 때, $\boxed{}$ 안

에 알맞은 식은?

① $-6x^3-9x^2-12x^2y$

② $-6x^3+9x^2-12x^2y$

③ $-6x^3+9x^2+12x^2y$

④ $6x^3-9x^2-12x^2y$

⑤ $6x^3-9x^2+12x^2y$

5 오른쪽 그림은 가로의 길이가 $4a$이고, 넓이가 $12a^2+8a$인 직사각형이다. 이 직사각형의 둘레의 길이는?

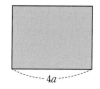

① $12a+2$ ② $12a+4$ ③ $12a+8$

④ $14a+4$ ⑤ $14a+8$

6 $3a(2a-1)-2a(4-5a)$를 간단히 하였을 때, a^2의 계수와 a의 계수의 합은?

① -4 ② -1 ③ 5

④ 9 ⑤ 12

7 $12x\left(\dfrac{1}{3}x-\dfrac{1}{4}\right)+(6x^2y+7xy)\div y=Ax^2+Bx$

일 때, 상수 A, B에 대하여 $A+B$의 값은?

① 11 ② 12 ③ 13

④ 14 ⑤ 15

난 풀 수 있다. 고난도!!

도전 고난도

8 오른쪽 그림과 같은 도형의 넓이를 구하시오.

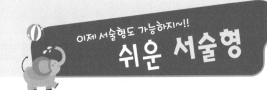
1 분수 $\dfrac{4}{33}$ 를 소수로 나타낼 때, 소수점 아래 50번째 자리의 숫자를 구하려고 한다. 다음 물음에 답하시오.

(1) 분수 $\dfrac{4}{33}$ 를 순환소수로 나타내시오.

(2) 순환마디의 숫자의 개수를 구하시오.

(3) 소수점 아래 50번째 자리의 숫자를 구하시오.

 풀이

2 분수 $\dfrac{x}{140}$ 를 소수로 나타내면 유한소수가 될 때, 다음 물음에 답하시오.

(1) 140을 소인수분해하시오.

(2) 유한소수가 되기 위한 가장 작은 자연수 x의 값을 구하시오.

(3) 가장 작은 두 자리의 자연수 x의 값을 구하시오.

 풀이

3 그림에서 직사각형의 넓이와 삼각형의 넓이가 서로 같을 때, 다음 물음에 답하시오.

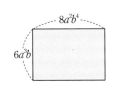
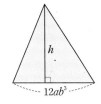

(1) 직사각형의 넓이를 구하시오.

(2) 삼각형의 넓이를 구하는 식을 세우시오.

(3) 삼각형의 높이 h를 구하시오.

 풀이

4 어떤 다항식 A에 x^2+3x-2를 더해야 할 것을 잘못하여 빼었더니 $2x^2+4x-3$이 되었다. 다음 물음에 답하시오.

(1) 어떤 다항식 A를 구하시오.

(2) 바르게 계산한 식을 구하시오.

 풀이

II 부등식과 연립방정식

	한 장 공부 표								
	학습 내용	계획하기 공부할 날짜를 계획해 봐요.		학습하기 공부한 날짜를 기록해 봐요.		확인하기 학습 결과를 체크해 봐요.	분석하기 학습 과정, 학습 결과에 대한 원인을 생각해 볼까요?	추가 학습하기 학습 결과가 만족스럽지 못하다면 추가 학습을 해 봐요.	
01장	01. 부등식 / 02. 부등식의 해	월	일	월	일	☺ 😐 😠 잘함 보통 노력		월	일
02장	03. 부등식의 성질	월	일	월	일	☺ 😐 😠		월	일
03장	04. 부등식의 해와 수직선	월	일	월	일	☺ 😐 😠		월	일
04장	핵심 반복 / 형성 평가	월	일	월	일	☺ 😐 😠		월	일
05장	05. 일차부등식 / 06. 일차부등식의 풀이	월	일	월	일	☺ 😐 😠		월	일
06장	07. 복잡한 일차부등식의 풀이	월	일	월	일	☺ 😐 😠		월	일
07장	08. 일차부등식의 활용(1)	월	일	월	일	☺ 😐 😠		월	일
08장	09. 일차부등식의 활용(2)	월	일	월	일	☺ 😐 😠		월	일
09장	핵심 반복 / 형성 평가	월	일	월	일	☺ 😐 😠		월	일
10장	10. 미지수가 2개인 일차방정식과 그 해 11. 미지수가 2개인 연립일차방정식	월	일	월	일	☺ 😐 😠		월	일
11장	12. 연립방정식의 풀이-가감법	월	일	월	일	☺ 😐 😠		월	일
12장	13. 연립방정식의 풀이-대입법	월	일	월	일	☺ 😐 😠		월	일
13장	14. 복잡한 연립방정식의 풀이	월	일	월	일	☺ 😐 😠		월	일
14장	핵심 반복 / 형성 평가	월	일	월	일	☺ 😐 😠		월	일
15장	15. 연립방정식의 활용(1) – 수, 나이, 가격, 개수, 길이 등	월	일	월	일	☺ 😐 😠		월	일
16장	16. 연립방정식의 활용(2) – 거리, 속력, 시간	월	일	월	일	☺ 😐 😠		월	일
17장	핵심 반복 / 형성 평가 / 쉬운 서술형	월	일	월	일	☺ 😐 😠		월	일

17장으로 부등식과 연립방정식 학습 끝!!

01 부등식

학습날짜 :   월   일 / 학습결과 : 😊 😐 😣

1. 부등식: 부등호($<$, $>$, $\leq$, $\geq$)를 사용하여 수 또는 식의 대소 관계를 나타낸 식

　예 $2x-5>7$, $x\leq4x-6$, $5<8$

$x+2\leq5$
좌변　우변
양변

2. 부등식의 표현

$a>b$	$a<b$	$a\geq b$	$a\leq b$
a는 b보다 크다. a는 b 초과이다.	a는 b보다 작다. a는 b 미만이다.	a는 b보다 크거나 같다. a는 b 이상이다. a는 b보다 작지 않다.	a는 b보다 작거나 같다. a는 b 이하이다. a는 b보다 크지 않다.

참고 ・ 부등호의 왼쪽 부분을 좌변, 오른쪽 부분을 우변이라 하고, 좌변과 우변을 통틀어 양변이라고 한다.
　　 ・ $a\geq b$는 '$a>b$ 또는 $a=b$'를 뜻하고, $a\leq b$는 '$a<b$ 또는 $a=b$'를 뜻한다.

정답과 풀이 21쪽

[01~04] 다음 중 부등식은 ○표, 부등식이 아닌 것은 ×표를 하시오.

01 $2x-1=3$ 　　　　　　　(　　　　)

02 $3x-5>4$ 　　　　　　　(　　　　)

03 $2x+x=3x$ 　　　　　　　(　　　　)

04 $4<7$ 　　　　　　　(　　　　)

[05~08] 문장을 부등식으로 나타낸 것이다. 다음 □ 안에 알맞은 부등호를 쓰시오.

05 x는 5보다 크다. 　　　x □ 5

06 x는 7보다 작지 않다. 　　　x □ 7

07 x는 4 이하이다. 　　　x □ 4

08 x는 8 미만이다. 　　　x □ 8

[09~14] 다음 문장을 부등식으로 나타내시오.

09 x에서 5를 빼면 9보다 크다.

　➡ _____

10 x에 7을 더하면 12보다 작거나 같다.

　➡ _____

11 x의 2배는 10 초과이다.

　➡ _____

12 x를 4배하여 3을 더하면 19 이하이다.

　➡ _____

13 x에 3을 더한 것의 2배는 x의 3배보다 작다.

　➡ _____

14 x의 3배는 x에서 5를 뺀 것보다 크다.

　➡ _____

02 부등식의 해

학습날짜 :   월   일 / 학습결과 : 😊 😐 😖

1. 부등식의 해: 부등식을 참이 되게 하는 미지수의 값

2. 부등식을 푼다: 부등식의 해를 모두 구하는 것

$x=a$를 부등식에 대입했을 때
① 부등식이 성립하면 해 ○
② 부등식이 성립하지 않으면 해 ×

> 예 x의 값이 1, 2, 3, 4일 때, 부등식 $x+2<5$에서
> $x=1$일 때, $1+2=3<5$ ➡ 참
> $x=2$일 때, $2+2=4<5$ ➡ 참
> $x=3$일 때, $3+2=5<5$ ➡ 거짓
> $x=4$일 때, $4+2=6<5$ ➡ 거짓
> 따라서 부등식 $x+2<5$의 해는 $x=1$, 2이다.

정답과 풀이 21쪽

[01~04] 다음 [   ] 안의 수가 주어진 부등식의 해이면 ○표, 부등식의 해가 아니면 ×표를 하시오.

01 $x+4<6$ [2]   (   )

> TIP 주어진 수를 대입하여 부등식이 성립하는지 확인한다.

02 $2x-1\geq5$ [3]   (   )

03 $3x-7\leq5$ [4]   (   )

04 $7-2x>x+5$ [1]   (   )

[05~06] 다음은 x의 값이 1, 2, 3, 4, 5일 때, 부등식의 해를 구하는 과정이다. 빈칸에 알맞은 것을 쓰시오.

05 $2x-1>3$

x	좌변	대소 비교	우변	$2x-1>3$
1	$2\times1-1=1$	<	3	거짓
2			3	
3			3	
4			3	
5			3	

부등식의 해는 _____ 이다.

06 $3x-4\leq2$

x	좌변	대소 비교	우변	$3x-4\leq2$
1	$3\times1-4=-1$	<	2	참
2				
3				
4				
5				

부등식의 해는 _____ 이다.

[07~10] x의 값이 -1, 0, 1, 2일 때, 다음 부등식을 푸시오.

07 $x-2<1$

08 $-x+5\leq4$

09 $2x+2\geq5$

10 $3x-4<-x+1$

03 부등식의 성질

→ $a \le b$인 경우에도 부등식의 성질은 성립한다.

(1) 부등식의 양변에 같은 수를 더하거나, 양변에서 같은 수를 빼도 부등호의 방향은 바뀌지 않는다.

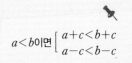
$a < b$이면 $\begin{cases} a+c < b+c \\ a-c < b-c \end{cases}$

예 $a < b$이면 $a+2 < b+2$, $a-2 < b-2$

(2) 부등식의 양변에 같은 양수를 곱하거나, 양변을 같은 양수로 나누어도 부등호의 방향은 바뀌지 않는다.

$a < b$이고 $c > 0$이면 $ac < bc$, $\dfrac{a}{c} < \dfrac{b}{c}$

예 $a < b$이면 $2a < 2b$, $\dfrac{a}{2} < \dfrac{b}{2}$

(3) 부등식의 양변에 같은 음수를 곱하거나, 양변을 같은 음수로 나누면 부등호의 방향이 바뀐다.

$a < b$이고 $c < 0$이면 $ac > bc$, $\dfrac{a}{c} > \dfrac{b}{c}$

예 $a < b$이면 $-2a > -2b$, $-\dfrac{a}{2} > -\dfrac{b}{2}$

참고 음수를 곱하거나 나눌 때 부등호의 방향이 바뀜에 주의한다.

정답과 풀이 22쪽

[01~08] $a < b$일 때, 다음 □ 안에 알맞은 부등호를 쓰시오.

01 $a+3$ □ $b+3$

02 $a+(-4)$ □ $b+(-4)$

03 $a-7$ □ $b-7$

04 $a-(-5)$ □ $b-(-5)$

05 $a \times 3$ □ $b \times 3$

06 $a \times (-5)$ □ $b \times (-5)$

07 $a \div 4$ □ $b \div 4$

08 $a \div (-6)$ □ $b \div (-6)$

[09~15] $a \ge b$일 때, 다음 □ 안에 알맞은 부등호를 쓰시오.

09 $2a$ □ $2b$

➡ $2a+1$ □ $2b+1$

10 $-2a$ □ $-2b$

➡ $-2a-5$ □ $-2b-5$

11 $3a-2$ □ $3b-2$

TIP 먼저 같은 수를 $a \ge b$의 양변에 곱한다.

12 $\dfrac{a}{4}+2$ □ $\dfrac{b}{4}+2$

13 $\dfrac{a}{2}-3$ □ $\dfrac{b}{2}-3$

14 $-3a+7$ □ $-3b+7$

15 $-\dfrac{a}{5}-3$ □ $-\dfrac{b}{5}-3$

[16~23] 다음 □ 안에 알맞은 부등호를 쓰시오.

16 $2a+3>2b+3$

$\Rightarrow 2a\ \boxed{}\ 2b$

$\Rightarrow a\ \boxed{}\ b$

17 $-2a+7>-2b+7$

$\Rightarrow -2a\ \boxed{}\ -2b$

$\Rightarrow a\ \boxed{}\ b$

18 $3a-5<3b-5 \Rightarrow a\ \boxed{}\ b$

TIP 먼저 같은 수를 양변에 더한다.

19 $\dfrac{a}{4}+1\geq\dfrac{b}{4}+1 \Rightarrow a\ \boxed{}\ b$

20 $\dfrac{a}{5}-2\geq\dfrac{b}{5}-2 \Rightarrow a\ \boxed{}\ b$

21 $-4a-6<-4b-6 \Rightarrow a\ \boxed{}\ b$

22 $-\dfrac{a}{6}+3\geq-\dfrac{b}{6}+3 \Rightarrow a\ \boxed{}\ b$

23 $-\dfrac{a}{7}-4\leq-\dfrac{b}{7}-4 \Rightarrow a\ \boxed{}\ b$

[24~27] $x<3$일 때, 다음 식의 값의 범위를 구하시오.

24 $x+2$

25 $4x$

26 $2x-3$

TIP 먼저 같은 수를 $x<3$의 양변에 곱한다.

27 $-3x+4$

[28~31] $x\geq-2$일 때, 다음 식의 값의 범위를 구하시오.

28 $x+3$

29 $-2x$

30 $3x-5$

31 $-4x-6$

학습날짜 :   월   일 / 학습결과 :

1. 부등식의 풀이: 부등식의 성질을 이용하여 주어진 부등식을 $x>$(수), $x<$(수), $x\geq$(수), $x\leq$(수)의 꼴로 고쳐서 해를 구한다.

2. 부등식의 해를 수직선 위에 나타내기

$x>a$	$x<a$	$x\geq a$	$x\leq a$
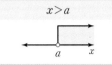		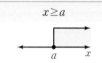	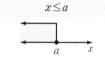

예 부등식 $x+3>5$에서

$x+3-3>5-3$ $\therefore x>2$

참고 부등호가 $>$, $<$ 이면 ➡ 수직선에 ∘로 표시

부등호가 $\geq$, $\leq$ 이면 ➡ 수직선에 •로 표시

정답과 풀이 23쪽

[01~06] 다음 부등식의 해를 수직선 위에 나타내시오.

01 $x>1$

02 $x<4$

03 $x>-3$

04 $x<-1$

05 $x\geq 2$

06 $x\leq -4$

[07~12] 다음 수직선 위에 나타내어진 x의 값의 범위를 부등식으로 나타내시오.

07
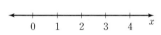
➡ _____

08
➡ _____

09
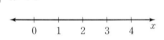
➡ _____

10
➡ _____

11

➡ _____

12

➡ _____

[13~18] 부등식의 성질을 이용하여 다음 부등식의 해를 구하고, 그 해를 수직선 위에 나타내시오.

13 $x-1>2$ ➡ _____

TIP 좌변에는 x만 남도록 한다.

14 $x-4>3$ ➡ _____

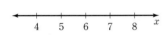

15 $x+7<3$ ➡ _____

16 $x-8\geq-7$ ➡ _____

17 $x-6\geq-2$ ➡ _____

18 $x+7\leq-4$ ➡ _____

[19~24] 부등식의 성질을 이용하여 다음 부등식의 해를 구하고, 그 해를 수직선 위에 나타내시오.

19 $2x<6$ ➡ _____

20 $\dfrac{1}{3}x\geq-2$ ➡ _____

TIP x의 계수를 1로 만든다.

21 $4x\leq-16$ ➡ _____

22 $-\dfrac{1}{2}x>2$ ➡ _____

23 $-5x<25$ ➡ _____

24 $-\dfrac{1}{3}x\geq-3$ ➡ _____

핵심 반복

앞에서 배운 개념을 문제로 정리해 보자.

01 부등식

1 〈보기〉 중 부등식인 것은 모두 몇 개인가?

┤ 보기 ├
ㄱ. $2a-3b$　　　ㄴ. $2x+5=3$
ㄷ. $5<8$　　　　ㄹ. $6x+4\leq10$
ㅁ. $-2x+3=2x-3$

① 1개　　　② 2개　　　③ 3개
④ 4개　　　⑤ 5개

2 다음 문장을 부등식으로 나타내시오.

x의 5배에서 2을 빼면 8보다 크지 않다.

02 부등식의 해

3 다음 부등식 중 $x=3$을 해로 갖는 것은?

① $x+2\leq0$　　　② $2x+1\leq6$
③ $4-2x>-2$　　　④ $\dfrac{1}{3}x-2>-2$
⑤ $0.2x-0.6<0$

03 부등식의 성질

4 $a<b$일 때, 다음 중 옳지 <u>않은</u> 것은?

① $a+1<b+1$　　　② $a-2<b-2$
③ $4a<4b$　　　　④ $\dfrac{a}{5}<\dfrac{b}{5}$
⑤ $4-\dfrac{3}{2}a<4-\dfrac{3}{2}b$

5 $a\leq b$일 때, □ 안에 들어갈 부등호를 차례로 쓰면?

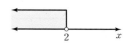
$$\frac{1}{2}a-4 \,\square\, \frac{1}{2}b-4, \quad 7-3a \,\square\, 7-3b$$

① $\geq, \leq$　　② $\leq, \geq$　　③ $\leq, \leq$
④ $>, <$　　⑤ $<, >$

6 $x\leq2$일 때, $4x-3\leq a$이다. 이때 상수 a의 값을 구하시오.

04 부등식의 해와 수직선

7 다음 수직선 위에 나타내어진 x의 값의 범위를 부등식으로 옳게 나타낸 것은?

① $x>2$　　② $x<2$　　③ $x=2$
④ $x\geq2$　　⑤ $x\leq2$

8 다음 중 부등식 $-\dfrac{1}{2}x\leq3$의 해를 수직선 위에 옳게 나타낸 것은?

① 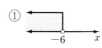　　②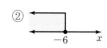
③ 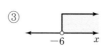　　④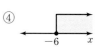
⑤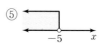

꼭 알아야 할 개념

	1차	2차	시험 직전
문장을 부등식으로 나타내기			
부등식의 해인지 판별하기			
부등식의 성질을 이용하여 해 구하기			

1 다음 중 문장을 부등식으로 나타낸 것으로 옳지 않은 것은?

① x에서 4를 뺀 수는 x의 3배보다 작다.
  ➡ $x-4<3x$

② x와 6의 합은 11 미만이다.
  ➡ $x+6<11$

③ x에서 3을 뺀 수의 2배는 9 초과이다.
  ➡ $2(x-3)>9$

④ 시속 4 km로 x시간 동안 걸은 거리는 12 km 이상이다. ➡ $4x>12$

⑤ 5명이 각각 x원씩 내면 총액은 20000원 이하이다. ➡ $5x\leq20000$

2 다음 중 [   ] 안의 수가 주어진 부등식의 해가 아닌 것은?

① $x-4\leq-2$ [2]   ② $2x-4>3$ [4]

③ $2x\leq3x+1$ [0]   ④ $-2x>3x+4$ [-1]

⑤ $3x+2<-4$ [-2]

3 x는 절댓값이 2 이하인 정수일 때, 부등식 $4x+1>2x-1$의 해는 모두 몇 개인가?

① 1개   ② 2개   ③ 3개
④ 4개   ⑤ 5개

4 $a<b$일 때, 〈보기〉에서 옳은 것을 모두 고른 것은?

┌─ 보기 ─┐
ㄱ. $a+4<b+4$
ㄴ. $2a-1<2b-1$
ㄷ. $5-3a<5-3b$
ㄹ. $-\dfrac{a}{4}+1>-\dfrac{b}{4}+1$
└────────┘

① ㄱ, ㄴ   ② ㄷ, ㄹ   ③ ㄱ, ㄴ, ㄷ
④ ㄱ, ㄴ, ㄹ   ⑤ ㄱ, ㄴ, ㄷ, ㄹ

5 다음 중 □ 안에 들어갈 부등호의 방향이 다른 하나는?

① $a+3<b+3$이면 a □ b

② $-a+\dfrac{3}{2}>-b+\dfrac{3}{2}$이면 a □ b

③ $4a-1<4b-1$이면 a □ b

④ $\dfrac{a}{3}+2<\dfrac{b}{3}+2$이면 a □ b

⑤ $-4a+1<-4b+1$이면 a □ b

6 $-1\leq x<3$일 때, $a\leq3x-2<b$이다. 이때 상수 a, b에 대하여 $b-a$의 값은?

① -2 ② 4 ③ 6
④ 8 ⑤ 12

7 부등식 $ax\leq8$의 해가 $x\geq-2$일 때, 상수 a의 값은?

① -8 ② -4 ③ -2
④ $-\dfrac{3}{2}$ ⑤ $-\dfrac{1}{2}$

난 풀 수 있다. 고난도!!

도전 고난도

8 $a<b<0$, $c<0$일 때, 다음 중 옳은 것은?

① $a+c>b+c$ ② $ac<bc$

③ $\dfrac{a}{c}<\dfrac{b}{c}$ ④ $\dfrac{a}{c^2}>\dfrac{b}{c^2}$

⑤ $\dfrac{a-c}{c}>\dfrac{b-c}{c}$

05 일차부등식

1. 일차부등식: 부등식의 모든 항을 좌변으로 이항하여 정리하였을 때
(일차식)>0, (일차식)<0, (일차식)≥0, (일차식)≤0
중 어느 한 가지 꼴로 나타낼 수 있는 부등식

→ 부등식에서 한 변에 있는 항을 부호만 바꾸어 다른 변으로 옮기는 것

예 $2x+1>0$, $x^2+4x+1>x+x^2$ ➡ $x^2+4x+1-x^2-x=3x+1>0$

참고 방정식에서와 마찬가지로 부등식에서도 부등식의 성질을 이용하면 한 변에 있는 항의 부호를 바꾸어 다른 변으로 이항할 수 있다.

정답과 풀이 25쪽

[01~08] 다음 부등식에서 우변에 있는 항을 좌변으로 이항하여 간단히 하시오.

01 $x+2>5$ ➡ _____

02 $2x-3<7$ ➡ _____

03 $-3x+5≥2$ ➡ _____

04 $-4x-2≤9$ ➡ _____

05 $6x>2x-4$ ➡ _____

06 $2x<8-3x$ ➡ _____

07 $x+3≥1-2x$ ➡ _____

08 $-4x-3≤2-5x$ ➡ _____

[09~16] 다음 중 일차부등식은 ○표, 일차부등식이 아닌 것은 ✕표를 하시오.

09 $2x+3>9$ ( )

10 $5x+3>1+5x$ ( )

TIP 좌변으로 이항하고 정리하여 일차식이 되는지 확인한다.

11 $2x+4x=5x$ ( )

12 $4-6x>4+6x$ ( )

13 $2-4x<5-4x$ ( )

14 $x(x+1)≥x^2+3$ ( )

15 $x(x-2)≤x^2-2x+5$ ( )

16 $3x^2+2x-5>3x(x+1)$ ( )

06 일차부등식의 풀이

(1) 미지수를 포함한 항은 좌변으로, 상수항은 우변으로 이항한다.

(2) 동류항끼리 정리하여 $ax > b$, $ax < b$, $ax \geq b$, $ax \leq b$ (단, $a \neq 0$)의 꼴로 만든다.

(3) 양변을 x의 계수 a로 나누어 $x > $(수), $x < $(수), $x \geq $(수), $x \leq $(수)의 꼴로 나타낸다.

예 $3x - 5 < x + 1 \Rightarrow 3x - x < 1 + 5 \Rightarrow 2x < 6 \Rightarrow \dfrac{2x}{2} < \dfrac{6}{2} \Rightarrow x < 3$

$\quad$ $2x - 7 < 5x + 2 \Rightarrow 2x - 5x < 2 + 7 \Rightarrow -3x < 9 \Rightarrow \dfrac{-3x}{-3} > \dfrac{9}{-3} \Rightarrow x > -3$

참고 $ax > b$에서 x의 계수 a가 음수일 때는 부등호의 방향이 바뀌는 것에 주의한다.

정답과 풀이 26쪽

[01~02] 일차부등식을 풀고, 그 해를 수직선 위에 나타내는 과정이다. 다음 □ 안에 알맞은 것을 쓰시오.

01 $3x - 2 > x + 4$

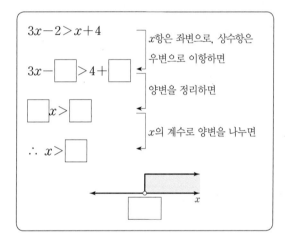

02 $2x - 3 \geq 4x + 5$

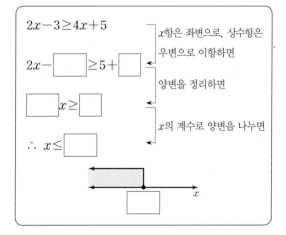

[03~07] 다음 일차부등식을 풀고, 그 해를 수직선 위에 나타내시오.

03 $4x - 3 > 5 \Rightarrow$ 해 : _____

04 $-2x + 2 \leq 4 \Rightarrow$ 해 : _____

05 $5x - 4 > 3x + 6 \Rightarrow$ 해 : _____

06 $7 - 4x < 1 - 2x \Rightarrow$ 해 : _____

07 $3x + 4 \geq 6x - 11 \Rightarrow$ 해 : _____

학습날짜 :   월   일 / 학습결과 :

1. **괄호가 있는 일차부등식**: 분배법칙을 이용하여 괄호를 풀고 동류항끼리 간단히 정리한 후 일차부등식을 푼다.

2. **계수가 분수인 일차부등식**: 양변에 분모의 최소공배수를 곱하여 계수를 정수로 바꾼 후 일차부등식을 푼다.
   → 10, 100, 1000, …

3. **계수가 소수인 일차부등식**: 양변에 10의 거듭제곱을 곱하여 계수를 정수로 바꾼 후 일차부등식을 푼다.

예

$7-3x<4(2-x)$에서	$\dfrac{1}{2}x+\dfrac{2}{3}>\dfrac{1}{6}x$에서	$0.4x-1.2\geq0.2x-0.4$에서
$7-3x<8-4x$	$3x+4>x$	$4x-12\geq2x-4$
$-3x+4x<8-7$	$3x-x>-4$	$4x-2x\geq-4+12$
$\therefore x<1$	$2x>-4$　$\therefore x>-2$	$2x\geq8$　$\therefore x\geq4$

주의 양변에 분모의 최소공배수나 10의 거듭제곱을 곱할 때에는 계수가 정수인 항에도 반드시 곱해야 한다.

정답과 풀이 26쪽

[01~06] 다음 일차부등식을 푸시오.

01 $2(x-4)>6$

해 : _____

TIP 괄호를 풀어 정리한다.

02 $3(x+2)<12$

해 : _____

03 $4(x-2)\geq x+1$

해 : _____

04 $3x+4\leq5(x-2)$

해 : _____

05 $5(x+2)>2(x-3)$

해 : _____

06 $4x+6\geq-2(1-3x)+5$

해 : _____

[07~12] 다음 일차부등식을 푸시오.

07 $\dfrac{2x+1}{3}>3$

해 : _____

08 $\dfrac{x}{5}-\dfrac{1}{3}<\dfrac{8}{15}x$

해 : _____

TIP 분모의 최소공배수를 곱한다.

09 $\dfrac{4}{5}x-1\geq\dfrac{x}{2}+2$

해 : _____

TIP 정수가 있는 항에도 최소공배수를 반드시 곱한다.

10 $\dfrac{x+3}{3}\leq\dfrac{3x-4}{2}$

해 : _____

11 $\dfrac{1-3x}{2}>\dfrac{1}{3}x+6$

해 : _____

12 $\dfrac{2x+5}{3}-x\leq\dfrac{4x-3}{5}$

해 : _____

[13~19] 다음 일차부등식을 푸시오.

13 $0.3x - 0.4 > 0.5$

해 : _____

TIP 소수점 아래 숫자가 1개이면 10을 곱한다.

14 $0.7x + 1.4 < 0.3x + 0.2$

해 : _____

15 $0.2x - 0.3 \geq 0.4x + 0.5$

해 : _____

16 $0.9 - 0.2x > 0.5x - 0.5$

해 : _____

17 $0.7x + 1 > 0.5x + 1.4$

해 : _____

18 $0.4x + 0.16 < 0.22x - 0.2$

해 : _____

TIP 소수점 아래 숫자가 2개이면 100을 곱한다.

19 $0.3x - 0.12 > 0.24x + 0.06$

해 : _____

[20~26] 다음 일차부등식을 푸시오.

20 $0.3x + 0.5 > 0.2(x - 1)$

해 : _____

21 $0.5x - 1.5 < 0.2(3 - x)$

해 : _____

22 $2(x - 3) \geq \dfrac{x + 2}{3}$

해 : _____

23 $\dfrac{2}{3}(x - 1) \leq \dfrac{x}{2} + 2$

해 : _____

TIP 분모의 최소공배수를 곱한다.

24 $0.6x - \dfrac{3}{5} < \dfrac{1}{2}x - 1.6$

해 : _____

25 $0.3x + 1.2 > \dfrac{2x - 3}{5}$

해 : _____

26 $\dfrac{x}{5} - 0.3(x - 4) \leq 2$

해 : _____

08 일차부등식의 활용(1)

1. **미지수 정하기**: 문제의 뜻을 파악하고 구하려고 하는 것을 미지수 x로 놓는다.
2. **일차부등식 세우기**: 문제의 뜻에 맞게 x에 대한 일차부등식을 세운다.
3. **일차부등식 풀기**: 일차부등식을 푼다.   → 부등식을 푼 결과가 바로 답이 아니므로
4. **확인하기**: 구한 해가 문제의 뜻에 맞는지 확인한다.   반드시 문제의 뜻에 맞는 답을 쓴다.

> **예** '어떤 자연수의 3배에서 1을 뺀 수는 20보다 작다.'를 만족시키는
> 수 중 가장 큰 자연수를 구해 보자.

> **주의** • 이상, 이하, 초과, 미만 또는 이에 해당하는 표현을 찾아 부등
>   호를 결정한다.
> • 구하는 것이 물건의 개수, 사람 수, 나이 등이면 해가 자연수
>   이다.

① 미지수 정하기	어떤 수를 x라 하면
② 일차부등식 세우기	$3x-1<20$
③ 일차부등식 풀기	$x<7$
④ 답 구하기	가장 큰 자연수는 6이다.

정답과 풀이 28쪽

01 어떤 자연수의 2배에 8을 더한 것은 그 자연수에 20을 더한 것보다 크다고 할 때, 어떤 자연수 중 가장 작은 자연수를 구하시오.

(1) 미지수 정하기
   어떤 자연수를 x라 하자.

(2) 일차부등식 세우기
   어떤 자연수의 2배에 8을 더한 것은

   $\boxed{}+8$

   어떤 자연수에 20을 더한 것은

   $\boxed{}+20$

   일차부등식을 세우면

   $\boxed{}+8>\boxed{}+20$

(3) 일차부등식 풀기
   위의 일차부등식을 풀면 $x>\boxed{}$

(4) 답 구하기
   따라서 가장 작은 자연수는 $\boxed{}$이다.

02 어떤 정수를 5배하여 7을 빼면 8보다 작다. 이와 같은 정수 중 가장 큰 수를 구하시오.

03 연속하는 세 자연수의 합이 84보다 작을 때, 이와 같은 수 중에서 가장 큰 세 자연수를 구하시오.

(1) 미지수 정하기
   연속하는 세 자연수 중 가운데 수를 x라 하면
   세 수는 $x-\boxed{}$, x, $x+\boxed{}$

(2) 일차부등식 세우기
   연속하는 세 자연수의 합이 84보다 작으므로
   $(x-\boxed{})+x+(x+\boxed{})<84$

(3) 일차부등식 풀기
   위의 일차부등식을 풀면 $x<\boxed{}$

(4) 답 구하기
   따라서 구하는 가장 큰 세 자연수는
   $\boxed{}$, $\boxed{}$, $\boxed{}$이다.

04 연속하는 세 자연수의 합이 63보다 클 때, 이와 같은 수 중에서 가장 작은 세 자연수를 구하시오.

05 3000원짜리 필통 한 개와 800원짜리 볼펜 몇 자루를 합하여 15000원 이하가 되게 하려고 한다. 볼펜은 최대 몇 자루까지 살 수 있는지 구하시오.

(1) 미지수 정하기
볼펜을 x자루 산다고 하자.

(2) 일차부등식 세우기
필통 한 개의 가격은 3000원, 볼펜 x자루의 가격은 ☐원이다.
일차부등식을 세우면
$\left(\begin{array}{c}\text{필통}\\\text{한 개의 가격}\end{array}\right)+\left(\begin{array}{c}\text{볼펜}\\x\text{자루의 가격}\end{array}\right)$ ☐ 15000
➡ $3000+$ ☐ $x \leq 15000$

(3) 일차부등식 풀기
위의 일차부등식을 풀면 $x \leq$ ☐

(4) 답 구하기
따라서 볼펜은 최대 ☐자루까지 살 수 있다.

06 동네 슈퍼에서 한 개에 1500원 하는 복숭아를 재래 시장에서는 1200원에 판매한다. 재래 시장에 다녀오려면 왕복 교통비가 2000원이 드는데, 복숭아를 최소한 몇 개 이상 살 경우에 재래 시장에 가서 사는 것이 비용이 더 적게 드는지 구하시오.

07 현재 형의 저축액은 12000원, 동생의 저축액은 4000원이다. 다음 주부터 매주 형은 600원씩, 동생은 1000원씩 저축한다고 할 때, 동생의 저축액이 형의 저축액보다 많아지는 것은 몇 주 후부터인지 구하시오.

(1) 미지수 정하기
x주 동안 저축한다고 하자.

(2) 일차부등식 세우기
x주 후의 동생의 저축액은
$($ ☐ $)$원,
형의 저축액은 $(12000+600x)$원이다.
일차부등식을 세우면
(동생의 저축액) ☐ (형의 저축액)
➡ ☐ $> 12000+600x$

(3) 일차부등식 풀기
위의 일차부등식을 풀면 $x >$ ☐

(4) 답 구하기
따라서 동생의 저축액이 형의 저축액보다 많아지는 것은 ☐주 후부터이다.

08 현재 형의 예금액은 20000원, 동생의 예금액은 41000원이다. 다음 달부터 매월 형은 7000원씩, 동생은 4000원씩 예금한다고 할 때, 형의 예금액이 동생의 예금액보다 많아지는 것은 몇 개월 후부터인지 구하시오.

거리, 속력, 시간에 대한 문제는 다음을 이용하여 일차부등식을 세운다.

$$(\text{거리}) = (\text{속력}) \times (\text{시간}), \quad (\text{속력}) = \frac{(\text{거리})}{(\text{시간})}, \quad (\text{시간}) = \frac{(\text{거리})}{(\text{속력})}$$

예 등산을 하는데 올라갈 때는 시속 2 km로, 내려올 때는 올라갈 때와 같은 길을 시속 3 km로 걷는다고 한다. 전체 시간이 1시간을 넘지 않는다고 할 때, 올라갈 수 있는 최대 거리를 구해 보자.

① 미지수 정하기	올라간 거리를 x km라 하면
② 일차부등식 세우기	$\frac{x}{2} + \frac{x}{3} \leq 1$
③ 일차부등식 풀기	$x \leq \frac{6}{5}$
④ 답 구하기	올라갈 수 있는 최대 거리는 $\frac{6}{5}$ km이다.

참고 거리, 속력, 시간에 관한 활용 문제를 풀 때 각각의 단위가 다를 경우에는 일차부등식을 세우기 전에 단위를 통일한다.

정답과 풀이 28쪽

01 산책을 하는데 갈 때에는 시속 2 km로 걷고, 올 때에는 같은 길을 시속 4 km로 걸어서 1시간 30분 이내로 산책을 마치려고 한다. 최대 몇 km 지점까지 갔다가 올 수 있는지 구하시오.

(1) 미지수 정하기

x km 지점까지 갔다가 온다고 하자.

(2) 일차부등식 세우기

걸린 시간을 표로 나타내면

	갈 때	올 때
거리(km)	x	x
속력(km/시)	2	
시간(시간)	$\frac{x}{2}$	

일차부등식을 세우면

$$\left(\begin{array}{c}\text{갈 때} \\ \text{걸린 시간}\end{array}\right) + \left(\begin{array}{c}\text{올 때} \\ \text{걸린 시간}\end{array}\right) \boxed{} 1\frac{30}{60}$$

$$\Rightarrow \frac{x}{2} + \boxed{} \leq 1\frac{30}{60}$$

(3) 일차부등식 풀기

위의 일차부등식을 풀면 $x \leq \boxed{}$

(4) 답 구하기

따라서 최대 $\boxed{}$ km 지점까지 갔다가 올 수 있다.

02 혁진이가 등산을 하는데 올라갈 때는 시속 3 km, 내려올 때는 같은 길을 시속 5 km로 걸어서 총 2시간 이내로 등산을 마치려고 한다. 최대 몇 km 지점까지 올라갔다 올 수 있는지 구하시오.

03 기차가 출발하기 전까지 1시간의 여유가 있어서 이 시간을 이용하여 상점에서 물건을 사 오려고 한다. 시속 4 km의 일정한 속력으로 걷고, 물건을 사는 데 20분이 걸린다면 역에서 최대 몇 km 이내에 있는 상점을 이용하면 되는지 구하시오.

04 영호가 산책을 하는데 갈 때에는 시속 2 km로 걷고, 올 때에는 갈 때보다 2 km 더 먼 길을 시속 4 km로 걸었다. 산책하는 데 걸린 시간이 2시간 이내일 때, 갈 때 걸은 거리는 최대 몇 km인지 구하시오.

(1) 미지수 정하기

갈 때 걸은 거리를 x km라 하자.

(2) 일차부등식 세우기

걸린 시간을 표로 나타내면

	갈 때	올 때
거리(km)	x	$x+2$
속력(km/시)	2	
시간(시간)	$\dfrac{x}{2}$	

일차부등식을 세우면

$\left(\begin{array}{c}\text{갈 때}\\\text{걸린 시간}\end{array}\right) + \left(\begin{array}{c}\text{올 때}\\\text{걸린 시간}\end{array}\right) \boxed{} 2$

➡ $\dfrac{x}{2} + \boxed{} \leq 2$

(3) 일차부등식 풀기

위의 일차부등식을 풀면 $x \leq \boxed{}$

(4) 답 구하기

따라서 갈 때 걸은 거리는 최대 $\boxed{}$ km이다.

05 수연이가 공원을 산책하는데 갈 때는 시속 3 km로 걷고, 올 때는 갈 때보다 1 km 더 먼 길을 시속 2 km로 걸었다. 산책하는 데 걸린 시간이 1시간 30분 이내였다면 수연이가 걸은 최대 거리를 구하시오.

06 A 지점에서 9 km 떨어진 B 지점까지 가는데 처음에는 시속 3 km로 걷다가 도중에 시속 6 km로 뛰어서 2시간 30분 이내에 도착하려고 한다. 걸어간 거리는 최대 몇 km인지 구하시오.

(1) 미지수 정하기

걸어간 거리를 x km라 하자.

(2) 일차부등식 세우기

걸린 시간을 표로 나타내면

	걸어갈 때	뛰어갈 때
거리(km)	x	$9-x$
속력(km/시)	3	
시간(시간)	$\dfrac{x}{3}$	

일차부등식을 세우면

$\left(\begin{array}{c}\text{걸어갈 때}\\\text{걸린 시간}\end{array}\right) + \left(\begin{array}{c}\text{뛰어갈 때}\\\text{걸린 시간}\end{array}\right) \boxed{} 2\dfrac{30}{60}$

➡ $\dfrac{x}{3} + \boxed{} \leq 2\dfrac{30}{60}$

(3) 일차부등식 풀기

위의 일차부등식을 풀면 $x \leq \boxed{}$

(4) 답 구하기

따라서 걸어간 거리는 최대 $\boxed{}$ km이다.

07 지영이는 집에서 10 km 떨어진 우체국까지 자전거를 타고 가는데 처음에는 시속 8 km로 달리다가 도중에 자전거가 고장이 나서 시속 4 km로 걸어서 2시간 이내에 우체국에 도착하였다. 자전거가 고장난 지점은 집에서 최소 몇 km 이상 떨어진 지점인지 구하시오.

05 일차부등식

1 다음 중 일차부등식인 것을 모두 고르면? (정답 2개)

① $2x-5<2x$ ② $-3x+1=0$
③ $x-1\leq4x-3$ ④ $x^2-2x+3\geq0$
⑤ $x^2+4<x^2+3x+9$

06 일차부등식의 풀이

2 일차부등식 $6x+3\geq7+4x$를 풀면?

① $x\leq1$ ② $x\geq1$ ③ $x>1$
④ $x\leq2$ ⑤ $x\geq2$

07 복잡한 일차부등식의 풀이

3 일차부등식 $3(x-5)<7x+5$의 해를 수직선 위에 바르게 나타낸 것은?

① 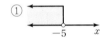 ②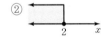

③ 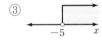 ④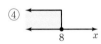

⑤

4 일차부등식 $\dfrac{x+5}{2}>\dfrac{2x-1}{3}$을 만족시키는 자연수의 개수는?

① 13개 ② 14개 ③ 15개
④ 16개 ⑤ 17개

08 일차부등식의 활용(1)

5 어떤 자연수의 2배에 11을 더한 것은 그 자연수에 16을 더한 것보다 크다고 할 때, 어떤 자연수 중 가장 작은 자연수는?

① 3 ② 4 ③ 5
④ 6 ⑤ 7

6 400원짜리 지우개를 한 개에 100원 하는 포장상자 4개에 나누어 담아서 5000원 이하가 되게 사려고 한다. 지우개를 최대한 몇 개까지 살 수 있는가?

① 9개 ② 10개 ③ 11개
④ 12개 ⑤ 13개

7 현재 형의 저축액은 16000원, 동생의 저축액은 10000원이다. 다음 주부터 매주 형은 400원씩, 동생은 900원씩 저축한다고 할 때, 동생의 저축액이 형의 저축액보다 많아지는 것은 몇 주 후부터인가?

① 11주 ② 13주 ③ 15주
④ 17주 ⑤ 19주

09 일차부등식의 활용(2)

8 산책을 하는데 갈 때에는 시속 2 km로 걷고, 올 때에는 같은 길을 시속 4 km로 걸어서 3시간 이내로 산책을 마치려고 한다. 최대 몇 km 지점까지 갔다가 올 수 있겠는가?

① 3.2 km ② 3.4 km ③ 3.6 km
④ 3.8 km ⑤ 4 km

🔖 꼭 알아야 할 개념	1차	2차	시험 직전
일차부등식의 해 구하기			
복잡한 일차부등식의 해 구하기			
일차부등식을 활용하여 실생활 문제 해결하기			

1 다음 중 일차부등식을 모두 고른 것은?

┤ 보기 ├
ㄱ. $2(x-2)<2x+8$
ㄴ. $x^2 \geq x-2$
ㄷ. $\dfrac{x-1}{3}=x-3$
ㄹ. $1 \leq 3(x+1)-2$

① ㄱ   ② ㄴ   ③ ㄹ
④ ㄱ, ㄹ   ⑤ ㄴ, ㄷ

2 다음 두 일차부등식의 해가 같을 때, 상수 a의 값은?

$$3x-1>5x+3,\ 3x-a<x-3$$

① -2 ② -1 ③ 0
④ 1 ⑤ 2

3 일차부등식 $8-(x-5) \geq 2(3x-6)$을 만족시키는 가장 큰 정수 x를 구하시오.

4 x가 자연수일 때, 일차부등식
$0.4x+0.6 \geq \dfrac{3(x-2)}{2}-0.8$의 모든 해의 합은?

① 3 ② 6 ③ 10
④ 15 ⑤ 21

5 연속하는 두 짝수가 있다. 작은 수의 3배에서 8을 뺀 것은 큰 수의 2배 이상이라 할 때, 이러한 두 수의 합 중 가장 작은 것은?

① 20 ② 22 ③ 24
④ 26 ⑤ 30

6 한 개에 500원인 과자와 한 개에 800원인 음료수를 합하여 18개를 사려고 한다. 전체 가격이 12000원 이하가 되게 하려면 음료수를 최대 몇 개까지 살 수 있는지 구하시오.

7 민호는 기차를 타고 삼촌의 결혼식에 가려고 한다. 기차 출발 시간이 11시인데 역에 도착한 시간이 9시여서 출발 시간까지 상점에 가서 선물을 사 오려고 한다. 선물을 사는 데 40분이 걸리고 시속 3 km로 걸을 때, 역에서 몇 km 이내에 있는 상점을 이용할 수 있는가?

① 0.5 km   ② 1 km   ③ 1.5 km
④ 2 km   ⑤ 2.5 km

난 풀 수 있다. 고난도!!

도전 고난도

8 x가 자연수일 때, 일차부등식
$a+2(x-3)<-4x-1$을 만족시키는 해가 없도록 하는 상수 a의 값 중 가장 작은 값을 구하시오.

10 미지수가 2개인 일차방정식과 그 해

1. 미지수가 2개인 일차방정식: 미지수가 2개이고, 차수가 1인 방정식

$$ax+by+c=0 \ (a, b, c는 상수, a \neq 0, b \neq 0)$$

2. 미지수가 2개인 일차방정식의 해: x, y에 대한 일차방정식을 참이 되게 하는 x, y의 값 또는 그 순서쌍 (x, y)

3. 일차방정식을 푼다: 일차방정식의 해를 모두 구하는 것

예 $2x+y=7$을 참이 되게 하는 자연수 x, y의 값을 구해 보자.

x	1	2	3
y	5	3	1

따라서 일차방정식 $2x+y=7$의 해는 $(1, 5)$, $(2, 3)$, $(3, 1)$이다.

참고 미지수가 2개인 일차방정식의 해는 미지수의 범위에 따라 달라진다.

정답과 풀이 31쪽

[01~08] 다음 중 미지수가 2개인 일차방정식은 ○표, 아닌 것은 ×표를 하시오.

01 $x-2y+4$　　　　　(　)

02 $2x-y+5=0$　　　　(　)

03 $3x-4=1$　　　　　(　)

04 $2+5y=3$　　　　　(　)

05 $4x+3y-2$　　　　　(　)

06 $x+3y=2-x$　　　　(　)

07 $2x-y=x-y$　　　　(　)

TIP 좌변으로 이항하여 식을 정리했을 때 미지수가 2개이어야 한다.

08 $4x+y=2(3x+y)$　　(　)

[09~11] 다음 일차방정식 중 $(2, 1)$을 해로 갖는 것은 ○표, 해로 갖지 않는 것은 ×표를 하시오.

09 $2x-y=0$　　　　　(　)

TIP $x=2$, $y=1$을 대입하여 등식이 성립해야 한다.

10 $x+3y=5$　　　　　(　)

11 $5x-8y=2$　　　　　(　)

[12~13] 다음 일차방정식에 대하여 표를 완성하고 x, y가 자연수일 때, 해를 구하시오.

12 $2x+y=8$

x	1	2	3	4
y	6			

해 : _____

13 $x+3y=11$

x				
y	1	2	3	4

해 : _____

11 미지수가 2개인 연립일차방정식

1. 미지수가 2개인 연립일차방정식: 미지수가 2개인 두 일차방정식을 한 쌍으로 묶어 놓은 것

2. 연립방정식의 해: 연립방정식의 두 방정식을 동시에 만족시키는 x, y의 값 또는 그 순서쌍 (x, y)

3. 연립방정식을 푼다: 연립방정식의 해를 구하는 것 ──▶ 각각의 방정식의 공통인 해

예 x, y가 자연수일 때, 연립방정식 $\begin{cases} x+y=5 & \cdots\cdots ㉠ \\ 2x+y=7 & \cdots\cdots ㉡ \end{cases}$ 의 해를 구해 보자.

㉠의 해는

x	1	2	3	4
y	4	3	2	1

, ㉡의 해는

x	1	2	3
y	5	3	1

따라서 연립방정식의 해는 $x=2$, $y=3$이다.

참고 $\begin{cases} ax+by=c \\ a'x+b'y=c' \end{cases}$ 의 해가 (m, n)일 때 $x=m$, $y=n$을 두 일차방정식에 각각 대입하면 등식이 성립한다.

> 정답과 풀이 31쪽

[01~03] x, y가 자연수일 때, 다음 연립방정식에 대하여 표를 완성하고 그 해를 구하시오.

01 $\begin{cases} x+y=4 & \cdots\cdots ㉠ \\ 2x+y=5 & \cdots\cdots ㉡ \end{cases}$

㉠
x	1	2	3	4
y				

㉡
x	1	2	3	4
y				

해 : _____

02 $\begin{cases} x+y=5 & \cdots\cdots ㉠ \\ 3x+y=9 & \cdots\cdots ㉡ \end{cases}$

㉠
x	1	2	3	4
y				

㉡
x	1	2	3	4
y				

해 : _____

03 $\begin{cases} x+2y=7 & \cdots\cdots ㉠ \\ x+3y=10 & \cdots\cdots ㉡ \end{cases}$

㉠
x				
y	1	2	3	4

㉡
x				
y	1	2	3	4

해 : _____

[04~08] 다음 연립방정식 중 $x=1$, $y=2$를 해로 갖는 것은 ○표, 해로 갖지 않는 것은 ✕표를 하시오.

04 $\begin{cases} x-2y=-3 \\ 2x+y=4 \end{cases}$ (   )

TIP $x=1$, $y=2$를 대입하면 두 일차방정식 모두 등식이 성립해야 한다.

05 $\begin{cases} 2x-3y=-5 \\ 2x-y=0 \end{cases}$ (   )

06 $\begin{cases} x-4y=-7 \\ 3x+y=6 \end{cases}$ (   )

07 $\begin{cases} 3x-y=1 \\ 2x+3y=8 \end{cases}$ (   )

08 $\begin{cases} 4x+y=5 \\ x+3y=7 \end{cases}$ (   )

12 연립방정식의 풀이-가감법

1. 가감법: 미지수가 2개인 연립방정식을 풀 때 두 방정식을 변끼리 더하거나 빼어서 한 미지수를 없앤 후 연립방정식의 해를 구하는 방법

2. 가감법을 이용한 연립방정식의 풀이

① 양변에 적당한 수를 곱하여 없애려고 하는 미지수의 계수의 절댓값이 같게 한다.

② 없애려고 하는 계수의 부호가 같으면 변끼리 빼고, 다르면 변끼리 더하여 한 미지수의 값을 구한다.

③ 주어진 방정식에 ②에서 구한 값을 대입하여 다른 미지수의 값을 구한다.

참고 계수의 절댓값이 같도록 하려면 계수의 최소공배수가 되도록 만든다.

연립방정식 $\begin{cases} x-y=1 & \cdots\cdots ㉠ \\ 3x-2y=4 & \cdots\cdots ㉡ \end{cases}$ 에서

y를 없애기로 결정   ← x, y 중 어느 것을 없앨지 결정한다.

㉠×2−㉡을 하면   ← 없애려는 미지수의 계수의 절댓값을 같게 한 후, 부호가 같으면 빼고, 다르면 더해야 한다.

$$\begin{array}{r} 2x-2y= \ 2 \\ -)\ 3x-2y= \ 4 \\ \hline -x \quad\quad =-2 \end{array}$$

$x=2$를 ㉠에 대입

$2-y=1$ ∴ $y=1$ ← x, y의 값을 구한다.

정답과 풀이 32쪽

[01~02] 연립방정식을 가감법을 이용하여 푸는 과정이다. 다음 □ 안에 알맞은 것을 쓰시오.

01 $\begin{cases} 2x+y=3 & \cdots\cdots ㉠ \\ x-y=6 & \cdots\cdots ㉡ \end{cases}$

y를 없애기 위하여

$$\begin{array}{r} 2x+y=3 \\ +)\ \ x-y=6 \\ \hline \boxed{}x \quad =9 \end{array}$$

∴ $x=\boxed{}$

$x=\boxed{}$을 ㉡에 대입하면 $y=\boxed{}$

따라서 해는 $x=\boxed{}$, $y=\boxed{}$이다.

02 $\begin{cases} 3x+y=10 & \cdots\cdots ㉠ \\ 3x-2y=16 & \cdots\cdots ㉡ \end{cases}$

x를 없애기 위하여

$$\begin{array}{r} 3x+\ y=10 \\ \boxed{})\ 3x-2y=16 \\ \hline \boxed{}y=-6 \end{array}$$

∴ $y=\boxed{}$

$y=\boxed{}$를 ㉠에 대입하면 $x=\boxed{}$

따라서 해는 $x=\boxed{}$, $y=\boxed{}$이다.

[03~08] 다음 연립방정식을 가감법을 이용하여 푸시오.

03 $\begin{cases} x+y=6 \\ -x+3y=2 \end{cases}$

TIP 계수의 절댓값이 같은 미지수를 없앤다.

04 $\begin{cases} 3x-y=4 \\ x-y=2 \end{cases}$

05 $\begin{cases} 2x+y=-1 \\ 2x+3y=5 \end{cases}$

06 $\begin{cases} -x+2y=7 \\ -3x+2y=9 \end{cases}$

07 $\begin{cases} 3x-y=2 \\ -3x+2y=2 \end{cases}$

08 $\begin{cases} 11x-6y=-14 \\ -7x+6y=-2 \end{cases}$

09 $\begin{cases} 3x+y=6 & \cdots\cdots ㉠ \\ 5x-3y=-4 & \cdots\cdots ㉡ \end{cases}$

y를 없애기 위하여

㉠×3 $\boxed{}$ ㉡을 하면

$\boxed{}x+\boxed{}y=\boxed{}$

$\boxed{}\big)\ 5x-\ \ 3y=-4$

$\boxed{}x\qquad =\boxed{}$

$\therefore\ x=\boxed{}$

$x=\boxed{}$을 ㉠에 대입하면 $y=\boxed{}$

따라서 해는 $x=\boxed{}$, $y=\boxed{}$이다.

10 $\begin{cases} 5x-6y=13 & \cdots\cdots ㉠ \\ 2x-3y=4 & \cdots\cdots ㉡ \end{cases}$

y를 없애기 위하여

㉠−㉡× $\boxed{}$ 를 하면

$\qquad\quad 5x-\ \ 6y=13$

$-\big)\ \boxed{}x-\boxed{}y=\boxed{}$

$\qquad\quad\ x\qquad =\boxed{}$

$x=\boxed{}$를 ㉡에 대입하면 $y=\boxed{}$

따라서 해는 $x=\boxed{}$, $y=\boxed{}$이다.

11 $\begin{cases} 2x+3y=7 & \cdots\cdots ㉠ \\ 3x-2y=4 & \cdots\cdots ㉡ \end{cases}$

x를 없애기 위하여

㉠× $\boxed{}$ −㉡× $\boxed{}$ 를 하면

$\boxed{}y=\boxed{}\qquad \therefore\ y=\boxed{}$

$y=\boxed{}$을 ㉠에 대입하면 $x=\boxed{}$

따라서 해는 $x=\boxed{}$, $y=\boxed{}$이다.

12 $\begin{cases} 2x+y=5 \\ -x+3y=1 \end{cases}$

13 $\begin{cases} 2x-3y=5 \\ x+2y=6 \end{cases}$

14 $\begin{cases} 3x+y=6 \\ 5x-3y=-4 \end{cases}$

15 $\begin{cases} 2x+3y=-7 \\ 5x-6y=-4 \end{cases}$

16 $\begin{cases} 2x-5y=9 \\ 3x+2y=4 \end{cases}$

17 $\begin{cases} 2x-5y=-14 \\ -5x+3y=-3 \end{cases}$

18 $\begin{cases} 2x-3y=-1 \\ 3x-4y=2 \end{cases}$

19 $\begin{cases} 4x-3y=10 \\ 6x-5y=14 \end{cases}$

13 연립방정식의 풀이 – 대입법

학습날짜 : 월 일 / 학습결과 : 😊 😐 😣

1. 대입법: 미지수가 2개인 연립방정식을 풀 때, 한 방정식을 하나의 미지수에 대하여 정리하고, 이를 다른 방정식에 대입하여 한 미지수를 없앤 후 해를 구하는 방법

2. 대입법을 이용한 연립방정식의 풀이

① 한 방정식을 $y=(x$에 관한 식$)$ 또는 $x=(y$에 관한 식$)$ 의 꼴로 바꾼다.

② ①의 식을 나머지 방정식에 대입하여 한 미지수를 없앤 후 방정식을 푼다. → 대입법을 이용하여 풀 때는 식을 대입해야 하므로 괄호를 사용하도록 한다.

③ ②에서 구한 해를 ①에 대입하여 다른 미지수의 값을 구한다.

연립방정식 $\begin{cases} x+y=5 & \cdots\cdots ㉠ \\ y=x+1 & \cdots\cdots ㉡ \end{cases}$ 에서

$x+(x+1)=5$ ◀ y를 없애기 위해 ㉡을 ㉠에 대입한다.

$2x+1=5$

$2x=4$ ∴ $x=2$ ◀ 미지수가 1개인 일차방정식을 푼다.

$x=2$를 ㉡에 대입 ◀ x, y의 값을 구한다.

$y=2+1=3$

정답과 풀이 34쪽

[01~02] 연립방정식을 대입법을 이용하여 푸는 과정이다. 다음 ☐ 안에 알맞은 수나 식을 쓰시오.

01 $\begin{cases} x=2y-1 & \cdots\cdots ㉠ \\ 2x-y=4 & \cdots\cdots ㉡ \end{cases}$

㉠을 ㉡에 대입하면

$2(\boxed{})-y=4$

$\boxed{}y=6$

∴ $y=\boxed{}$

$y=\boxed{}$ 를 ㉠에 대입하면 $x=\boxed{}$

따라서 해는 $x=\boxed{}$, $y=\boxed{}$ 이다.

02 $\begin{cases} -2x+y=5 & \cdots\cdots ㉠ \\ 3x+2y=-4 & \cdots\cdots ㉡ \end{cases}$

y를 없애기 위하여 ㉠에서 $-2x$를 이항하면

$y=\boxed{}$ $\cdots\cdots ㉢$

㉢을 ㉡에 대입하면

$3x+2(\boxed{})=-4$

$\boxed{}x=-14$

∴ $x=\boxed{}$

$x=\boxed{}$ 를 ㉢에 대입하면 $y=\boxed{}$

따라서 해는 $x=\boxed{}$, $y=\boxed{}$ 이다.

[03~08] 다음 연립방정식을 대입법을 이용하여 푸시오.

03 $\begin{cases} x=y-2 \\ 3x+2y=4 \end{cases}$

04 $\begin{cases} y=x-4 \\ 2x+3y=3 \end{cases}$

05 $\begin{cases} x=-3y+2 \\ 3x+2y=-8 \end{cases}$

06 $\begin{cases} y=3x+4 \\ 5x-2y=-6 \end{cases}$

07 $\begin{cases} x=4y-3 \\ 4x-3y=14 \end{cases}$

08 $\begin{cases} y=-4x+5 \\ 3x-4y=-1 \end{cases}$

[09~24] 다음 연립방정식을 대입법을 이용하여 푸시오.

09 $\begin{cases} x = 4y + 1 \\ x = 3y - 4 \end{cases}$

10 $\begin{cases} y = 2x - 4 \\ y = 3x + 2 \end{cases}$

11 $\begin{cases} x = 4y + 3 \\ x = 2y - 5 \end{cases}$

12 $\begin{cases} y = -2x + 13 \\ y = 3x + 8 \end{cases}$

13 $\begin{cases} 3x = 2y + 5 \\ 3x - 4y = 1 \end{cases}$

14 $\begin{cases} 2y = 3x + 14 \\ 2y = 6 - x \end{cases}$

15 $\begin{cases} 7x = 8y + 1 \\ -1 + 6y = 7x \end{cases}$

16 $\begin{cases} 3y = x + 1 \\ -5x + 13 = 3y \end{cases}$

17 $\begin{cases} x + y = 3 \\ 2x + 3y = 7 \end{cases}$

18 $\begin{cases} x - y = -2 \\ 5x + 2y = 11 \end{cases}$

19 $\begin{cases} x - 2y = 5 \\ 2x - 3y = 9 \end{cases}$

20 $\begin{cases} 2x - y = 6 \\ -3x + 4y = -4 \end{cases}$

21 $\begin{cases} x + 3y = -3 \\ 4x + 5y = 2 \end{cases}$

22 $\begin{cases} 3x + y = 2 \\ 2x + 3y = -8 \end{cases}$

23 $\begin{cases} 2x - 3y = -13 \\ 4x + 9y = -11 \end{cases}$

24 $\begin{cases} 5x - 2y = -18 \\ 7x + 4y = 2 \end{cases}$

14 복잡한 연립방정식의 풀이

1. 괄호가 있는 연립방정식: 분배법칙을 이용하여 괄호를 풀고, 동류항끼리 정리한 후 연립방정식을 푼다.

예 $\begin{cases} x-3(x+y)=1 \\ 2(x-1)+5y=3 \end{cases}$ → $\begin{cases} x-3x-3y=1 \\ 2x-2+5y=3 \end{cases}$ → $\begin{cases} -2x-3y=1 \\ 2x+5y=5 \end{cases}$ → 괄호 앞에 −부호가 있으면 특히 부호에 유의한다.

2. 계수에 분수가 있는 연립방정식: 양변에 분모의 최소공배수를 곱하여 계수를 정수로 고친 후 연립방정식을 푼다.

예 $\begin{cases} \dfrac{x}{2}+y=5 \\ \dfrac{x}{4}-\dfrac{y}{5}=\dfrac{2}{5} \end{cases}$ → $\begin{cases} x+2y=10 \\ 5x-4y=8 \end{cases}$ → 계수에 소수와 정수가 섞여 있는 계산을 할 때 등식의 양변에 같은 수를 곱하도록 주의한다. $0.1x+0.5y=2$에서 $x+5y=2 (×),\ x+5y=20 (○)$

3. 계수에 소수가 있는 연립방정식: 양변에 10의 거듭제곱을 곱하여 계수를 정수로 고친 후 연립방정식을 푼다.

예 $\begin{cases} 0.3x+0.2y=1 \\ 0.5x+0.4y=2.2 \end{cases}$ → $\begin{cases} 3x+2y=10 \\ 5x+4y=22 \end{cases}$

정답과 풀이 37쪽

[01~03] 다음 □ 안에 알맞은 수를 쓰고, 연립방정식을 푸시오.

01 $\begin{cases} 4x-2(x+y)=6 \\ 2x-3(y-1)=8 \end{cases}$ → $\begin{cases} \boxed{}x-2y=6 \\ \boxed{}x-\boxed{}y=5 \end{cases}$

> **TIP** 괄호를 풀어 정리한다.

02 $\begin{cases} 4(x-2)+3y=-7 \\ 5(x+3)-3y=-4 \end{cases}$

→ $\begin{cases} \boxed{}x+3y=1 \\ \boxed{}x-\boxed{}y=-19 \end{cases}$

03 $\begin{cases} 3x-(x+y)=-4 \\ 2x+4(x-y)=-14 \end{cases}$

→ $\begin{cases} \boxed{}x-y=-4 \\ \boxed{}x-\boxed{}y=-14 \end{cases}$

[04~06] 연립방정식의 괄호를 풀어 정리하여 밑줄에 알맞은 식을 쓰고, 연립방정식을 푸시오.

04 $\begin{cases} 3(2x-y)-y=6 \\ 2(x+4)+y=3 \end{cases}$

→ $\begin{cases} \rule{4cm}{0.4pt} \\ \rule{4cm}{0.4pt} \end{cases}$

05 $\begin{cases} 5x+3(y-2)=13 \\ 2(x-3y)+4y=-2 \end{cases}$

→ $\begin{cases} \rule{4cm}{0.4pt} \\ \rule{4cm}{0.4pt} \end{cases}$

06 $\begin{cases} 4(x+y)-3y=7 \\ 3x-2(x+y)=4 \end{cases}$

→ $\begin{cases} \rule{4cm}{0.4pt} \\ \rule{4cm}{0.4pt} \end{cases}$

[07~10] 다음 연립방정식의 계수를 정수로 고치고, 연립방정식을 푸시오.

07
$\begin{cases} \dfrac{x}{4} - \dfrac{1}{2}y = \dfrac{1}{4} & \cdots\cdots ㉠ \\ \dfrac{2}{3}x - \dfrac{y}{2} = -1 & \cdots\cdots ㉡ \end{cases}$

㉠ × ☐
㉡ × ☐ ➡ _____
_____

해 : _____

TIP 분모의 최소공배수를 곱한다.

08
$\begin{cases} \dfrac{3}{2}x + \dfrac{1}{4}y = 1 & \cdots\cdots ㉠ \\ \dfrac{1}{3}x - \dfrac{5}{6}y = 2 & \cdots\cdots ㉡ \end{cases}$

㉠ × ☐
㉡ × ☐ ➡ _____
_____

해 : _____

09
$\begin{cases} \dfrac{x}{4} - \dfrac{y}{2} = 1 & \cdots\cdots ㉠ \\ \dfrac{x}{8} + \dfrac{2}{3}y = \dfrac{17}{12} & \cdots\cdots ㉡ \end{cases}$

㉠ × ☐
㉡ × ☐ ➡ _____
_____

해 : _____

10
$\begin{cases} \dfrac{1}{2}x + \dfrac{1}{3}y = \dfrac{4}{3} & \cdots\cdots ㉠ \\ \dfrac{2}{5}x + \dfrac{1}{2}y = \dfrac{3}{5} & \cdots\cdots ㉡ \end{cases}$

㉠ × ☐
㉡ × ☐ ➡ _____
_____

해 : _____

[11~14] 다음 연립방정식의 계수를 정수로 고치고, 연립방정식을 푸시오.

11
$\begin{cases} 0.1x + 0.2y = -0.1 & \cdots\cdots ㉠ \\ 0.4x - 0.3y = -1.5 & \cdots\cdots ㉡ \end{cases}$

㉠ × ☐
㉡ × ☐ ➡ _____
_____

해 : _____

TIP 소수점 아래 숫자가 1개이면 10을 곱한다.

12
$\begin{cases} 0.5x - 0.7y = 0.6 & \cdots\cdots ㉠ \\ 0.2x - 1.6y = -2.4 & \cdots\cdots ㉡ \end{cases}$

㉠ × ☐
㉡ × ☐ ➡ _____
_____

해 : _____

13
$\begin{cases} 0.1x + 0.2y = 0.8 & \cdots\cdots ㉠ \\ 0.05x + 0.04y = 0.22 & \cdots\cdots ㉡ \end{cases}$

㉠ × ☐
㉡ × ☐ ➡ _____
_____

해 : _____

TIP 소수점 아래 숫자가 2개이면 100을 곱한다.

14
$\begin{cases} 0.18x - 0.03y = 0.12 & \cdots\cdots ㉠ \\ 1.1x + 0.2y = 1.5 & \cdots\cdots ㉡ \end{cases}$

㉠ × ☐
㉡ × ☐ ➡ _____
_____

해 : _____

10 미지수가 2개인 일차방정식과 그 해

1 다음 중 미지수가 2개인 일차방정식은?

① $3x-y+5$ ② $4x-y=5$

③ $xy=8$ ④ $2x-y=6-y$

⑤ $2y-3=x^2$

2 x, y가 자연수일 때, 일차방정식 $x+5y=17$의 해는 모두 몇 개인가?

① 1개   ② 2개   ③ 3개

④ 4개   ⑤ 5개

11 미지수가 2개인 연립일차방정식

3 다음 연립방정식 중에서 $(1, 2)$를 해로 갖는 것은?

① $\begin{cases} x-2y=-5 \\ x+y=3 \end{cases}$ ② $\begin{cases} 2x-y=0 \\ x-y=1 \end{cases}$

③ $\begin{cases} x+2y=5 \\ 2x+3y=8 \end{cases}$ ④ $\begin{cases} x-3y=-5 \\ 3x-y=-1 \end{cases}$

⑤ $\begin{cases} 5x-2y=1 \\ x+4y=10 \end{cases}$

12 연립방정식의 풀이-가감법

4 연립방정식 $\begin{cases} 5x-2y=4 & \cdots\cdots ㉠ \\ -7x+5y=1 & \cdots\cdots ㉡ \end{cases}$에서 y를 없애고 가감법으로 풀려고 한다. 이때 필요한 식은?

① ㉠×2+㉡×5   ② ㉠×2-㉡×5

③ ㉠×5+㉡×2   ④ ㉠×5-㉡×2

⑤ ㉠×7-㉡×5

13 연립방정식의 풀이-대입법

5 연립방정식 $\begin{cases} y=x-5 & \cdots\cdots ㉠ \\ 3x+4y=-2 & \cdots\cdots ㉡ \end{cases}$에서 ㉠을 ㉡에 대입하여 정리하면 $ax=18$이다. 이때 상수 a의 값은?

① 7   ② 9   ③ 11

④ 13   ⑤ 15

6 연립방정식 $\begin{cases} y=2x-5 \\ 3x-y=9 \end{cases}$를 풀면?

① $x=-2$, $y=-9$ ② $x=-1$, $y=-7$

③ $x=0$, $y=-5$ ④ $x=2$, $y=-1$

⑤ $x=4$, $y=3$

14 복잡한 연립방정식의 풀이

7 연립방정식 $\begin{cases} 3(x-1)=y+1 \\ 7x-(x-5y)=1 \end{cases}$을 풀면?

① $(-1, -1)$ ② $(-1, 1)$

③ $(1, -1)$ ④ $(1, 1)$

⑤ $(1, 2)$

8 연립방정식 $\begin{cases} 0.3x+0.5y=1.3 \\ \dfrac{x}{2}+\dfrac{y}{3}=\dfrac{7}{6} \end{cases}$을 풀면?

① $x=1$, $y=2$ ② $x=2$, $y=3$

③ $x=\dfrac{1}{3}$, $y=2$ ④ $x=3$, $y=1$

⑤ $x=2$, $y=5$

꼭 알아야 할 개념 ✍️

	1차	2차	시험 직전
미지수가 2개인 일차방정식의 해 구하기			
가감법을 이용하여 연립방정식의 해 구하기			
대입법을 이용하여 연립방정식의 해 구하기			

1 $(k,\ k-2)$가 일차방정식 $5x-3y-2=0$의 해일 때, 상수 k의 값은?

① -5　　② -4　　③ -3
④ -2　　⑤ -1

2 미지수가 2개인 일차방정식 $4x+3y=36$을 만족시키는 음이 아닌 정수 $x,\ y$에 대하여 다음 중 $x+y$의 값이 될 수 <u>없는</u> 것은?

① 9　　② 10　　③ 11
④ 12　　⑤ 13

3 연립방정식 $\begin{cases} 5x+ay=1 \\ bx-2y=7 \end{cases}$의 해가 $(1,\ -2)$일 때, 상수 $a,\ b$에 대하여 $a+b$의 값은?

① 1　　② 2　　③ 3
④ 4　　⑤ 5

4 연립방정식 $\begin{cases} 3x+5y=-1 \\ -2x+3y=7 \end{cases}$의 해가 $x=a,\ y=b$일 때, $2a-b$의 값은?

① -7　　② -5　　③ -1
④ 1　　⑤ 5

5 두 연립방정식 $\begin{cases} x=4y-5 \\ 5x-ay=7 \end{cases}$, $\begin{cases} 2x+5y=16 \\ 4x-by=6 \end{cases}$의 해가 같을 때, 상수 $a,\ b$에 대하여 $a+b$의 값은?

① 6　　② 7　　③ 8
④ 9　　⑤ 10

6 연립방정식 $\begin{cases} 2(x+y)=5y-14 \\ 3x-2(x-2y)=4 \end{cases}$의 해가 일차방정식 $-2x+y=a$를 만족시킬 때, 상수 a의 값은?

① 2　　② 4　　③ 6
④ 8　　⑤ 10

7 연립방정식 $\begin{cases} \dfrac{1}{2}x-\dfrac{1}{3}y=1 \\ 0.3(x-1)=0.4y+0.1 \end{cases}$의 해를 $(a,\ b)$라 할 때, $3ab$의 값은?

① 4　　② 5　　③ 6
④ 7　　⑤ 8

난 풀 수 있다. 고난도!!

도전 고난도

8 연립방정식 $\begin{cases} \dfrac{x+2y}{4}-\dfrac{y}{3}=\dfrac{11}{6} \\ -x+ay=12 \end{cases}$ 를 만족시키는 y의 값이 x의 값의 $\dfrac{1}{3}$배일 때, 상수 a의 값을 구하시오.

15 연립방정식의 활용(1) – 수, 나이, 가격, 개수, 길이 등

학습날짜 :   월   일 / 학습결과 : 😊 😐 😣

1. **미지수 정하기**: 문제의 뜻을 파악하고 구하려고 하는 것을 미지수 x, y로 놓는다.
2. **연립방정식 세우기**: 문제의 뜻에 맞게 x, y에 대한 연립방정식을 세운다.
3. **연립방정식 풀기**: 연립방정식을 푼다.
4. **확인하기**: 구한 해가 문제의 뜻에 맞는지 확인한다.

> 참고
> • 두 수의 합과 차에 관한 문제 : (큰 수)+(작은 수)=(합), (큰 수)−(작은 수)=(차)
> • 나이에 관한 문제: (x년 후의 나이)=(현재 나이)+x,
>   (x년 전의 나이)=(현재 나이)−x
> • 물건의 가격, 개수에 관한 문제: (A의 개수)+(B의 개수)=(전체 개수),
>   (A 전체의 가격)+(B 전체의 가격)=(전체 금액)

미지수 정하기

↓

연립방정식 세우기

↓

연립방정식 풀기

↓

확인하기

정답과 풀이 40쪽

---

01 합이 29이고 차가 3인 두 자연수를 구하시오.

(1) 미지수 정하기
  큰 자연수를 x, 작은 자연수를 y라 하자.

(2) 연립방정식 세우기
  두 수의 합이 29이므로

  $\boxed{}$ =29

  두 수의 차가 3이므로

  $\boxed{}$ =3

  연립방정식을 세우면

  $\begin{cases} \text{합에 대한 식} \Rightarrow \boxed{} \\ \text{차에 대한 식} \Rightarrow \boxed{} \end{cases}$

(3) 연립방정식 풀기
  위의 연립방정식을 풀면

  $x=\boxed{}$, $y=\boxed{}$

(4) 답 구하기
  따라서 큰 자연수는 $\boxed{}$, 작은 자연수는

  $\boxed{}$ 이다.

---

02 현재 아버지와 아들의 나이의 합은 56살이고, 14년 후 아버지의 나이는 아들의 나이의 2배가 된다. 현재 아버지와 아들의 나이를 각각 구하시오.

(1) 미지수 정하기
  현재 아버지의 나이를 x살, 아들의 나이를 y살이라 하자.

(2) 연립방정식 세우기
  현재 아버지와 아들의 나이의 합은 56살이므로

  $\boxed{}$ =56

  14년 후에 아버지의 나이는 ($\boxed{}$)살,

  아들의 나이는 ($\boxed{}$)살

  14년 후 아버지의 나이가 아들의 나이의 2배

  이므로 $\boxed{}$ =2($\boxed{}$)

  연립방정식을 세우면

  $\begin{cases} \text{현재 나이에 대한 식} \\ \text{14년 후 나이에 대한 식} \end{cases}$

  $\Rightarrow \begin{cases} \boxed{} \\ \boxed{} \end{cases}$

(3) 연립방정식 풀기
  위의 연립방정식을 풀면

  $x=\boxed{}$, $y=\boxed{}$

(4) 답 구하기
  따라서 현재 아버지의 나이는 $\boxed{}$ 살, 아들의 나이는 $\boxed{}$ 살이다.

03 합이 58이고 차가 26인 두 자연수를 구하시오.

(1) 미지수 정하기

큰 자연수를 x, 작은 자연수를 y라 하자.

(2) 연립방정식 세우기

$\begin{cases} \text{합에 대한 식} \\ \text{차에 대한 식} \end{cases}$ ➡ $\begin{cases} \\ \end{cases}$

(3) 연립방정식 풀기

위의 연립방정식을 풀면

$x = \boxed{}$, $y = \boxed{}$

(4) 답 구하기

따라서 큰 자연수는 $\boxed{}$, 작은 자연수는 $\boxed{}$ 이다.

04 두 자연수의 합은 52이고, 큰 수는 작은 수의 3배와 같을 때, 이 두 수를 구하시오.

(1) 미지수 정하기

큰 자연수를 x, 작은 자연수를 y라 하자.

(2) 연립방정식 세우기

$\begin{cases} \text{합에 대한 식} \\ \text{큰 수, 작은 수의 배수 사이에 대한 식} \end{cases}$

➡ $\begin{cases} \\ \end{cases}$

(3) 연립방정식 풀기

위의 연립방정식을 풀면

$x = \boxed{}$, $y = \boxed{}$

(4) 답 구하기

따라서 큰 자연수는 $\boxed{}$, 작은 자연수는 $\boxed{}$ 이다.

05 현재 어머니와 딸의 나이의 합은 60살이고 10년 전에는 어머니의 나이가 딸의 나이의 7배였다고 한다. 현재 어머니와 딸의 나이를 각각 구하시오.

(1) 미지수 정하기

현재 어머니의 나이를 x살, 딸의 나이를 y살이라 하자.

(2) 연립방정식 세우기

$\begin{cases} \text{현재 나이에 대한 식} \\ \text{10년 전 나이에 대한 식} \end{cases}$

➡ $\begin{cases} \\ \end{cases}$

(3) 연립방정식 풀기

위의 연립방정식을 풀면

$x = \boxed{}$, $y = \boxed{}$

(4) 답 구하기

따라서 현재 어머니의 나이는 $\boxed{}$살, 딸의 나이는 $\boxed{}$살이다.

06 현재 형과 동생의 나이의 합은 15살이고, 5년 후에 형의 나이의 2배는 동생의 나이의 3배가 된다고 한다. 현재 형과 동생의 나이를 각각 구하시오.

(1) 미지수 정하기

현재 형의 나이를 x살, 동생의 나이를 y살이라 하자.

(2) 연립방정식 세우기

$\begin{cases} \text{현재 나이에 대한 식} \\ \text{5년 후 나이에 대한 식} \end{cases}$

➡ $\begin{cases} \\ \end{cases}$

(3) 연립방정식 풀기

위의 연립방정식을 풀면

$x = \boxed{}$, $y = \boxed{}$

(4) 답 구하기

따라서 현재 형의 나이는 $\boxed{}$살, 동생의 나이는 $\boxed{}$살이다.

07 사탕 2개와 초콜릿 3개의 가격은 2100원이고, 사탕 4개와 초콜릿 2개의 가격은 2200원일 때, 사탕 1개와 초콜릿 1개의 가격을 각각 구하시오.

(1) 미지수 정하기

사탕 1개의 가격을 x원, 초콜릿 1개의 가격을 y원이라 하자.

(2) 연립방정식 세우기

사탕 2개와 초콜릿 3개의 가격은 2100원이므로

$\boxed{} = 2100$

사탕 4개와 초콜릿 2개의 가격은 2200원이므로

$\boxed{} = 2200$

$\begin{cases} \text{사탕 2개와 초콜릿 3개에 대한 식} \\ \text{사탕 4개와 초콜릿 2개에 대한 식} \end{cases}$

➡ $\begin{cases} \boxed{} \\ \boxed{} \end{cases}$

(3) 연립방정식 풀기

위의 연립방정식을 풀면

$x = \boxed{}, \ y = \boxed{}$

(4) 답 구하기

따라서 사탕 1개의 가격은 $\boxed{}$원, 초콜릿 1개의 가격은 $\boxed{}$원이다.

08 지성이는 문구점에서 볼펜 4자루와 색연필 6자루를 합하여 5700원에 샀다. 볼펜이 색연필보다 50원 더 비쌀 때, 볼펜 1자루와 색연필 1자루의 가격을 각각 구하시오.

09 100원짜리 동전과 500원짜리 동전을 모두 합하여 12개를 모았더니 5200원이 되었다. 100원짜리 동전과 500원짜리 동전의 개수를 각각 구하시오.

(1) 미지수 정하기

100원짜리 동전의 개수를 x개, 500원짜리 동전의 개수를 y개라 하자.

(2) 연립방정식 세우기

100원짜리 동전과 500원짜리 동전을 합하여 12개이므로

$\boxed{} = 12$

100원짜리 동전과 500원짜리 동전을 합하여 5200원이므로

$\boxed{} = 5200$

$\begin{cases} \text{동전의 개수에 대한 식} \\ \text{동전의 금액에 대한 식} \end{cases}$

➡ $\begin{cases} \boxed{} \\ \boxed{} \end{cases}$

(3) 연립방정식 풀기

위의 연립방정식을 풀면

$x = \boxed{}, \ y = \boxed{}$

(4) 답 구하기

따라서 100원짜리 동전의 개수는 $\boxed{}$개, 500원짜리 동전의 개수는 $\boxed{}$개이다.

10 승재는 친구들과 농구 경기를 하였는데, 2점 슛과 3점 슛을 합하여 모두 11골을 넣어 27점을 얻었다. 승재가 넣은 2점 슛과 3점 슛의 개수를 각각 구하시오.

11 직사각형의 둘레의 길이는 36 cm이고, 가로의 길이는 세로의 길이의 2배이다. 이때 가로의 길이와 세로의 길이를 각각 구하시오.

(1) 미지수 정하기

가로의 길이를 x cm, 세로의 길이를 y cm라 하자.

(2) 연립방정식 세우기

직사각형의 둘레의 길이는 36 cm이므로

$\boxed{}=36$

가로의 길이는 세로의 길이의 2배이므로

$\boxed{}=2\boxed{}$

$\begin{cases} \text{둘레의 길이에 대한 식} \\ \text{가로, 세로의 길이에 대한 식} \end{cases}$

➡ $\begin{cases} \boxed{} \\ \boxed{} \end{cases}$

(3) 연립방정식 풀기

위의 연립방정식을 풀면

$x=\boxed{}$, $y=\boxed{}$

(4) 답 구하기

따라서 가로의 길이는 $\boxed{}$ cm, 세로의 길이는 $\boxed{}$ cm이다.

12 가로의 길이가 세로의 길이보다 4 cm 긴 직사각형이 있다. 이 직사각형의 둘레의 길이가 36 cm일 때, 이 직사각형의 넓이를 구하시오.

13 아랫변의 길이가 윗변의 길이의 2배인 사다리꼴이 있다. 이 사다리꼴의 높이가 6 cm이고 넓이가 63 cm^{2}일 때, 윗변과 아랫변의 길이를 각각 구하시오.

(1) 미지수 정하기

윗변의 길이를 x cm, 아랫변의 길이를 y cm라 하자.

(2) 연립방정식 세우기

아랫변의 길이가 윗변의 길이의 2배이므로

$\boxed{}=2\boxed{}$

높이가 6 cm이고 넓이가 63 cm^{2}이므로

$\boxed{}=63$

$\begin{cases} \text{아랫변, 윗변에 대한 식} \\ \text{넓이에 대한 식} \end{cases}$

➡ $\begin{cases} \boxed{} \\ \boxed{} \end{cases}$

(3) 연립방정식 풀기

위의 연립방정식을 풀면

$x=\boxed{}$, $y=\boxed{}$

(4) 답 구하기

따라서 윗변의 길이는 $\boxed{}$ cm, 아랫변의 길이는 $\boxed{}$ cm이다.

14 윗변의 길이가 아랫변의 길이보다 3 cm 더 짧은 사다리꼴이 있다. 이 사다리꼴의 높이가 6 cm이고 넓이가 39 cm^{2}일 때, 아랫변의 길이를 구하시오.

연립방정식의 활용(2)
– 거리, 속력, 시간

학습날짜 :   월   일 / 학습결과 :

거리, 속력, 시간에 대한 문제는 다음을 이용하여 연립방정식을 세운다.

$$(거리)=(속력)\times(시간), \quad (속력)=\dfrac{(거리)}{(시간)}, \quad (시간)=\dfrac{(거리)}{(속력)}$$

예 시속 2 km로 걷다가 시속 3 km로 달렸더니, 5시간 동안 걷거나 달린 거리의 합이 13 km일 때, 걸은 거리와 달린 거리를 구해 보자.

① 미지수 정하기	걸은 거리를 x km, 달린 거리를 y km라 하면
② 연립방정식 세우기	$\begin{cases} x+y=13 \\ \dfrac{x}{2}+\dfrac{y}{3}=5 \end{cases}$
③ 연립방정식 풀기	$x=4,\ y=9$
④ 답 구하기	걸은 거리는 4 km, 달린 거리는 9 km이다.

참고 거리, 속력, 시간에 관한 활용 문제를 풀 때 각각의 단위가 다를 경우에는 식을 세우기 전에 단위를 통일한다.

정답과 풀이 41쪽

01 집에서 5 km 떨어진 도서관을 가는데 처음에는 시속 4 km로 걷다가 늦을 것 같아 도중에 시속 6 km로 달려서 총 1시간이 걸렸다. 걸어간 거리와 달려간 거리를 각각 구하시오.

(1) 미지수 정하기

걸어간 거리를 x km, 달려간 거리를 y km라 하자.

(2) 연립방정식 세우기

걸린 시간을 표로 나타내면

	걸어갈 때	달려갈 때	전체
거리(km)	x		5
속력(km/시)	4		
시간(시간)	$\dfrac{x}{4}$		1

연립방정식을 세우면

$\begin{cases} 거리에\ 대한\ 식 \\ 시간에\ 대한\ 식 \end{cases}$ ➡

(3) 연립방정식 풀기

위의 연립방정식을 풀면 $x=\boxed{}$, $y=\boxed{}$

(4) 답 구하기

따라서 걸어간 거리는 $\boxed{}$ km, 달려간 거리는 $\boxed{}$ km이다.

02 등산을 하는데 올라갈 때는 시속 3 km로 걷고, 내려올 때는 올라갈 때와는 다른 길을 따라 시속 5 km로 걸어서 총 3시간이 걸렸다. 등산한 거리가 총 11 km일 때, 올라갈 때 걸은 거리와 내려올 때 걸은 거리를 각각 구하시오.

(1) 미지수 정하기

올라갈 때 걸은 거리를 x km, 내려올 때 걸은 거리를 y km라 하자.

(2) 연립방정식 세우기

걸린 시간을 표로 나타내면

	올라갈 때	내려올 때	전체
거리(km)	x		11
속력(km/시)	3		
시간(시간)	$\dfrac{x}{3}$		3

연립방정식을 세우면

$\begin{cases} 거리에\ 대한\ 식 \\ 시간에\ 대한\ 식 \end{cases}$ ➡

(3) 연립방정식 풀기

위의 연립방정식을 풀면 $x=\boxed{}$, $y=\boxed{}$

(4) 답 구하기

따라서 올라갈 때 걸은 거리는 $\boxed{}$ km, 내려올 때 걸은 거리는 $\boxed{}$ km이다.

03 준서가 둘레의 길이가 9 km인 호수의 산책로를 따라 시속 3 km로 걷다가 시속 6 km로 뛰었더니 호수를 한 바퀴 도는 데 2시간 30분이 걸렸다. 준서가 걸어간 거리와 뛰어간 거리를 각각 구하시오.

(1) 미지수 정하기

걸어간 거리를 x km, 뛰어간 거리를 y km라 하자.

(2) 연립방정식 세우기

$\begin{cases} \text{거리에 대한 식} \\ \text{시간에 대한 식} \end{cases}$ ⟶ $\begin{cases} \boxed{} \\ \boxed{} \end{cases}$

(3) 연립방정식 풀기

위의 연립방정식을 풀면 $x=\boxed{}$, $y=\boxed{}$

(4) 답 구하기

따라서 걸어간 거리는 $\boxed{}$ km, 뛰어간 거리는 $\boxed{}$ km이다.

04 소연이가 등산을 하는데 올라갈 때는 시속 3 km로, 내려올 때는 올라간 길보다 6 km 더 먼 길을 시속 5 km로 걸었더니 총 3시간 20분이 걸렸다. 올라간 거리와 내려온 거리를 각각 구하시오.

(1) 미지수 정하기

올라간 거리를 x km, 내려온 거리를 y km라 하자.

(2) 연립방정식 세우기

$\begin{cases} \text{거리에 대한 식} \\ \text{시간에 대한 식} \end{cases}$ ⟶ $\begin{cases} \boxed{} \\ \boxed{} \end{cases}$

(3) 연립방정식 풀기

위의 연립방정식을 풀면

$x=\boxed{}$, $y=\boxed{}$

(4) 답 구하기

따라서 올라간 거리는 $\boxed{}$ km, 내려온 거리는 $\boxed{}$ km이다.

05 동생이 학교로 출발한 지 10분 후에 형이 동생을 따라 출발하였다. 동생은 매분 60 m의 속력으로 걷고, 형은 매분 80 m의 속력으로 걷는다면 형과 동생이 만나는 것은 형이 출발한 지 몇 분 후인지 구하시오.

(1) 미지수 정하기

형과 동생이 만날 때까지 형이 걸은 시간을 x분, 동생이 걸은 시간을 y분이라 하자.

(2) 연립방정식 세우기

(동생이 걸은 시간)=(형이 걸은 시간)+10이므로

$y=\boxed{}$

(동생이 걸은 거리)=(형이 걸은 거리)이므로

$60y=\boxed{}$

연립방정식을 세우면

$\begin{cases} \text{시간에 대한 식} \\ \text{거리에 대한 식} \end{cases}$ ⟶ $\begin{cases} \boxed{} \\ \boxed{} \end{cases}$

(3) 연립방정식 풀기

위의 연립방정식을 풀면

$x=\boxed{}$, $y=\boxed{}$

(4) 답 구하기

따라서 형과 동생이 만나는 것은 형이 출발한 지 $\boxed{}$분 후이다.

06 미연이가 공원을 향해 분속 40 m로 걸어간 지 10분 후에 지수가 자전거를 타고 같은 길을 분속 90 m로 공원을 향해 출발하여 공원 정문에서 두 사람이 만났다. 미연이가 공원까지 가는 데 걸린 시간을 구하시오.

15 연립방정식의 활용(1) – 수, 나이, 가격, 개수, 길이 등

1 합이 25이고 차가 3인 두 자연수 중 큰 수는?

① 11 　　② 12 　　③ 13

④ 14 　　⑤ 15

2 현재 삼촌과 조카의 나이의 합은 39살이고, 12년 후 삼촌의 나이는 조카의 나이의 2배가 된다. 현재 삼촌의 나이는?

① 27살 　　② 28살 　　③ 29살

④ 30살 　　⑤ 31살

3 사탕 2개와 초콜릿 3개의 가격은 3400원이고 사탕 4개와 초콜릿 2개의 가격은 3600원일 때, 초콜릿 1개의 가격은?

① 400원 　　② 500원 　　③ 600원

④ 700원 　　⑤ 800원

4 100원짜리 동전과 500원짜리 동전을 모두 합하여 16개를 모았더니 4400원이 되었다. 500원짜리 동전의 개수는?

① 7개 　　② 8개 　　③ 9개

④ 10개 　　⑤ 11개

5 직사각형의 둘레의 길이는 42 cm이고, 가로의 길이는 세로의 길이의 2배이다. 이때 가로의 길이는?

① 11 cm 　　② 12 cm 　　③ 13 cm

④ 14 cm 　　⑤ 15 cm

6 아랫변의 길이가 윗변의 길이의 2배인 사다리꼴이 있다. 이 사다리꼴의 높이가 8 cm이고 넓이가 60 cm^{2}일 때, 윗변의 길이는?

① 5 cm 　　② 7 cm 　　③ 8 cm

④ 10 cm 　　⑤ 12 cm

16 연립방정식의 활용(2) – 거리, 속력, 시간

7 집에서 학교까지의 거리는 2 km이며 그 사이에 우체국이 있다. 집에서 우체국까지는 시속 3 km로, 우체국에서 학교까지는 시속 5 km로 걸어서 32분 만에 학교에 도착하였다. 집에서 우체국까지의 거리는?

① 0.5 km 　　② 1 km 　　③ 1.2 km

④ 1.5 km 　　⑤ 1.8 km

8 산을 올라갈 때는 시속 2 km의 일정한 속력으로 걷고, 내려올 때는 3 km가 더 먼 길을 시속 3 km의 일정한 속력으로 걸었다. 산을 올라갔다가 내려오는 데 5시간 40분이 걸렸다면 올라갈 때 걸은 거리는 몇 km인가?

① 4 km 　　② 4.5 km 　　③ 5 km

④ 5.6 km 　　⑤ 6.3 km

꼭 알아야 할 개념

	1차	2차	시험 직전
연립방정식을 활용하여 수, 가격, 길이 등에 대한 문제 해결하기			
연립방정식을 활용하여 거리, 속력, 시간에 대한 문제 해결하기			

1 서로 다른 두 자연수가 있다. 큰 수를 작은 수로 나누면 몫은 3이고 나머지는 4라고 한다. 또 큰 수를 3배하고 이를 작은 수의 2배로 나누면 몫과 나머지가 모두 5라고 한다. 이때 큰 수와 작은 수의 합은?

① 30   ② 31   ③ 32
④ 33   ⑤ 34

2 두 자리의 자연수가 있다. 각 자리의 숫자의 합이 11이고, 십의 자리의 숫자와 일의 자리의 숫자를 바꾼 수는 처음 수의 2배보다 7만큼 크다고 한다. 처음 두 자리의 자연수를 구하시오.

3 현재 삼촌과 조카의 나이의 차는 22살이다. 지금부터 10년 후에 삼촌의 나이는 조카의 나이의 2배보다 4살이 적어진다고 한다. 현재 조카의 나이는?

① 14살   ② 15살   ③ 16살
④ 17살   ⑤ 18살

4 동아리 모임을 위해 아래와 같이 간식을 구입하였다. 구입한 빵의 개수는?

품목	가격	수량	금액
빵	700원		
음료수	900원		
과자	500원	4개	2,000원
합계		20개	14,000원

① 4개   ② 6개   ③ 8개
④ 9개   ⑤ 12개

5 체육대회에서 상품으로 받은 공책을 학생들에게 나누어 주는데 공책을 4권씩 나누어 주면 18권이 남고, 5권씩 나누어 주면 15권이 부족하다고 한다. 이때 학생은 모두 몇 명인가?

① 27명   ② 29명   ③ 31명
④ 33명   ⑤ 35명

6 15 km 떨어진 두 지점에서 종규와 민재가 동시에 마주 보고 출발하여 도중에 만났다. 종규는 시속 4 km로, 민재는 시속 6 km로 달렸다고 할 때, 종규가 달린 거리를 구하시오.

7 선주네 집에서 역까지의 거리는 6 km이다. 선주는 오전 10시에 집을 출발하여 역을 향해 시속 4 km로 걷다가 기차 시간에 늦을 것 같아 도중에 시속 8 km로 달려서 오전 11시 15분에 역에 도착했다. 선주가 걸어간 거리는?

① 2 km   ② 2.5 km   ③ 3 km
④ 3.5 km   ⑤ 4 km

난 풀 수 있다. 고난도!!

도전 고난도

8 둘레의 길이가 2 km인 저수지를 형과 동생이 같은 지점에서 동시에 출발하여 같은 방향으로 돌면 100분 후에 처음으로 만나고, 반대 방향으로 돌면 20분 후에 처음으로 만난다고 한다. 형이 동생보다 빠르다고 할 때, 형의 속력은 분속 몇 m인지 구하시오.

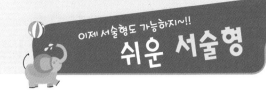
1 일차부등식 $3x+2 < x-4$의 해가 $x < a$이고, 일차부등식 $2x-6 \leq 5x+9$의 해가 $x \geq b$일 때, 다음 물음에 답하시오.

(1) a의 값을 구하시오.

(2) b의 값을 구하시오.

(3) $a+b$의 값을 구하시오.

풀이

2 일차부등식 $0.2x-3 \leq 2.4-0.4x$를 만족시키는 자연수 x의 개수를 a개, 일차부등식 $\dfrac{x}{3}+\dfrac{1}{2} < \dfrac{x}{4}+1$을 만족시키는 자연수 x의 개수를 b개라 할 때, 다음 물음에 답하시오.

(1) a의 값을 구하시오.

(2) b의 값을 구하시오.

(3) $a+b$의 값을 구하시오.

풀이

3 연립방정식 $\begin{cases} ax+5y=2 \\ 4x-by=12 \end{cases}$의 해가 $x=4$, $y=-2$일 때, 다음 물음에 답하시오.
(단, a, b는 상수)

(1) a의 값을 구하시오.

(2) b의 값을 구하시오.

(3) $a-b$의 값을 구하시오.

풀이

4 연립방정식 $\begin{cases} x-2y=3 \\ -x+4y=-7 \end{cases}$의 해가 일차방정식 $2x-5y=k$를 만족할 때, 다음 물음에 답하시오.

(1) 연립방정식의 해를 구하시오.

(2) 상수 k의 값을 구하시오.

풀이

함수

15장으로 함수 학습 끝!!

01 함수의 뜻과 표현

1. 함수
→ 함수의 x, y와 같이 변하는 값을 나타내는 문자

(1) 두 변수 x, y에 대하여 x의 값이 정해짐에 따라 y의 값이 오직 하나씩 정해지는 관계가 있을 때, y를 x의 함수라고 한다.

(2) y가 x의 함수일 때, 이것을 $y=f(x)$와 같이 나타낸다.

참고 • 정비례 관계, 반비례 관계 등은 모두 함수이다.
• x의 값이 정해짐에 따라 y의 값이 정해지지 않거나 두 개 이상 정해지면 함수가 아니다.

2. 함숫값

함수 $y=f(x)$에서 x의 값에 따라 하나씩 정해지는 y의 값 $f(x)$를 x에 대한 함숫값이라고 한다.

예 함수 $f(x)=5x$에 대하여 x의 값이 1, 2, 3일 때의 함숫값을 구해 보자.

$x=1$일 때, $f(1)=5\times 1=5$

$x=2$일 때, $f(2)=5\times 2=10$

$x=3$일 때, $f(3)=5\times 3=15$

정답과 풀이 45쪽

---

01 한 자루에 600원 하는 연필 x자루의 가격이 y원일 때, 다음 물음에 답하시오.

(1) 다음 표를 완성하시오.

x(자루)	1	2	3	4	...
y(원)					...

(2) x와 y 사이의 관계식을 구하시오.

(3) y는 x의 함수인지 아닌지 말하시오.

02 넓이가 $36\ \mathrm{cm}^2$인 직사각형의 가로의 길이를 $x\ \mathrm{cm}$, 세로의 길이를 $y\ \mathrm{cm}$라 할 때, 다음 물음에 답하시오.

(1) 다음 표를 완성하시오.

x(cm)	1	2	3	4	...
y(cm)					...

(2) x와 y 사이의 관계식을 구하시오.

(3) y는 x의 함수인지 아닌지 말하시오.

[03~05] 다음 중 y가 x의 함수인 것은 ○표, 함수가 아닌 것은 ×표를 하시오.

03 자연수 x의 약수 y　　　　　(　　　)

04 1인당 입장료가 1500원인 박물관에 x명이 들어갈 때의 총 입장료 y원　　　　　(　　　)

05 밑변의 길이가 5 cm, 높이가 x cm인 삼각형의 넓이 $y\ \mathrm{cm}^2$　　　　　(　　　)

[06~10] 함수 $f(x)$에 대하여 다음을 구하시오.

06 $f(x)=7x$일 때, $f(-3)$의 값

07 $f(x)=-3x$일 때, $f\left(-\dfrac{1}{2}\right)$의 값

08 $f(x)=\dfrac{2}{3}x$일 때, $f(12)$의 값

09 $f(x)=\dfrac{15}{x}$일 때, $f(-5)$의 값

10 $f(x)=-\dfrac{12}{x}$일 때, $f(-4)$의 값

1. 일차함수

→ $y=2x$는 $y=ax+b$에서 $b=0$인 일차함수이다. 즉, $a\neq0$이어야 하지만 $b=0$일 수 있다.

함수 $y=f(x)$에서 y가 x에 대한 일차식

$$y=ax+b\ (a,\ b는\ 상수,\ a\neq0)$$

으로 나타내어질 때, 이 함수를 일차함수라고 한다.

예 $x-3$, $-2x+1$은 일차식이므로 $y=x-3$, $y=-2x+1$은 일차함수이다.

주의 x^2-3은 이차식이므로 $y=x^2-3$은 일차함수가 아니다.

2. 일차함수의 함숫값

일차함수 $y=f(x)$에서 x의 값에 따라 정해지는 y의 값

예 일차함수 $y=f(x)$에서 $y=2x+1$에 대하여

$x=0$일 때, $f(0)=2\times0+1=1$

$x=1$일 때, $f(1)=2\times1+1=3$

정답과 풀이 45쪽

[01~05] 다음 중 y가 x에 대한 일차함수인 것은 ○표, 아닌 것은 ×표를 하시오.

01 $y=x$ ( )

02 $y=x+3$ ( )

03 $y=\dfrac{1}{x}$ ( )

04 $y=\dfrac{x}{2}+1$ ( )

05 $y=x^2-5$ ( )

[06~07] 다음을 읽고, x와 y 사이의 관계식을 구하고 일차함수인지 말하시오.

06 한 변의 길이가 x cm인 정사각형의 둘레의 길이 y cm

07 무게가 200 g인 바구니에 50 g인 달걀 x개를 담았을 때의 무게 y g

[08~11] 함수 $f(x)=2x-3$에 대하여 다음 함숫값을 구하시오.

08 $f(3)$

TIP $f(a)$는 함수 $f(x)$의 x 대신에 a를 대입하여 얻은 식의 값이다.

09 $f(-2)$

10 $f(0)$

11 $f\left(\dfrac{1}{2}\right)$

[12~13] 다음 일차함수에 대하여 표를 완성하시오.

12 $y=2x+3$

x	-2	-1	0	1	2
y					

13 $y=-x+2$

x	-2	-1	0	1	2
y					

03 일차함수 $y=ax$의 그래프

학습날짜 :   월   일 / 학습결과 :

1. 일차함수 $y=ax$의 그래프

(1) 원점 $(0, 0)$을 지나는 직선

x의 값이 2배, 3배, …가 될 때, y의 값도 2배, 3배, …가 되므로 $y=ax$의 그래프를 정비례 그래프라고도 한다.

(2) $a>0$일 때,

   ① 오른쪽 위로 향하는 직선

   ② x의 값이 증가하면 y의 값도 증가

   ③ 제1, 3사분면을 지난다.

(3) $a<0$일 때,

   ① 오른쪽 아래로 향하는 직선

   ② x의 값이 증가하면 y의 값은 감소

   ③ 제2, 4사분면을 지난다.

(4) a의 절댓값이 클수록 y축에 가깝다.

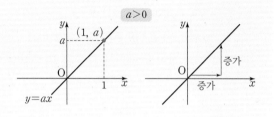

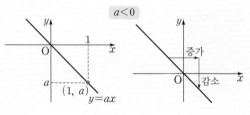

참고 일차함수 $y=ax(a\neq0)$의 그래프는 a의 값에 관계없이 항상 원점과 점 $(1, a)$를 지난다.

정답과 풀이 45쪽

[01~03] 다음 일차함수의 그래프를 그리시오.

01 $y=3x$

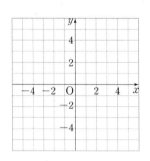

02 $y=\frac{1}{2}x$

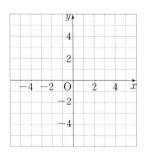

03 $y=-2x$

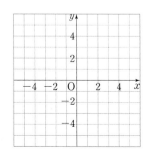

04 다음 〈보기〉의 일차함수에 대하여 그 그래프가 y축에 가까운 순서대로 쓰시오.

┤ 보기 ├

ㄱ. $y=-2x$　　　　ㄴ. $y=3x$

ㄷ. $y=\frac{1}{2}x$　　　　ㄹ. $y=-\frac{7}{4}x$

[05~06] 일차함수의 그래프가 다음과 같을 때, a의 값을 구하시오.

05　　　　　　　**06**

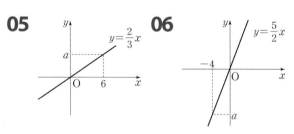

[07~08] 일차함수 $y=ax$의 그래프가 다음과 같을 때, 상수 a의 값을 구하시오.

07　　　　　　　**08**

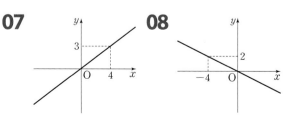

04 일차함수 $y=ax+b$의 그래프와 평행이동

1. 평행이동: 한 도형을 일정한 방향으로 일정한 거리만큼 옮기는 것

2. 일차함수 $y=ax+b(a\neq0)$의 그래프

　일차함수 $y=ax+b$의 그래프는 일차함수 $y=ax$의 그래프를 y축의 방향으로 b만큼 평행이동한 직선이다.

　① $b>0$이면 y축의 양의 방향으로 b의 절댓값만큼 평행이동

　② $b<0$이면 y축의 음의 방향으로 b의 절댓값만큼 평행이동

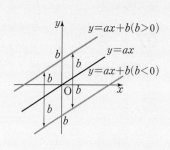

　예 일차함수 $y=2x+3$의 그래프는 일차함수 $y=2x$의 그래프를 y축의 방향으로 3만큼 평행이동한 것이다.

　참고 평행이동은 위치만 옮기는 것이므로 모양은 변하지 않는다.

정답과 풀이 46쪽

[01~02] 두 일차함수 $y=ax$와 $y=ax+b$에 대하여 다음 표를 완성하고, 좌표평면 위에 각각의 그래프를 그리시오.

01

x	$\cdots$	-2	-1	0	1	2	$\cdots$
$y=x$	$\cdots$			0			$\cdots$
$y=x+2$	$\cdots$						$\cdots$

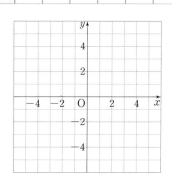

02

x	$\cdots$	-2	-1	0	1	2	$\cdots$
$y=-2x$	$\cdots$			0			$\cdots$
$y=-2x-1$	$\cdots$						$\cdots$

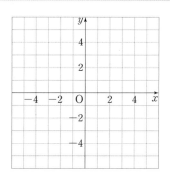

[03~06] 다음 일차함수의 그래프를 보고 ☐ 안에 알맞은 수를 쓰시오.

03 일차함수 $y=x+3$의 그래프는 일차함수 $y=x$의 그래프를 y축의 방향으로 ☐ 만큼 평행이동한 것이다.

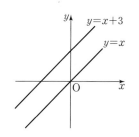

04 일차함수 $y=2x-5$의 그래프는 일차함수 $y=2x$의 그래프를 y축의 방향으로 ☐ 만큼 평행이동한 것이다.

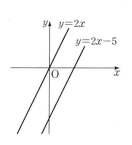

05 일차함수 $y=-3x+2$의 그래프는 일차함수 $y=-3x$의 그래프를 y축의 방향으로 ☐ 만큼 평행이동한 것이다.

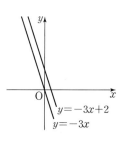

06 일차함수 $y=-\dfrac{1}{2}x-4$의 그래프는 일차함수 $y=-\dfrac{1}{2}x$의 그래프를 y축의 방향으로 ☐ 만큼 평행이동한 것이다.

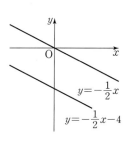

[07~10] 다음 일차함수의 그래프를 y축의 방향으로 [ ] 안의 수만큼 평행이동한 그래프가 나타내는 일차함수의 식을 구하시오.

07 $y = 4x$ [2]

> **TIP** $y = ax$ $\xrightarrow[b\text{만큼 평행이동}]{y\text{축의 방향으로}}$ $y = ax + b$

08 $y = -2x$ [3]

09 $y = -x$ [-2]

10 $y = \dfrac{2}{3}x$ [-5]

11 다음 그림에서 ㉠은 일차함수 $y = 2x$의 그래프를 y축의 방향으로 b만큼 평행이동한 것이다. 이때 b의 값을 구하시오.

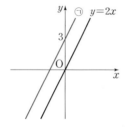

[12~15] 다음 주어진 일차함수의 그래프를 이용하여 다음 일차함수의 그래프를 그리시오.

12 $y = 2x + 2$

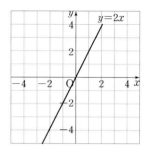

13 $y = \dfrac{1}{2}x - 4$

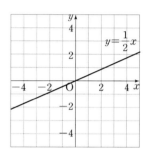

14 $y = -3x + 2$

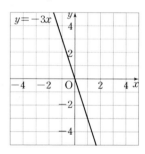

15 $y = -\dfrac{2}{3}x - 1$

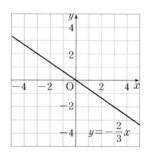

두 점을 이용하여 일차함수의 그래프 그리기

일차함수 $y=ax+b$의 그래프는 그래프 위의 두 점을 좌표평면 위에 나타낸 후 두 점을 직선으로 연결하여 그릴 수 있다.

참고 서로 다른 두 점을 지나는 직선은 1개뿐이다.

예 일차함수 $y=x+1$에서 $x=1$일 때 $y=2$, $x=-2$일 때 $y=-1$이므로
일차함수 $y=x+1$의 그래프는 두 점 $(1, 2)$, $(-2, -1)$을 지나는 직선이다.
따라서 일차함수 $y=x+1$의 그래프는 오른쪽 그림과 같이 좌표평면 위에 두 점
$(1, 2)$, $(-2, -1)$을 직선으로 연결하여 그린다.

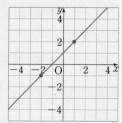

정답과 풀이 47쪽

[01~02] 다음은 주어진 일차함수의 그래프를 두 점을 이용하여 그리는 과정이다. □ 안에 알맞은 수를 쓰고 그래프를 그리시오.

01 $y=x+3$

$x=1$일 때 $y=\boxed{}$, $x=-1$일 때 $y=\boxed{}$
따라서 일차함수 $y=x+3$의 그래프는 두 점
$(1, \boxed{})$, $(-1, \boxed{})$를 지나는 직선이다.

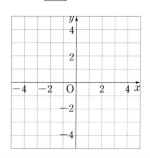

02 $y=-2x+1$

$x=0$일 때 $y=\boxed{}$, $x=1$일 때, $y=\boxed{}$
따라서 일차함수 $y=-2x+1$의 그래프는 두 점
$(0, \boxed{})$, $(1, \boxed{})$을 지나는 직선이다.

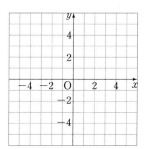

[03~04] 다음 주어진 일차함수의 그래프를 두 점을 이용하여 좌표평면 위에 그리시오.

03 $y=2x-1$

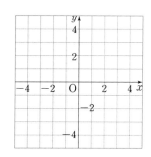

04 $y=-\dfrac{1}{2}x+2$

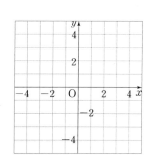

05 다음은 일차함수 $y=px+5$의 그래프가 두 점 $(-1, 3)$, $(2, q)$를 지날 때, $p+q$의 값을 구하는 과정이다. □ 안에 알맞은 것을 쓰시오.

(단, p, q는 상수)

그래프가 점 $(-1, 3)$을 지나므로
$x=-1$, $y=3$을 $y=px+5$에 대입하면
$3=p\times(\boxed{})+5$ $\therefore p=\boxed{}$
따라서 $y=2x+5$이므로 $(2, q)$를 대입하면
$q=\boxed{}\times 2+5$ $\therefore q=\boxed{}$
$\therefore p+q=\boxed{}$

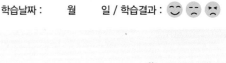
1. x절편: 일차함수의 그래프가 x축과 만나는 점의 x좌표
   ➡ $y=0$일 때 x의 값

2. y절편: 일차함수의 그래프가 y축과 만나는 점의 y좌표
   ➡ $x=0$일 때 y의 값

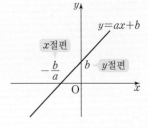

3. 일차함수 $y=ax+b$의 그래프의 x절편은 $-\dfrac{b}{a}$, y절편은 b이다.

   참고 • x절편과 y절편은 순서쌍이 아니라 수이다.

   • x축과 만나는 점의 좌표는 $\left(-\dfrac{b}{a},\ 0\right)$, y축과 만나는 점의 좌표는 $(0,\ b)$이다.

   예 일차함수 $y=2x-4$에서
   $y=0$을 대입하면 $0=2x-4$에서 $x=2$, 따라서 x절편은 2이다.
   또, $x=0$을 대입하면 $y=2\times0-4$에서 $y=-4$, 따라서 y절편은 -4이다.

정답과 풀이 48쪽

[01~04] 다음 일차함수의 그래프의 x절편과 y절편을 각각 구하시오.

01

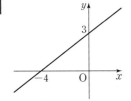

TIP x절편은 그래프가 x축과 만나는 점의 x좌표이고, y절편은 그래프가 y축과 만나는 점의 y좌표이다.

02

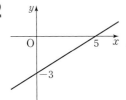

03

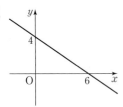

04

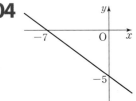

---

05 다음은 일차함수 $y=-2x-8$의 그래프의 x절편과 y절편을 구하는 과정이다. ☐ 안에 알맞은 수를 쓰시오.

> $y=0$일 때, $0=-2x-8$ $\quad\therefore x=\boxed{}$
>
> $x=0$일 때, $y=0-8$ $\quad\therefore y=\boxed{}$
>
> 따라서 x절편은 $\boxed{}$이고, y절편은 $\boxed{}$이다.

[06~10] 다음 일차함수의 그래프의 x절편과 y절편을 각각 구하시오.

06 $y=x+2$

TIP x절편은 $y=0$일 때 x의 값이고, y절편은 $x=0$일 때 y의 값이다.

07 $y=-x+5$

08 $y=-\dfrac{1}{3}x+4$

09 $y=\dfrac{3}{2}x-1$

10 $y=-\dfrac{4}{3}x+2$

07 x절편과 y절편을 이용하여 일차함수의 그래프 그리기

학습날짜 :   월   일 / 학습결과 :

(1) x절편과 y절편을 구한다.

(2) x절편과 y절편을 이용하여 좌표평면의 좌표축 위에 두 점을 찍는다.

(3) 두 점을 지나는 직선을 그린다.

> 참고 x절편이 p, y절편이 q이면 일차함수의 그래프는 두 점 $(p, 0)$, $(0, q)$를 지난다.
>
> 예 일차함수 $y=-x+2$에서
>
> $y=0$일 때, $0=-x+2$, $x=2$이므로 x절편은 2이다.
>
> $x=0$일 때, $y=2$이므로 y절편은 2이다.
>
> 따라서 일차함수 $y=-x+2$의 그래프는 좌표평면 위에 두 점 $(2, 0)$, $(0, 2)$를 직선으로 연결하여 그린다.

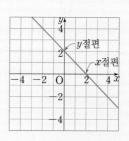

정답과 풀이 48쪽

[01~03] 일차함수의 그래프의 x절편과 y절편이 각각 다음과 같을 때, 이를 이용하여 일차함수의 그래프를 그리시오.

01 x절편: 4,
y절편: 2

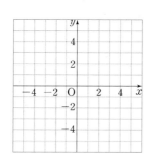

02 x절편: -3,
y절편: 4

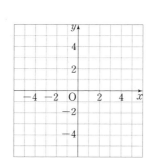

03 x절편: -2,
y절편: 1

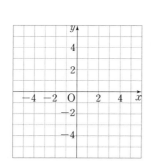

[04~06] 다음과 같이 주어진 일차함수의 그래프를 x절편, y절편을 이용하여 그리시오.

04 $y=x+3$

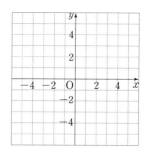

05 $y=2x-4$

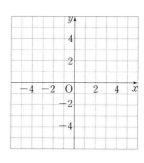

06 $y=-\dfrac{1}{2}x+2$

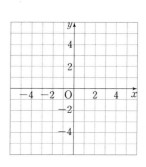

01 함수의 뜻과 표현

1 다음 중 y가 x의 함수가 <u>아닌</u> 것은?

① 자연수 x의 약수의 개수 y개

② 합이 20인 두 자연수 x와 y

③ 몸무게가 x kg인 사람의 키 y cm

④ 자연수 x와 8의 최대공약수 y

⑤ 하루 중 낮의 길이가 x시간일 때, 밤의 길이 y시간

02 일차함수의 뜻

2 다음 중 일차함수인 것을 모두 고르면? (정답 2개)

① $y=4$ ② $y=-3x$

③ $y=3x^2-2x$ ④ $y=x-7$

⑤ $y=\dfrac{5}{x}$

3 일차함수 $f(x)=ax+4$에 대하여 $f(2)=-4$일 때, 상수 a의 값은?

① -4 ② -2 ③ 2

④ 4 ⑤ 8

03 일차함수 $y=ax$의 그래프

4 일차함수 $y=ax$의 그래프가 오른쪽 그림과 같을 때, 상수 a의 값은?

① $-\dfrac{5}{4}$ ② $-\dfrac{4}{5}$

③ $\dfrac{4}{5}$ ④ $\dfrac{5}{4}$

⑤ 20

04 일차함수 $y=ax+b$의 그래프와 평행이동

5 일차함수 $y=3x$의 그래프를 y축의 방향으로 -2만큼 평행이동하면 일차함수 $y=ax+b$의 그래프와 일치한다. 이때 상수 a, b의 값을 각각 구하시오.

06 일차함수의 그래프의 x절편과 y절편

6 일차함수 $y=2x-4$의 그래프에서 x절편을 a, y절편을 b라 할 때, $a+b$의 값은?

① -4 ② -3 ③ -2

④ -1 ⑤ 0

7 오른쪽 그림은 일차함수 $y=\dfrac{1}{2}x+2$의 그래프이다. 이때 pq의 값은?

① -8 ② -4

③ 4 ④ 8 ⑤ 12

꼭 알아야 할 개념

	1차	2차	시험 직전
일차함수가 되기 위한 조건 알기			
일차함수의 그래프의 평행이동 이해하기			
일차함수의 그래프의 x절편과 y절편 구하기			

1 함수 $f(x) = \dfrac{a}{x}$에 대하여 $f(2) = 4$일 때, $f(-8)$의 값을 구하시오. (단, a는 상수)

2 $y = ax - x - 3$이 x에 대한 일차함수일 때, 다음 중 상수 a의 값으로 옳지 <u>않은</u> 것은?

① -2　　② -1　　③ 0
④ 1　　⑤ 2

3 일차함수 $y = ax$의 그래프가 오른쪽 그림과 같을 때, p의 값을 구하시오.
(단, a는 상수)

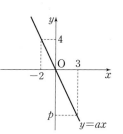

4 일차함수 $y = \dfrac{1}{2}x$의 그래프를 y축의 방향으로 -4만큼 평행이동하면 점 $(4,\ a)$를 지난다. 이때 a의 값은?

① -2　　② -1　　③ 1
④ 2　　⑤ 3

5 다음 중 일차함수 $y = -2x + 3$의 그래프 위의 점은?

① $(-2,\ 7)$　　② $(-1,\ 4)$　　③ $(1,\ -1)$
④ $(0,\ -3)$　　⑤ $(2,\ 1)$

6 일차함수 $y = 3x - 5$의 그래프를 y축의 방향으로 m만큼 평행이동한 그래프의 y절편이 -2일 때, m의 값은?

① -2　　② -1　　③ 1
④ 2　　⑤ 3

7 오른쪽 그림은 일차함수 $y = -\dfrac{3}{4}x + b$의 그래프이다. 이때 p의 값을 구하시오. (단, b는 상수)

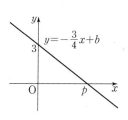

난 풀 수 있다. 고난도!!

도전 고난도

8 점 $(p,\ -5p)$를 지나는 일차함수 $y = -3x + b$의 그래프를 y축의 방향으로 4만큼 평행이동하면 점 $(-1,\ 5)$를 지난다. 이때 p의 값을 구하시오.
(단, b는 상수)

학습날짜 :   월   일 / 학습결과 : ☺ 😐 ☹

1. 기울기: 일차함수 $y=ax+b$에서 x의 값의 증가량에 대한 y의 값의 증가량의 비율을 일차함수 $y=ax+b$의 그래프의 기울기라 한다.

$$(\text{기울기})=\frac{(y\text{의 값의 증가량})}{(x\text{의 값의 증가량})}=a$$

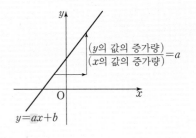

예 일차함수 $y=3x-1$의 그래프의 기울기는 3이고, x의 값이 1만큼 증가할 때 y의 값은 3만큼 증가, x의 값이 2만큼 증가할 때, y의 값이 6만큼 증가함을 뜻한다.

2. 일차함수의 그래프는 직선이므로 x의 값의 증가량에 대한 y의 값의 증가량의 비율은 항상 일정하다.

3. 일차함수 $y=ax+b$의 그래프의 기울기는 a이다.

참고 일차함수 $y=ax+b$의 그래프는 $a>0$이면 오른쪽 위로 향하는 직선이고, $a<0$이면 오른쪽 아래로 향하는 직선이다.

정답과 풀이 50쪽

[01~03] 다음 두 점을 지나는 직선의 기울기를 구하려고 한다. □ 안에 알맞은 수를 쓰시오.

01 $(1, 2)$, $(3, 6)$

$(x\text{의 값의 증가량})=3-\boxed{}=\boxed{}$,

$(y\text{의 값의 증가량})=6-\boxed{}=\boxed{}$ 이므로

$(\text{기울기})=\dfrac{(y\text{의 값의 증가량})}{(x\text{의 값의 증가량})}=\dfrac{\boxed{}}{\boxed{}}=\boxed{}$

02 $(-1, 3)$, $(2, 6)$

$(x\text{의 값의 증가량})=2-(\boxed{})=\boxed{}$,

$(y\text{의 값의 증가량})=6-\boxed{}=\boxed{}$ 이므로

$(\text{기울기})=\dfrac{(y\text{의 값의 증가량})}{(x\text{의 값의 증가량})}=\dfrac{\boxed{}}{\boxed{}}=\boxed{}$

03 $(-2, 4)$, $(2, -4)$

$(x\text{의 값의 증가량})=2-(\boxed{})=\boxed{}$,

$(y\text{의 값의 증가량})=-4-\boxed{}=\boxed{}$ 이므로

$(\text{기울기})=\dfrac{(y\text{의 값의 증가량})}{(x\text{의 값의 증가량})}=\dfrac{\boxed{}}{\boxed{}}=\boxed{}$

[04~06] 다음 일차함수의 그래프의 기울기를 구하시오.

04 $y=x-2$

TIP 일차함수 $y=ax+b$의 그래프의 기울기는 x의 계수와 같다.

05 $y=-3x+4$

06 $y=\dfrac{3}{2}x-1$

[07~08] 다음 일차함수에 대하여 x의 값의 증가량이 2일 때, y의 값의 증가량을 구하시오.

07 $y=2x-1$

08 $y=-x+3$

09 일차함수의 그래프를 보고 기울기 구하기

(1) 일차함수 $y=ax+b$의 그래프 위의 서로 다른 두 점을 찾는다.

(2) 두 점의 x의 값의 증가량, y의 값의 증가량을 각각 구한다.

(3) x의 값의 증가량과 y의 값의 증가량의 비를 이용하여 기울기를 구한다.

참고 그래프 위의 두 점 (x_1, y_1), (x_2, y_2) (단, $x_1 \neq x_2$)가 주어졌을 때, 기울기는 $\dfrac{y_2-y_1}{x_2-x_1}$ 또는 $\dfrac{y_1-y_2}{x_1-x_2}$이다.

정답과 풀이 51쪽

[01~04] 다음 일차함수의 그래프의 기울기를 구하시오.

01

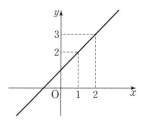

02

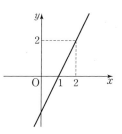

03

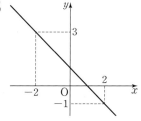

04

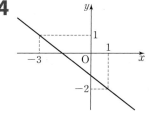

[05~08] 다음 일차함수의 그래프의 기울기를 구하시오.

05

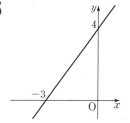

TIP 두 점 $(p, 0)$, $(0, q)$를 지나는 일차함수의 그래프의 기울기는 $\dfrac{0-q}{p-0} = -\dfrac{q}{p}$이다.

06

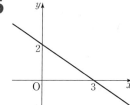

07

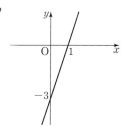

08

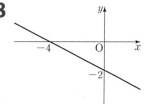

10 기울기와 y절편을 이용하여 일차함수의 그래프 그리기

기울기가 a이고, y절편이 b인 일차함수의 그래프를 그리는 순서

(1) y절편이 b이므로 점 $(0, b)$를 지난다. 따라서 점 $(0, b)$를 좌표평면 위에 나타낸다.

(2) (1)에서 구한 y축 위의 점을 기준으로 기울기를 이용하여 그래프가 지나는 다른 한 점을 찾는다.

> 참고 기울기가 $\dfrac{n}{m}$일 때, 수평 방향으로 m만큼 이동한 후에 수직 방향으로 n만큼 이동한다.
>
> 기울기가 정수인 경우, $\dfrac{(정수)}{1}$로 생각하고 이동한다.

(3) (2)에서 구한 점과 점 $(0, b)$를 직선으로 연결하여 그래프를 그린다.

> 예 일차함수 $y=-\dfrac{4}{3}x+2$의 그래프의 y절편이 2이므로 y축 위에 점 $(0, 2)$를 나타내
> 고, 점 $(0, 2)$에서 x축의 방향으로 3만큼, y축의 방향으로 -4만큼 이동한 점
> $(3, -2)$를 나타낸 후 두 점을 직선으로 연결하면 그래프는 오른쪽 그림과 같다.

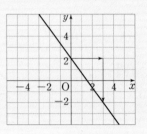

정답과 풀이 51쪽

01 다음은 일차함수 $y=x-1$의 그래프를 기울기와 y절편을 이용하여 그리는 과정이다. □ 안에 알맞은 것을 쓰고, 그래프를 그리시오.

> y절편이 [   ]이므로 점 $(0, [\quad])$을 지난다.
>
> 기울기가 [   ]이므로 x의 값이 1만큼 증가하면 y의 값도 [   ]만큼 증가한다.
>
> 즉, 점 $(0+1, -1+[\quad])$을 지난다.
>
> 따라서 일차함수 $y=x-1$의 그래프는 두 점 $(0, [\quad])$, $(1, [\quad])$을 지나는 직선이다.

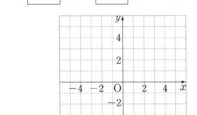

[02~04] 다음 일차함수의 그래프를 기울기와 y절편을 이용하여 그리시오.

02 $y=-x+3$

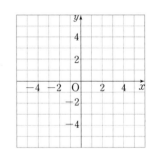

> TIP 일차함수 $y=ax+b$의 그래프에서 기울기는 a이고, y절편은 b이다.

03 $y=\dfrac{1}{2}x+4$

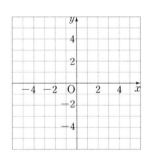

04 $y=2x-2$

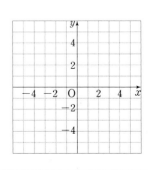

11 일차함수 $y=ax+b$의 그래프의 성질

학습날짜 :   월   일 / 학습결과 :

1. a의 부호: 그래프의 모양 결정

(1) $a>0$일 때: x의 값이 증가하면 y의 값도 증가

  ➡ 오른쪽 위로 향하는 직선

(2) $a<0$일 때: x의 값이 증가하면 y의 값은 감소

  ➡ 오른쪽 아래로 향하는 직선

참고 a의 절댓값이 클수록 직선은 y축에 가까워진다.

2. b의 부호: 그래프가 y축과 만나는 부분 결정

(1) $b>0$일 때: 그래프가 y축과 양의 부분에서 만난다.

(2) $b<0$일 때: 그래프가 y축과 음의 부분에서 만난다.

참고 $b=0$이면 일차함수 $y=ax+b$의 그래프는 원점을 지난다.

일차함수 $y=ax+b$의 그래프의 모양

기울기 / y절편	$a>0$	$a<0$
$b>0$	(증가, 증가)	(증가, 감소)
$b<0$	(증가)	(증가, 감소)

정답과 풀이 52쪽

[01~04] 일차함수 $y=ax+b$에 대하여 주어진 상수 a, b의 조건에 알맞은 그래프를 〈보기〉에서 찾아 그 기호를 쓰시오.

┤ 보기 ├

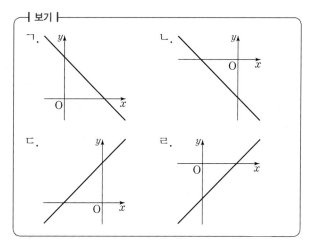

ㄱ.   ㄴ.

ㄷ.   ㄹ.

01 $a>0, b>0$

02 $a>0, b<0$

03 $a<0, b<0$

04 $a<0, b>0$

[05~06] 오른쪽 그림은 일차함수의 그래프이다. 다음 물음에 답하시오.

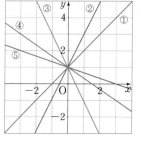

05 일차함수의 기울기가 음수인 그래프를 모두 고르시오.

06 x의 값이 증가할 때, y의 값도 증가하는 직선을 모두 고르시오.

TIP x의 값이 증가할 때, y의 값도 증가하면 기울기는 양수, x의 값이 증가할 때, y의 값이 감소하면 기울기는 음수이다.

[07~08] 〈보기〉의 일차함수의 그래프에 대하여 다음 물음에 답하시오.

┤ 보기 ├

ㄱ. $y=2x-1$ ㄴ. $y=-3x+2$

ㄷ. $y=4x$ ㄹ. $y=-\dfrac{1}{2}x+2$

ㅁ. $y=\dfrac{2}{3}x+3$ ㅂ. $y=-x-1$

07 x의 값이 증가할 때, y의 값은 감소하는 직선을 모두 고르시오.

08 오른쪽 위로 향하면서 y축과 음의 부분에서 만나는 직선을 고르시오.

(1) 기울기가 같은 두 일차함수의 그래프는 서로 평행하거나 일치한다.

즉, 두 일차함수 $y=ax+b$와 $y=a'x+b'$의 그래프에 대하여

① $a=a'$, $b \neq b'$이면 ➡ 두 그래프는 서로 평행

② $a=a'$, $b=b'$이면 ➡ 두 그래프는 서로 일치

참고 • 기울기가 서로 다른 두 일차함수의 그래프는 한 점에서 만난다.

• 기울기가 같은 두 직선은 평행이동에 의해 겹쳐진다.

예 두 일차함수 $y=2x+1$과 $y=2x-3$의 그래프는 기울기가 같고, y절편은 다르므로 서로 평행한 직선이다.

(2) 평행한 두 일차함수의 그래프의 기울기는 서로 같다.

예 두 일차함수 $y=3x-2$와 $y=ax+1$의 그래프가 서로 평행하면 그래프의 기울기가 서로 같으므로 $a=3$이다.

정답과 풀이 52쪽

[01~05] 다음 두 일차함수의 그래프가 서로 평행하면 '평행', 일치하면 '일치', 한 점에서 만나면 '한 점'이라고 ( ) 안에 쓰시오.

01 $y=2x-1$, $y=2x+4$ ( )

> **TIP** 기울기와 y절편의 값을 각각 비교해 본다.

02 $y=\dfrac{1}{2}x+2$, $y=-2x+1$ ( )

03 $y=3x+1$, $y=3x+1$ ( )

04 $y=-2x+1$, $y=-2x-1$ ( )

05 $y=4-2x$, $y=-2x+3$ ( )

[06~07] 다음 두 일차함수의 그래프가 평행할 때, 상수 a의 값을 구하시오.

06 $y=2x+3$, $y=ax+2$

> **TIP** 두 일차함수의 그래프가 평행하려면 기울기는 같고 y절편은 서로 달라야 한다.

07 $y=-ax+3$, $y=-x+4$

[08~09] 다음 두 일차함수의 그래프가 일치할 때, 상수 a, b의 값을 각각 구하시오.

08 $y=ax+3$, $y=-x+b$

> **TIP** 두 일차함수의 그래프가 일치하려면 기울기와 y절편이 각각 같아야 한다.

09 $y=ax-b$, $y=-\dfrac{1}{2}x+5$

13 일차함수의 식 구하기(1) – 기울기와 한 점이 주어질 때

1. 기울기와 y절편이 주어진 경우

기울기가 a, y절편이 b인 직선을 그래프로 하는 일차함수의 식은 $y=ax+b$

2. 기울기와 한 점이 주어진 경우

기울기가 a이고, 한 점 (p, q)를 지나는 직선을 그래프로 하는 일차함수의 식은 다음과 같다.

① $y=ax+b$로 놓는다.

② $x=p$, $y=q$를 대입하여 b의 값을 구한다.

예 기울기가 -2이고, 한 점 $(2, -1)$을 지나는 직선을 그래프로 하는 일차함수의 식을 구해 보자.

① 기울기가 -2이므로 $y=-2x+b$로 놓고

② $(2, -1)$을 $y=-2x+b$에 대입하면 $-1=(-2)\times2+b$, $b=3$

따라서 일차함수의 식은 $y=-2x+3$이다.

정답과 풀이 53쪽

[01~05] 다음과 같은 직선을 그래프로 하는 일차함수의 식을 구하시오.

01 기울기가 2이고, y절편이 -1인 직선

> **TIP** 기울기가 a, y절편이 b인 직선을 그래프로 하는 일차함수의 식은 $y=ax+b$이다.

02 기울기가 $\dfrac{1}{3}$이고, y절편이 5인 직선

03 기울기가 -4이고, y축과 점 $(0, 3)$에서 만나는 직선

04 기울기가 $-\dfrac{1}{2}$이고, y축과 점 $(0, -1)$에서 만나는 직선

05 x의 값이 3만큼 증가할 때, y의 값도 4만큼 증가하고, y절편이 -2인 직선

[06~10] 다음과 같은 직선을 그래프로 하는 일차함수의 식을 구하시오.

06 기울기가 1이고, 점 $(1, 3)$을 지나는 직선

> **TIP** 기울기가 a이고 지나는 점이 주어진 경우에는 일차함수의 식을 $y=ax+b$로 놓고 주어진 점을 대입하여 b의 값을 구한다.

07 기울기가 $\dfrac{1}{4}$이고, 점 $(4, 3)$을 지나는 직선

08 기울기가 -3이고, 점 $(-1, 2)$를 지나는 직선

09 x의 값이 3만큼 증가할 때, y의 값은 1만큼 감소하고, 점 $(6, -1)$을 지나는 직선

10 x의 값이 2만큼 증가할 때, y의 값도 6만큼 증가하고, 점 $(2, 5)$를 지나는 직선

일차함수의 식 구하기(2)
– 서로 다른 두 점이 주어질 때

서로 다른 두 점 (p, q), (r, s)를 지나는 직선을 그래프로 하는 일차함수의 식은 다음과 같은 순서로 구한다. (단, $p \neq q$)

(1) 기울기 a를 구한다. 즉, $a = \dfrac{s-q}{r-p} = \dfrac{q-s}{p-r}$

(2) 한 점의 좌표를 $y = ax + b$에 대입하여 b의 값을 구한다.

예 두 점 $(2, 3)$, $(5, 9)$를 지나는 직선을 그래프로 하는 일차함수의 식을 구해 보자.

$(\text{기울기}) = \dfrac{9-3}{5-2} = 2$

구하는 일차함수의 식을 $y = 2x + b$로 놓고 점 $(2, 3)$을 대입하면

$3 = 2 \times 2 + b$ ∴ $b = -1$

따라서 구하는 일차함수의 식은 $y = 2x - 1$이다.

정답과 풀이 53쪽

---

01 다음은 두 점 $(-1, 2)$, $(1, 6)$을 지나는 직선을 그래프로 하는 일차함수의 식을 구하는 과정이다. □ 안에 알맞은 것을 쓰시오.

기울기가 $\dfrac{6-2}{1-(-1)} = \boxed{}$이므로

일차함수의 식을 $y = \boxed{}x + b$로 놓고

이 식에 $x = -1$, $y = 2$를 대입하면

$2 = \boxed{} + b$ ∴ $b = \boxed{}$

따라서 구하는 일차함수의 식은

$y = \boxed{}$

02 다음은 두 점 $(1, 4)$, $(3, -2)$를 지나는 직선을 그래프로 하는 일차함수의 식을 구하는 과정이다. □ 안에 알맞은 것을 쓰시오.

기울기가 $\dfrac{-2-4}{3-1} = \boxed{}$이므로

일차함수의 식을 $y = \boxed{}x + b$로 놓고

이 식에 $x = 1$, $y = 4$를 대입하면

$4 = \boxed{} + b$ ∴ $b = \boxed{}$

따라서 구하는 일차함수의 식은

$y = \boxed{}$

[03~06] 다음과 같은 직선을 그래프로 하는 일차함수의 식을 구하시오.

03 두 점 $(1, -1)$, $(2, 1)$을 지나는 직선

> **TIP** 두 점 (x_1, y_1), (x_2, y_2)를 지나는 일차함수의 그래프의 기울기는 $\dfrac{y_2 - y_1}{x_2 - x_1}$ 또는 $\dfrac{y_1 - y_2}{x_1 - x_2}$이다.

04 두 점 $(-2, 1)$, $(-1, 4)$를 지나는 직선

05 두 점 $(-1, 4)$, $(1, 2)$를 지나는 직선

06 두 점 $(1, 3)$, $(4, -3)$을 지나는 직선

15 일차함수의 식 구하기(3) — x절편과 y절편이 주어질 때

x절편이 m, y절편이 n인 직선을 그래프로 하는 일차함수의 식은 다음과 같이 구한다.

(1) 두 점 $(m, 0)$, $(0, n)$을 지나므로 기울기는 $\dfrac{n-0}{0-m} = -\dfrac{n}{m}$이다.

(2) y절편이 n이므로 구하는 일차함수의 식은 $y = -\dfrac{n}{m}x + n$이다.

예 x절편이 -3, y절편이 3인 직선을 그래프로 하는 일차함수의 식은 그래프가 두 점 $(-3, 0)$, $(0, 3)$을 지나므로

(기울기) $= \dfrac{3-0}{0-(-3)} = 1$, ($y$절편) $= 3$ $\therefore y = x+3$

정답과 풀이 54쪽

[01~04] 다음과 같은 직선을 그래프로 하는 일차함수의 식을 구하시오.

01 x절편이 4이고, y절편이 2인 직선

> TIP x절편이 p, y절편이 q인 직선은 두 점 $(p, 0)$, $(0, q)$를 지난다.

02 x절편이 -3이고, y절편이 6인 직선

03 x절편이 -2이고, y절편이 -1인 직선

04 x절편이 5이고, y절편이 -2인 직선

[05~08] 다음 그림과 같은 직선을 그래프로 하는 일차함수의 식을 구하시오.

05
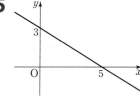

06
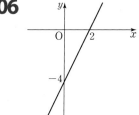

07
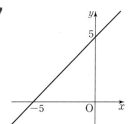

08
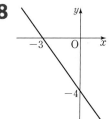

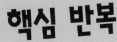
08 일차함수의 그래프의 기울기

1 다음 일차함수 중 그 그래프가 x의 값이 증가할 때, y의 값은 감소하는 것은?

① $y=x+1$ ② $y=2x-3$

③ $y=\dfrac{1}{3}x-2$ ④ $y=-3x+2$

⑤ $y=4+x$

09 일차함수의 그래프를 보고 기울기 구하기

2 일차함수의 그래프가 오른쪽 그림과 같을 때, 기울기는?

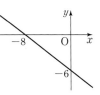

① $-\dfrac{3}{8}$ ② $-\dfrac{3}{4}$

③ $-\dfrac{3}{2}$ ④ -1

⑤ $-\dfrac{1}{2}$

10 기울기와 y절편을 이용하여 일차함수의 그래프 그리기

3 다음 중 일차함수 $y=2x-3$의 그래프는?

①   ②   ③

④   ⑤

11 일차함수 $y=ax+b$의 그래프의 성질

4 일차함수 $y=ax+b$의 그래프가 오른쪽 그림과 같을 때, 다음 중 옳은 것은? (단, a, b는 상수)

① $a>0$, $b>0$ ② $a>0$, $b<0$

③ $a<0$, $b>0$ ④ $a<0$, $b<0$

⑤ $a>0$, $b=0$

12 일차함수의 그래프의 평행과 일치

5 다음 일차함수의 그래프 중 일차함수 $y=2x-1$의 그래프와 평행한 것은?

① $y=x+2$ ② $y=-x+1$

③ $y=2x-3$ ④ $y=2x-1$

⑤ $y=-2x+1$

13 일차함수의 식 구하기⑴ – 기울기와 한 점이 주어질 때

6 일차함수 $y=3x+5$의 그래프와 평행하고 y절편이 -1인 직선을 그래프로 하는 일차함수의 식은?

① $y=3x+1$ ② $y=3x-1$

③ $y=x+3$ ④ $y=x-3$

⑤ $y=-x+3$

14 일차함수의 식 구하기⑵ – 서로 다른 두 점이 주어질 때

7 두 점 $(-1, 0)$, $(1, 2)$를 지나는 직선을 그래프로 하는 일차함수의 식은?

① $y=x$ ② $y=x+1$

③ $y=2x+1$ ④ $y=2x+\dfrac{1}{2}$

⑤ $y=-x+1$

꼭 알아야 할 개념 ✍️

	1차	2차	시험 직전
일차함수의 그래프의 기울기 이해하기			
일차함수 $y=ax+b$의 그래프의 성질 이해하기			
일차함수의 식 구하기			

형성 평가

1 다음 일차함수 중 그 그래프가 y축에 가장 가까운 것은?

① $y=x+2$ ② $y=-\dfrac{2}{3}x+4$

③ $y=\dfrac{4}{5}x-2$ ④ $y=-3x+2$

⑤ $y=\dfrac{10}{3}x-5$

2 두 점 $(2, -3)$, $(4, 5)$를 지나는 일차함수의 그래프에서 x의 값이 -3에서 1까지 증가할 때, y의 값의 증가량은?

① -16 ② -4 ③ 4

④ 8 ⑤ 16

3 $a<0$, $b>0$일 때, 일차함수 $y=-ax+b$의 그래프가 지나지 <u>않는</u> 사분면은?

① 제1사분면 ② 제2사분면 ③ 제3사분면
④ 제4사분면 ⑤ 제1, 3사분면

4 일차함수 $y=ax-1$의 그래프는 일차함수 $y=2x+1$의 그래프와 평행하고, 점 $(2, b)$를 지난다. 이때 $a+b$의 값은? (단, a는 상수)

① 2 ② 3 ③ 4
④ 5 ⑤ 6

5 기울기가 2이고, y절편이 -4인 일차함수의 그래프가 점 $(-2, p)$를 지날 때, p의 값은?

① -8 ② -4 ③ 2
④ 6 ⑤ 10

6 일차함수 $y=2ax-b$의 그래프를 y축의 방향으로 5만큼 평행이동하면 일차함수 $y=-2x+3$의 그래프와 일치한다. 이때 상수 a, b에 대하여 $a+b$의 값은?

① -3 ② -1 ③ 0
④ 1 ⑤ 3

7 두 점 $(1, 1)$, $(3, -3)$을 지나는 일차함수의 그래프가 점 $(-4, p)$를 지날 때, p의 값은?

① -11 ② -5 ③ 4
④ 9 ⑤ 11

난 풀 수 있다. 고난도!!

도전 고난도

8 일차함수 $y=ax+b$의 그래프가 오른쪽 그림과 같을 때, x절편을 구하시오. (단, a, b는 상수)

미지수가 2개인 일차방정식 $ax+by+c=0$ (a, b, c는 상수, $a\neq0$, $b\neq0$)의 그래프는 일차함수 $y=-\dfrac{a}{b}x-\dfrac{c}{b}$ ($a\neq0$, $b\neq0$)의 그래프와 같은 직선이다.

$$ax+by+c=0 \xrightarrow[\text{의 꼴로 나타내면}]{y=(x\text{에 대한 식})} y=-\dfrac{a}{b}x-\dfrac{c}{b}$$

예 일차방정식 $2x-3y+6=0$에서

이항하면 $-3y=-2x-6$, 양변을 -3으로 나누면 $y=\dfrac{2}{3}x+2$

따라서 일차방정식 $2x-3y+6=0$의 그래프는 일차함수 $y=\dfrac{2}{3}x+2$의 그래프와 일치한다.

정답과 풀이 56쪽

[01~06] 다음 일차방정식을 $y=(x$에 대한 식)의 꼴로 나타내시오.

01 $x+y+1=0$

02 $2x-y+1=0$

03 $x+2y-4=0$

04 $3x+2y-1=0$

05 $-4x+5y-10=0$

06 $-3x+4y+12=0$

[07~10] 다음 일차방정식의 그래프의 기울기와 y절편을 각각 구하시오.

07 $-x+y-1=0$

기울기: _____

y절편: _____

TIP 일차방정식을 일차함수 $y=ax+b$의 꼴로 바꾼 후, 기울기와 y절편을 각각 구한다.

08 $2x+y+3=0$

기울기: _____

y절편: _____

09 $4x+2y-1=0$

기울기: _____

y절편: _____

10 $3x-2y-6=0$

기울기: _____

y절편: _____

17 미지수가 2개인 일차방정식의 그래프 그리기

미지수가 2개인 일차방정식 $ax+by+c=0$ (a, b, c는 상수, $a \neq 0$, $b \neq 0$)을 $y=(x$에 대한 식)의 꼴로 정리한 후, 다음 중 하나를 이용하여 그래프를 그린다.

[방법 1] 직선 위의 서로 다른 두 점을 이용한다.

[방법 2] x절편과 y절편을 이용한다.

[방법 3] 기울기와 y절편을 이용한다.

참고   일차방정식 $ax+by+c=0$($a \neq 0$, $b \neq 0$)을 $y=(x$에 대한 식)의 꼴로 정리하면 $y=-\dfrac{a}{b}x-\dfrac{c}{b}$이므로 일차함수의 그래프의 기울기는 $-\dfrac{a}{b}$, y절편은 $-\dfrac{c}{b}$이다.

정답과 풀이 56쪽

01 일차방정식 $2x+y-3=0$에 대하여 다음 물음에 답하시오.

(1) □ 안에 알맞은 수를 쓰시오.

> $2x+y-3=0$에서 $y=-2x+\boxed{}$이므로 일차방정식 $2x+y-3=0$의 그래프는 기울기가 -2이고 y절편이 $\boxed{}$인 직선이다.

(2) 좌표평면 위에 일차방정식 $2x+y-3=0$의 그래프를 그리시오.

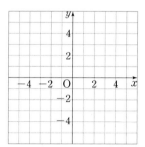

[02~05] 다음 일차방정식을 $y=ax+b$의 꼴로 나타낸 후, 그 그래프를 그리시오.

02 $-2x+2y+4=0$

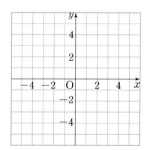

TIP   일차방정식을 일차함수 $y=ax+b$의 꼴로 바꾼 후, 기울기와 y절편 또는 x절편과 y절편 등을 이용하여 그래프를 그린다.

03 $4x-2y-6=0$

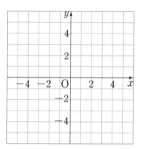

04 $x+2y-2=0$

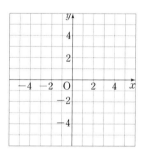

05 $2x-3y-9=0$

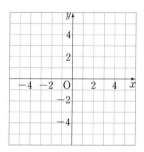

18 일차방정식 $x=p$, $y=q$의 그래프

1. $x=p$ (p는 상수, $p\neq0$)의 그래프

① 점 $(p, 0)$을 지난다.

② x의 값이 일정하므로 y축에 평행한 직선이다.

③ $x=0$의 그래프는 y축을 나타낸다.

2. $y=q$ (q는 상수, $q\neq0$)의 그래프

① 점 $(0, q)$를 지난다.

② y의 값이 일정하므로 x축에 평행한 직선이다.

③ $y=0$의 그래프는 x축을 나타낸다.

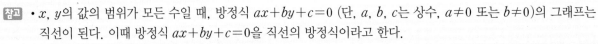

참고
• x, y의 값의 범위가 모든 수일 때, 방정식 $ax+by+c=0$ (단, a, b, c는 상수, $a\neq0$ 또는 $b\neq0$)의 그래프는 직선이 된다. 이때 방정식 $ax+by+c=0$을 직선의 방정식이라고 한다.

• 일차방정식 $x=p$ (p는 상수)의 그래프 위의 점은 …, $(p, 0)$, $(p, 1)$, $(p, 2)$, …와 같이 x의 값이 p로 일정하다.

• 일차방정식 $y=q$ (q는 상수)의 그래프 위의 점은 …, $(0, q)$, $(1, q)$, $(2, q)$, …와 같이 y의 값이 q로 일정하다.

정답과 풀이 57쪽

[01~04] 다음 표를 완성하고 그래프를 그리시오.

01 $x=4$

x	⋯					⋯
y	⋯	1	2	3	4	⋯

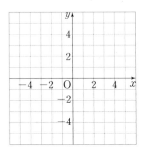

02 $x=-3$

x	⋯					⋯
y	⋯	1	2	3	4	⋯

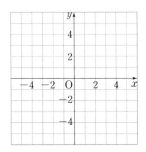

03 $y=4$

x	⋯	1	2	3	4	⋯
y	⋯					⋯

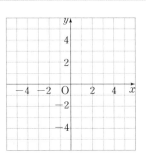

04 $y=-1$

x	⋯	1	2	3	4	⋯
y	⋯					⋯

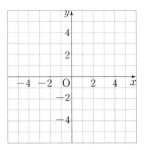

[05~08] 다음 조건을 만족하는 직선을 그래프로 하는 일차방정식을 구하시오.

05 점 $(0, 3)$을 지나고, x축에 평행한 직선

06 점 $(3, 0)$을 지나고, y축에 평행한 직선

07 점 $(3, -4)$를 지나고, x축에 수직인 직선

> **TIP** x축에 수직인 직선은 y축에 평행한 직선이고, y축에 수직인 직선은 x축에 평행한 직선이다.

08 점 $(3, -4)$를 지나고, y축에 수직인 직선

[09~12] 다음 직선을 그래프로 하는 일차방정식을 구하시오.

09
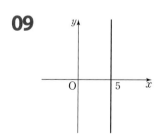

10
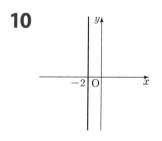

11
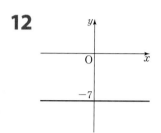

12
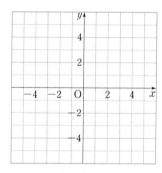

[13~14] 네 일차방정식 $x=1$, $x=4$, $y=-1$, $y=-4$에 대하여 물음에 답하시오.

13 네 일차방정식의 그래프를 좌표평면 위에 그리시오.

> **TIP** 일차방정식 $x=p$의 그래프는 y축에 평행한 직선이고, 일차방정식 $y=q$의 그래프는 x축에 평행한 직선이다.

14 네 직선으로 둘러싸인 도형의 넓이를 구하시오.

 **19** 연립방정식의 해와 그래프 (1)

연립방정식 $\begin{cases} ax+by+c=0 \\ a'x+b'y+c'=0 \end{cases}$ 의 해는 두 일차방정식

$ax+by+c=0$, $a'x+b'y+c'=0$의 그래프의 교점의 좌표이다.

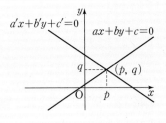

$$\boxed{\begin{array}{c}\text{연립방정식의 해} \\ x=p, \ y=q\end{array}} \quad\longleftrightarrow\quad \boxed{\begin{array}{c}\text{두 직선의 교점의 좌표} \\ (p, \ q)\end{array}}$$

참고 연립방정식의 해는 두 일차방정식의 그래프를 그려 구하기보다는 가감법이나 대입법을 이용하여 연립방정식을 풀어서 구하는 것이 편리하다.

정답과 풀이 58쪽

[01~02] 다음 연립방정식의 해를 두 일차방정식의 그래프의 교점의 좌표를 이용하여 구하시오.

01 $\begin{cases} x-y+1=0 \\ 3x-y-1=0 \end{cases}$

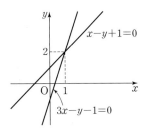

TIP 두 일차방정식의 그래프의 교점의 좌표가 (p, q)이면 연립방정식의 해는 $x=p, y=q$이다.

02 $\begin{cases} 2x-y+5=0 \\ x-3y+10=0 \end{cases}$

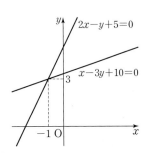

[03~04] 다음 두 일차방정식의 그래프의 교점의 좌표를 구하시오.

03 $x-y+1=0, 2x-y-3=0$

04 $x+y-2=0, 3x-y-1=0$

[05~06] 두 일차방정식의 그래프를 보고 상수 a, b의 값을 각각 구하시오.

05

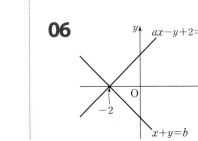

06

20 연립방정식의 해와 그래프(2)

학습날짜 :　　월　　일 / 학습결과 : 😊 😐 😣

연립방정식 $\begin{cases} ax+by+c=0 \\ a'x+b'y+c'=0 \end{cases}$ 의 해의 개수는 두 일차방정식 $ax+by+c=0$, $a'x+b'y+c'=0$의 그래프의 교점의 개수와 같다.

두 일차방정식의 그래프의 위치 관계	한 점에서 만난다.	일치한다.	평행하다.
연립방정식의 해의 개수	1개	무수히 많다.	0개
기울기와 y절편	기울기가 다르다.	기울기와 y절편이 같다.	기울기는 같고, y절편은 다르다.

정답과 풀이 58쪽

01 다음은 연립방정식 $\begin{cases} x+y=-1 \\ x+y=2 \end{cases}$ 의 해의 개수를 구하는 과정이다. □ 안에 알맞은 것을 쓰시오.

연립방정식 $\begin{cases} x+y=-1 \\ x+y=2 \end{cases}$ 를 각각

$y=(x$에 대한 식)으로 나타내면

$\begin{cases} y=\boxed{}-1 \\ y=\boxed{}+2 \end{cases}$

이므로 두 일차함수의 그래프는 $\boxed{}$ 가 같고, y절편은 다르다.

따라서 두 방정식의 그래프는 $\boxed{}$ 하므로

연립방정식 $\begin{cases} x+y=-1 \\ x+y=2 \end{cases}$ 는 해가 $\boxed{}$.

[02~07] 다음 연립방정식의 해의 개수를 구하시오.

02 $\begin{cases} -x+y=1 \\ x-y=1 \end{cases}$

03 $\begin{cases} 2x+3y=1 \\ 2x-3y=4 \end{cases}$

04 $\begin{cases} 2x-3y=5 \\ 4x-6y=10 \end{cases}$

05 $\begin{cases} x+3y=1 \\ -x+2y=-2 \end{cases}$

06 $\begin{cases} 2x-5y=3 \\ -2x+5y=-1 \end{cases}$

07 $\begin{cases} \frac{1}{2}x-\frac{1}{3}y=5 \\ 3x-2y=1 \end{cases}$

여러 개의 직선으로 둘러싸인 도형의 넓이

학습날짜 :   월   일 / 학습결과 :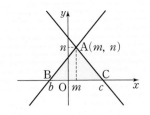

x축 또는 y축과 두 직선으로 둘러싸인 도형의 넓이

(1) 두 직선의 교점의 좌표 $A(m, n)$을 구한다.

(2) 두 직선과 x축과의 교점의 좌표 $B(b, 0)$, $C(c, 0)$을 구한다.

(3) $\triangle ABC$의 넓이를 구한다.

참고 (삼각형의 넓이)$=\dfrac{1}{2}\times$(밑변의 길이)$\times$(높이)

정답과 풀이 59쪽

[01~02] 다음 두 직선을 좌표평면 위에 그리고, 두 직선과 x축으로 둘러싸인 도형의 넓이를 구하시오.

01 $y=x+2, y=-2x+2$

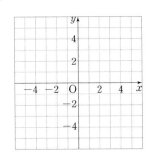

TIP 두 일차함수 $y=ax+b$, $y=a'x+b'$의 그래프의 교점의 좌표는 연립방정식 $\begin{cases} y=ax+b \\ y=a'x+b' \end{cases}$의 해와 같다.

02 $y=x+4, y=-x+2$

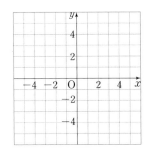

[03~04] 다음 두 직선을 좌표평면 위에 그리고, 두 직선과 y축으로 둘러싸인 도형의 넓이를 구하시오.

03 $y=x-3, y=-x+4$

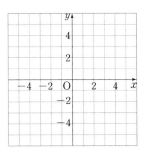

04 $y=x+4, y=-\dfrac{1}{2}x-2$

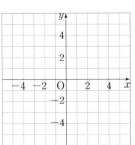

22 일차함수의 활용

일차함수의 활용 문제 풀이 순서

(1) 변수 정하기 : 문제의 뜻을 파악한 후 변수 x, y를 정한다.

(2) 함수 구하기 : 변수 x, y 사이의 관계를 일차함수의 식으로 나타낸다.

(3) 값 구하기 : 함수식이나 그래프를 이용하여 조건에 맞는 답을 구한다.

(4) 확인하기 : 구한 답이 문제의 뜻에 맞는지 확인한다.

참고 변수를 정할 때는 주어진 변량에서 먼저 변하는 것을 x, x에 따라 변하는 것을 y로 놓는다.

정답과 풀이 60쪽

[01~02] 주전자에 물을 넣고 끓이기 시작한 지 x분 후의 온도를 y ℃라고 할 때, 다음 표와 같은 관계가 성립한다. 물음에 답하시오.

x(분)	0	2	4	6	8	10	12
y(℃)	8	22	36	50	64	78	92

01 y를 x에 관한 식으로 나타내시오.

02 물의 온도가 57 ℃가 되는 것은 물을 끓이기 시작한 지 몇 분 후인가?

[03~04] 길이가 20 cm인 양초가 있다. 불을 붙이면 이 양초는 10분에 2 cm씩 길이가 줄어든다고 한다. 다음 물음에 답하시오.

03 1분 동안에 줄어드는 양초의 길이를 구하시오.

04 불을 붙인 지 x분 후의 양초의 길이를 y cm라 할 때, y를 x에 대한 식으로 나타내시오.

[05~07] 공기 중에서 소리의 빠르기는 기온이 0 ℃일 때 331 m/초이고, 기온이 1 ℃ 올라갈 때마다 0.6 m/초씩 증가한다고 한다. 다음 물음에 답하시오.

05 기온이 x ℃일 때의 소리의 빠르기를 y m/초라 할 때, y를 x에 대한 식으로 나타내시오.

06 기온이 15 ℃일 때, 소리의 빠르기를 구하시오.

07 소리의 빠르기가 346 m/초일 때의 기온을 구하시오.

08 지면의 온도가 20 ℃이고 지면에서 100 m씩 높아질 때마다 기온이 0.6 ℃씩 내려간다고 할 때, 기온이 8 ℃인 지점의 높이를 구하시오.

16 일차함수와 일차방정식의 관계

1 일차방정식 $4x+2y+3=0$의 그래프와 같은 일차함수의 식은?

① $y=-2x+3$ ② $y=2x+\dfrac{3}{2}$

③ $y=-2x-\dfrac{3}{2}$ ④ $y=-2x+\dfrac{3}{2}$

⑤ $y=x+\dfrac{3}{2}$

2 일차방정식 $2x+y-5=0$의 그래프와 일차함수 $y=ax+b$의 그래프가 일치할 때, 상수 a, b에 대하여 ab의 값은?

① -10 ② -5 ③ 2
④ 5 ⑤ 10

18 일차방정식 $x=p$, $y=q$의 그래프

3 두 점 $(p, 1)$, $(-1, 4)$를 지나는 직선이 y축과 평행할 때, p의 값은?

① -4 ② -1 ③ 1
④ 2 ⑤ 4

19 연립방정식의 해와 그래프(1)

4 두 일차방정식 $x-y=-1$, $2x+3y=8$의 그래프가 오른쪽 그림과 같을 때, 연립방정식 $\begin{cases} x-y=-1 \\ 2x+3y=8 \end{cases}$의 해는?

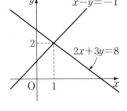

① $x=1$, $y=2$ ② $x=2$, $y=1$
③ $x=1$, $y=-2$ ④ $x=-2$, $y=1$
⑤ $x=3$, $y=1$

5 두 일차함수 $y=-x+3$, $y=x-1$의 그래프의 교점의 좌표는?

① $(1, 2)$ ② $(2, 1)$ ③ $(-1, 3)$
④ $(1, -3)$ ⑤ $(2, 3)$

6 오른쪽 그림은 연립방정식 $\begin{cases} x-y=1 \\ ax+y=8 \end{cases}$을 풀기 위하여 두 방정식의 그래프를 그린 것이다. 이때 상수 a의 값은?

① -2 ② -1
③ 1 ④ 2 ⑤ 4

21 여러 개의 직선으로 둘러싸인 도형의 넓이

7 두 일차방정식 $x-y+2=0$, $x+2y-4=0$의 그래프와 x축으로 둘러싸인 도형의 넓이는?

① 4 ② 6 ③ 8
④ 10 ⑤ 12

22 일차함수의 활용

8 50 L의 물이 들어 있는 물통에서 1분에 2.5 L의 비율로 일정하게 물이 흘러나온다. 다음 물음에 답하시오.

(1) 물이 흘러나오기 시작하여 x분 후에 남아 있는 물의 양을 y L라 할 때, x와 y 사이의 관계식을 구하시오.

(2) 물이 다 흘러나올 때까지 걸린 시간을 구하시오.

꼭 알아야 할 개념 ✏️

	1차	2차	시험 직전
일차함수와 일차방정식의 관계 이해하기			
좌표축에 평행한 직선 이해하기			
두 일차방정식의 그래프의 교점과 연립방정식의 해 사이의 관계 알기			

실력을 점검해 보자.

형성 평가

1 일차방정식 $2x-3y+1=0$의 그래프가 점 $(2, p)$를 지날 때, p의 값은?

① -2 ② $-\dfrac{5}{3}$ ③ $\dfrac{2}{3}$

④ 1 ⑤ $\dfrac{5}{3}$

2 다음 중 일차방정식 $x-2y+4=0$의 그래프에 대한 설명으로 옳은 것을 모두 고르면? (정답 2개)

① x절편은 -4이다.
② y절편은 -2이다.
③ 점 $(-2, 2)$를 지난다.
④ 제4사분면을 지나지 않는다.
⑤ 일차함수 $y=-2x$의 그래프와 평행하다.

3 다음 중 일차방정식 $2x+y-1=0$의 그래프와 평행하고, 점 $(1, 2)$를 지나는 일차함수의 그래프가 지나지 <u>않는</u> 점은?

① $(-2, 10)$ ② $(-1, 6)$ ③ $(0, 4)$

④ $(3, -2)$ ⑤ $(4, -4)$

4 두 일차함수 $y=3x-5$, $y=-x+3$의 그래프의 교점을 지나고, 기울기가 2인 직선을 그래프로 하는 일차함수의 식은?

① $y=-2x-1$ ② $y=-2x+3$
③ $y=2x-3$ ④ $y=2x-2$
⑤ $y=3x+5$

5 다음 네 직선으로 둘러싸인 도형의 넓이가 20일 때, 양수 p의 값은?

$$x=-2,\ x=p,\ y=-1,\ y=4$$

① 1 ② 2 ③ 3
④ 4 ⑤ 5

6 다음 그림과 같은 직사각형에서 $\overline{AB}=6\,cm$, $\overline{AD}=8\,cm$이고, 점 P는 점 C를 출발하여 $\overline{BC}$ 위를 1초마다 1 cm씩 점 B까지 움직인다. x초 후 $\triangle ABP$의 넓이를 $y\,cm^2$라 할 때, x와 y 사이의 관계식을 구하시오.

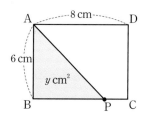

난 풀 수 있다. 고난도!!

도전 고난도

7 다음 네 직선으로 둘러싸인 도형의 넓이를 구하시오.

$$y=x-2,\ y=-x+2,$$
$$y=\dfrac{1}{2}x+2,\ y=-\dfrac{1}{2}x-2$$

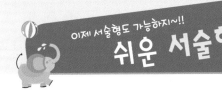
1 일차함수 $y=\frac{1}{4}x-2$의 그래프를 y축의 방향으로 $-\frac{1}{4}$만큼 평행이동한 그래프의 x절편을 a, y절편을 b라 할 때, 다음 물음에 답하시오.

(1) 일차함수 $y=\frac{1}{4}x-2$의 그래프를 y축의 방향으로 $-\frac{1}{4}$만큼 평행이동한 그래프의 식을 구하시오.

(2) a의 값을 구하시오.

(3) b의 값을 구하시오.

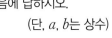

2 두 점 $(-1,\ -2)$, $(1,\ 0)$을 지나는 직선에 대하여 다음 물음에 답하시오.

(1) 직선의 기울기를 구하시오.

(2) 이 직선을 그래프로 하는 일차함수의 식을 구하시오.

(3) 이 직선이 점 $(2,\ a)$를 지날 때, a의 값을 구하시오.

3 오른쪽 그림과 같은 그래프와 평행하고, y절편이 -3인 직선을 그래프로 하는 일차함수의 식을 $y=ax+b$라 할 때, 다음 물음에 답하시오.
(단, a, b는 상수)

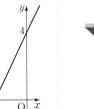

(1) 그래프의 기울기를 구하시오.

(2) a의 값을 구하시오.

(3) b의 값을 구하시오.

4 두 일차방정식 $y=5x$, $x+y=4$의 그래프가 오른쪽 그림과 같을 때, 다음 물음에 답하시오.

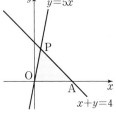

(1) 점 A의 좌표를 구하시오.

(2) 점 P의 좌표를 구하시오.

(3) $\triangle$POA의 넓이를 구하시오.

MEMO

MEMO

정답과 풀이

Ⅰ 수와 식의 계산

01 유리수의 분류

01 3, 5, 10, 10   **02** 유리수   **03** $\frac{5}{2}$

04 $\frac{3}{14}$ **05** $\frac{1}{2}$ **06** $-\frac{4}{5}$ **07** $\frac{8}{5}$

08 $\frac{6}{2}$ **09** $-1, -\frac{8}{4}$

10 $0, -1, \frac{6}{2}, -\frac{8}{4}$

11 $0.4, -\frac{5}{6}, \frac{1}{2}, -2.5, \frac{7}{3}, 0.3$

12 ○   **13** ×   **14** ○   **15** ×

01 $3=\dfrac{\boxed{3}}{1}$, $-5=-\dfrac{\boxed{5}}{1}$, $0.2=\dfrac{2}{\boxed{10}}$, $-0.4=-\dfrac{4}{\boxed{10}}$

02 분수 $\dfrac{a}{b}$ (a, b가 정수이고 $b\neq0$)의 꼴로 나타내어지는 수를 유리수라고 한다.

05 $0.5=\dfrac{5}{10}=\dfrac{1}{2}$

06 $-0.8=-\dfrac{8}{10}=-\dfrac{4}{5}$

07 $1.6=\dfrac{16}{10}=\dfrac{8}{5}$

08 $\dfrac{6}{2}=3$이므로 $\dfrac{6}{2}$은 자연수이다.

09 음의 정수는 -1, $-\dfrac{8}{4}=-2$이다.

13 정수는 양의 정수, 0, 음의 정수로 이루어져 있다.

15 유리수 중에는 정수가 아닌 유리수도 있다.

02 소수의 분류

01 유한   **02** 무한   **03** 유   **04** 무

05 유   **06** 무   **07** 유   **08** 무

09 3.5, 유한   **10** 0.666…, 무한   **11** 2.25, 유한

12 2.6, 유한   **13** 1.8333…, 무한

14 0.285714285714…, 무한

15 0.375, 유한   **16** 0.444…, 무한

---

04 0.1111…에서 소수점 아래의 0이 아닌 숫자 1이 무한 번 나타나므로 무한소수이다.

06 0.13666…에서 소수점 아래의 0이 아닌 숫자 6이 무한 번 나타나므로 무한소수이다.

08 1.2454545…에서 소수점 아래의 0이 아닌 숫자 45가 무한 번 나타므로 무한소수이다.

03 순환소수와 순환마디

01 순환소수   **02** 35, 35   **03** 순환소수   **04** ○

05 ×   **06** ×   **07** ○   **08** ×

09 25, $0.3\dot{2}\dot{5}$ **10** 124, $0.\dot{1}2\dot{4}$ **11** 2

12 3   **13** 14   **14** 21   **15** 251

16 362   **17** ×   **18** ×   **19** ○

20 ○   **21** ×   **22** $0.\dot{4}$ **23** $6.\dot{6}$

24 $0.\dot{3}\dot{8}$ **25** $5.\dot{2}\dot{5}$ **26** $7.\dot{4}1\dot{7}$

27 ㉠: 4, 0.444…, 4, $0.\dot{4}$

28 ㉠: 4, ㉡: 5, 0.454545…, 45, $0.\dot{4}\dot{5}$

29 0.8333…, $0.8\dot{3}$ **30** 0.222…, $0.\dot{2}$

31 0.41666…, $0.41\dot{6}$ **32** 0.2666…, $0.2\dot{6}$

33 0.212121…, $0.\dot{2}\dot{1}$

05 무한소수가 아니므로 순환소수가 아니다.

08 0.010011000111…은 소수점 아래에서 되풀이되는 숫자의 배열이 없으므로 순환소수가 아니다.

13 0.141414…는 소수점 아래에서 숫자 14가 한없이 되풀이되므로 순환마디는 14이다.

15 0.251251251…은 소수점 아래에서 숫자 251이 한없이 되풀이되므로 순환마디는 251이다.

17 0.32222… ➡ $0.3\dot{2}$

18 2.132132132… ➡ $2.\dot{1}3\dot{2}$

21 1.366366366… ➡ $1.\dot{3}6\dot{6}$

29 $\dfrac{5}{6}=0.8333…$이고 순환마디는 3이므로 순환소수로 표현하면 $0.8\dot{3}$이다.

30 $\dfrac{2}{9}=0.222…$이고 순환마디는 2이므로 순환소수로 표현하면 $0.\dot{2}$이다.

31 $\dfrac{5}{12}=0.41666\cdots$이고 순환마디는 6이므로 순환소수로 표현하면 $0.41\dot{6}$이다.

32 $\dfrac{4}{15}=0.2666\cdots$이고 순환마디는 6이므로 순환소수로 표현하면 $0.2\dot{6}$이다.

33 $\dfrac{7}{33}=0.212121\cdots$이고 순환마디는 21이므로 순환소수로 표현하면 $0.\dot{2}\dot{1}$이다.

04 유한소수로 나타낼 수 있는 분수

01~05 풀이 참조	**06** 2, 3, 없다
07 2, 5, 있다	**08** 2, 3, 5, 없다
09 2, 5, 7, 없다	**10** 2, 5, 있다
11 $\dfrac{3}{4}$, 2, 있다	**12** $\dfrac{1}{6}$, 2, 3, 없다
13 $\dfrac{1}{4}$, 2, 있다	**14** $\dfrac{1}{12}$, 2, 3, 없다
15 $\dfrac{4}{21}$, 3, 7, 없다	**16** $\dfrac{6}{25}$, 5, 있다

17 유한	**18** 유한	**19** 무한	**20** 유한
21 유한	**22** 무한	**23** 무한	**24** 무한

01 $\dfrac{1}{4}=\dfrac{1}{2^{\boxed{2}}}=\dfrac{1\times\boxed{5^2}}{2^{\boxed{2}}\times\boxed{5^2}}=\dfrac{\boxed{25}}{10^{\boxed{2}}}=\boxed{0.25}$

02 $\dfrac{3}{20}=\dfrac{3}{2^{\boxed{2}}\times5}=\dfrac{3\times\boxed{5}}{2^{\boxed{2}}\times5\times\boxed{5}}=\dfrac{\boxed{15}}{10^{\boxed{2}}}=\boxed{0.15}$

03 $\dfrac{4}{25}=\dfrac{4}{5^{\boxed{2}}}=\dfrac{4\times\boxed{2^2}}{5^{\boxed{2}}\times\boxed{2^2}}=\dfrac{\boxed{16}}{10^{\boxed{2}}}=\boxed{0.16}$

04 $\dfrac{3}{8}=\dfrac{3}{2^{\boxed{3}}}=\dfrac{3\times\boxed{5^3}}{2^{\boxed{3}}\times\boxed{5^3}}=\dfrac{\boxed{375}}{10^{\boxed{3}}}=\boxed{0.375}$

05 $\dfrac{7}{50}=\dfrac{7}{2\times5^{\boxed{2}}}=\dfrac{7\times\boxed{2}}{2\times5^{\boxed{2}}\times\boxed{2}}=\dfrac{\boxed{14}}{10^{\boxed{2}}}=\boxed{0.14}$

06 $\dfrac{5}{6}=\dfrac{5}{2\times3}$
분모의 소인수는 2, 3이고, 유한소수로 나타낼 수 없다.

07 $\dfrac{7}{20}=\dfrac{7}{2^2\times5}$
분모의 소인수는 2, 5이고, 유한소수로 나타낼 수 있다.

08 $\dfrac{7}{60}=\dfrac{7}{2^2\times3\times5}$
분모의 소인수는 2, 3, 5이고, 유한소수로 나타낼 수 없다.

09 $\dfrac{13}{70}=\dfrac{13}{2\times5\times7}$
분모의 소인수는 2, 5, 7이고, 유한소수로 나타낼 수 없다.

10 $\dfrac{7}{200}=\dfrac{7}{2^3\times5^2}$
분모의 소인수는 2, 5이고, 유한소수로 나타낼 수 있다.

11 $\dfrac{9}{12}=\dfrac{3}{4}=\dfrac{3}{2^2}$
에서 분모의 소인수가 2뿐이므로 유한소수로 나타낼 수 있다.

12 $\dfrac{3}{18}=\dfrac{1}{6}=\dfrac{1}{2\times3}$
에서 분모의 소인수에 2나 5 이외의 3이 있으므로 유한소수로 나타낼 수 없다.

13 $\dfrac{7}{28}=\dfrac{1}{4}=\dfrac{1}{2^2}$
에서 분모의 소인수가 2뿐이므로 유한소수로 나타낼 수 있다.

14 $\dfrac{5}{60}=\dfrac{1}{12}=\dfrac{1}{2^2\times3}$
에서 분모의 소인수에 2나 5 이외의 3이 있으므로 유한소수로 나타낼 수 없다.

15 $\dfrac{12}{63}=\dfrac{4}{21}=\dfrac{4}{3\times7}$
에서 분모의 소인수에 2나 5 이외의 3, 7이 있으므로 유한소수로 나타낼 수 없다.

16 $\dfrac{18}{75}=\dfrac{6}{25}=\dfrac{6}{5^2}$
에서 분모의 소인수가 5뿐이므로 유한소수로 나타낼 수 있다.

17 $\dfrac{21}{2\times3\times5^2}=\dfrac{7}{2\times5^2}$
에서 분모의 소인수가 2나 5뿐이므로 유한소수가 된다.

18 $\dfrac{12}{2^2\times3\times5}=\dfrac{1}{5}$
에서 분모의 소인수가 5뿐이므로 유한소수가 된다.

19 $\dfrac{15}{2\times5^2\times7}=\dfrac{3}{2\times5\times7}$
에서 분모의 소인수에 2나 5 이외의 7이 있으므로 무한소수가 된다.

20 $\dfrac{63}{2^3 \times 3 \times 5 \times 7} = \dfrac{3}{2^3 \times 5}$에서 분모의 소인수가 2나 5뿐이므로 유한소수가 된다.

21 $\dfrac{6}{40} = \dfrac{3}{20} = \dfrac{3}{2^2 \times 5}$에서 분모의 소인수가 2나 5뿐이므로 유한소수가 된다.

22 $\dfrac{14}{84} = \dfrac{1}{6} = \dfrac{1}{2 \times 3}$에서 분모의 소인수에 2나 5 이외의 3이 있으므로 무한소수가 된다.

23 $\dfrac{12}{108} = \dfrac{1}{9} = \dfrac{1}{3^2}$에서 분모의 소인수에 2나 5 이외의 3이 있으므로 무한소수가 된다.

24 $\dfrac{15}{180} = \dfrac{1}{12} = \dfrac{1}{2^2 \times 3}$에서 분모의 소인수에 2나 5 이외의 3이 있으므로 무한소수가 된다.

핵심 반복

본문 14쪽

| 1 ② | 2 ③ | 3 ④ | 4 ② |
| 5 3 | 6 ② | 7 ⑤ | 8 ② |

1 ④ $\dfrac{12}{6} = 2$이므로 $\dfrac{12}{6}$는 정수이면서 유리수이다.

2 무한소수인 것은 ㄱ, ㄴ, ㄷ이므로 3개이다.

3 분수 $\dfrac{7}{55}$을 소수로 나타내면 $0.1272727\cdots$이므로 순환마디는 27이다.

4 ② $1.414141\cdots = 1.\dot{4}\dot{1}$

5 순환소수 $0.373737\cdots$의 순환마디는 37이므로 소수점 아래 홀수 번째 자리의 숫자는 3, 짝수 번째 자리의 숫자는 7이다.
따라서 소수점 아래 47($=2 \times 23 + 1$)번째 자리의 숫자는 3이다.

6 $\dfrac{3}{2 \times 5^3} = \dfrac{3 \times 2^2}{2 \times 5^3 \times 2^2} = \dfrac{12}{10^3}$이므로 분모를 10의 거듭제곱의 꼴로 고쳐서 소수로 나타내려고 할 때 분모, 분자에 공통으로 곱해야 할 가장 작은 자연수는 4이다.

7 ①, ②, ③, ④ 기약분수로 나타냈을 때 분모의 소인수에 2나 5 이외의 3이 있으므로 유한소수로 나타낼 수 없다.
⑤ 기약분수로 나타냈을 때 분모의 소인수가 2나 5뿐이므로 유한소수로 나타낼 수 있다.

8 $\dfrac{2}{3 \times 5} \times n$이 유한소수가 되려면 n은 3의 배수이어야 한다.
따라서 이를 만족하는 가장 작은 자연수는 3이다.

형성 평가

본문 15쪽

| 1 ③ | 2 ② | 3 ② | 4 ④ |
| 5 ④ | 6 ④ | 7 ③ | 8 143 |

1 $\dfrac{3}{13} = 0.\dot{2}3076\dot{9}$이므로 순환마디의 숫자의 개수가 6개이므로 서로 다른 6가지 색이 필요하다.

2 순환소수 $0.623452345\cdots$에서 순환마디는 2345이므로 4개이다.
$98 = 4 \times 24 + 2$이므로 소수점 아래 99번째 자리의 숫자는 순환마디 중 2번째 숫자와 같은 3이다.

3 $\dfrac{14}{33} = 0.\dot{4}\dot{2}$이므로 순환마디는 42이다.
$\therefore a = 2$
$100 = 2 \times 50$이므로 소수점 아래 100번째 자리의 숫자는 순환마디 중 2번째 숫자와 같은 2이다.
$\therefore b = 2$
$\therefore a + b = 2 + 2 = 4$

4 ① $\dfrac{8}{2 \times 3 \times 5^2} = \dfrac{4}{3 \times 5^2}$이므로 유한소수로 나타낼 수 없다.
② $\dfrac{48}{3 \times 5 \times 7} = \dfrac{16}{5 \times 7}$이므로 유한소수로 나타낼 수 없다.
③ $\dfrac{21}{2^2 \times 11 \times 5}$이므로 유한소수로 나타낼 수 없다.
④ $\dfrac{66}{2^3 \times 5 \times 11} = \dfrac{3}{2^2 \times 5}$이므로 유한소수로 나타낼 수 있다.
⑤ $\dfrac{12}{2 \times 3^2 \times 5} = \dfrac{2}{3 \times 5}$이므로 유한소수로 나타낼 수 없다.

5 ㄱ. $\dfrac{15}{60} = \dfrac{1}{4} = \dfrac{1}{2^2}$이므로 유한소수로 나타낼 수 있다.
ㄴ. $\dfrac{24}{36} = \dfrac{2}{3}$이므로 유한소수로 나타낼 수 없다.
ㄷ. $\dfrac{27}{72} = \dfrac{3}{8} = \dfrac{3}{2^3}$이므로 유한소수로 나타낼 수 있다.
ㄹ. $\dfrac{132}{77} = \dfrac{12}{7}$이므로 유한소수로 나타낼 수 없다.
따라서 유한소수로 나타낼 수 없는 것은 ㄴ, ㄹ이다.

6 $\dfrac{3}{2 \times 5^2 \times a}$을 기약분수로 나타냈을 때, 분모의 소인수가 2나 5뿐인 자연수 a를 차례로 써 보면 1, 2, 3, 4, 5, 6, 8, 10, $\cdots$이다.
따라서 유한소수가 되지 않도록 하는 가장 작은 자연수 a는 7이다.

7 $\dfrac{a}{336}=\dfrac{a}{2^4\times3\times7}$이므로 a가 될 수 있는 수는 21의 배수이다.

8 $\dfrac{7}{44}=\dfrac{7}{2^2\times11}$에 a를 곱하여 유한소수로 나타내려면 a는 11 의 배수이어야 한다.

$\dfrac{5}{130}=\dfrac{1}{26}=\dfrac{1}{2\times13}$에 a를 곱하여 유한소수로 나타내려면 a 는 13의 배수이어야 한다.

따라서 a의 값 중 가장 작은 자연수는 11과 13의 최소공배수 인 143이다.

본문 16쪽

05 순환소수를 분수로 나타내기(1)

01 $10,\ 10,\ 10,\ 9,\ 4,\ \dfrac{4}{9}$

02 $100,\ 100,\ 100,\ 99,\ 34,\ \dfrac{34}{99}$　　**03** $\dfrac{5}{9}$

04 $\dfrac{7}{3}$　　**05** $\dfrac{3}{11}$　　**06** $\dfrac{181}{99}$　　**07** $\dfrac{413}{999}$

08 $100,\ 10,\ 90,\ 29,\ \dfrac{29}{90}$

09 $100,\ 10,\ 90,\ 147,\ 147,\ 49$

10 $1000,\ 10,\ 990,\ 414,\ 414,\ 23$　　**11** $\dfrac{1}{6}$

12 $\dfrac{94}{45}$　　**13** $\dfrac{161}{225}$　　**14** $\dfrac{254}{495}$　　**15** $\dfrac{151}{110}$

01 $0.\dot4$를 x로 놓으면

$x=0.444\cdots$ ...... ㉠

㉠$\times\boxed{10}$을 하면

$\boxed{10}\,x=4.444\cdots$ ...... ㉡

㉡$-$㉠을 하면

$$\begin{array}{r}\boxed{10}\,x=4.444\cdots\\-)\quad x=0.444\cdots\\\hline \boxed{9}\,x=\boxed{4}\end{array}$$

$\therefore x=\boxed{\dfrac{4}{9}}$

02 $0.\dot3\dot4$를 x로 놓으면

$x=0.343434\cdots$ ...... ㉠

㉠$\times\boxed{100}$을 하면

$\boxed{100}\,x=34.343434\cdots$ ...... ㉡

㉡$-$㉠을 하면

$$\begin{array}{r}\boxed{100}\,x=34.343434\cdots\\-)\quad x=0.343434\cdots\\\hline \boxed{99}\,x=\boxed{34}\end{array}$$

$\therefore x=\boxed{\dfrac{34}{99}}$

03 $0.\dot5$를 x로 놓으면

$x=0.555\cdots$ ...... ㉠

㉠$\times10$을 하면

$10x=5.555\cdots$ ...... ㉡

㉡$-$㉠을 하면

$$\begin{array}{r}10x=5.555\cdots\\-)\quad x=0.555\cdots\\\hline 9x=5\end{array}$$

$\therefore x=\dfrac{5}{9}$

04 $2.\dot3$을 x로 놓으면

$x=2.333\cdots$ ...... ㉠

㉠$\times10$을 하면

$10x=23.333\cdots$ ...... ㉡

㉡$-$㉠을 하면

$$\begin{array}{r}10x=23.333\cdots\\-)\quad x=\ 2.333\cdots\\\hline 9x=21\end{array}$$

$\therefore x=\dfrac{21}{9}=\dfrac{7}{3}$

05 $0.\dot2\dot7$을 x로 놓으면

$x=0.272727\cdots$ ...... ㉠

㉠$\times100$을 하면

$100x=27.272727\cdots$ ...... ㉡

㉡$-$㉠을 하면

$$\begin{array}{r}100x=27.272727\cdots\\-)\quad x=\ 0.272727\cdots\\\hline 99x=27\end{array}$$

$\therefore x=\dfrac{27}{99}=\dfrac{3}{11}$

06 $1.\dot8\dot2$를 x로 놓으면

$x=1.828282\cdots$ ...... ㉠

㉠$\times100$을 하면

$100x=182.828282\cdots$ ...... ㉡

㉡$-$㉠을 하면

$$\begin{array}{r}100x=182.828282\cdots\\-)\quad x=\ \ 1.828282\cdots\\\hline 99x=181\end{array}$$

$\therefore x=\dfrac{181}{99}$

07 $0.\dot41\dot3$을 x로 놓으면

$x=0.413413413\cdots$ ...... ㉠

㉠$\times1000$을 하면

$1000x=413.413413413\cdots$ ...... ㉡

㉡$-$㉠을 하면

$$\begin{array}{r}1000x=413.413413413\cdots\\-)\quad x=\ \ \ 0.413413413\cdots\\\hline 999x=413\end{array}$$

$$\therefore x=\frac{413}{999}$$

08 $0.3\dot{2}$를 x로 놓으면
$x=0.3222\cdots$

$$\boxed{100}\,x=32.222\cdots$$
$$-)\ \boxed{10}\,x=\ 3.222\cdots$$
$$\boxed{90}\,x=\boxed{29}$$

$$\therefore x=\boxed{\dfrac{29}{90}}$$

09 $1.6\dot{3}$을 x로 놓으면
$x=1.6333\cdots$

$$\boxed{100}\,x=163.333\cdots$$
$$-)\ \boxed{10}\,x=\ 16.333\cdots$$
$$\boxed{90}\,x=\boxed{147}$$

$$\therefore x=\boxed{\dfrac{147}{90}}=\boxed{\dfrac{49}{30}}$$

10 $0.4\dot{1}\dot{8}$을 x로 놓으면
$x=0.4181818\cdots$

$$\boxed{1000}\,x=418.181818\cdots$$
$$-)\ \boxed{10}\,x=\ 4.181818\cdots$$
$$\boxed{990}\,x=\boxed{414}$$

$$\therefore x=\boxed{\dfrac{414}{990}}=\boxed{\dfrac{23}{55}}$$

11 $0.1\dot{6}$을 x로 놓으면
$x=0.1666\cdots$

$$100x=16.666\cdots$$
$$-)\ 10x=\ 1.666\cdots$$
$$90x=15$$

$$\therefore x=\frac{15}{90}=\frac{1}{6}$$

12 $2.0\dot{8}$을 x로 놓으면
$x=2.0888\cdots$

$$100x=208.888\cdots$$
$$-)\ 10x=\ 20.888\cdots$$
$$90x=188$$

$$\therefore x=\frac{188}{90}=\frac{94}{45}$$

13 $0.71\dot{5}$를 x로 놓으면
$x=0.71555\cdots$

$$1000x=715.555\cdots$$
$$-)\ 100x=\ 71.555\cdots$$
$$900x=644$$

$$\therefore x=\frac{644}{900}=\frac{161}{225}$$

14 $0.5\dot{1}\dot{3}$을 x로 놓으면
$x=0.51313\cdots$

$$1000x=513.1313\cdots$$
$$-)\ 10x=\ 5.1313\cdots$$
$$990x=508$$

$$\therefore x=\frac{508}{990}=\frac{254}{495}$$

15 $1.3\dot{7}\dot{2}$를 x로 놓으면
$x=1.3727272\cdots$

$$1000x=1372.727272\cdots$$
$$-)\ 10x=\ 13.727272\cdots$$
$$990x=1359$$

$$\therefore x=\frac{1359}{990}=\frac{151}{110}$$

본문 18쪽

06 순환소수를 분수로 나타내기(2)

01~03 풀이 참조	04 $\frac{8}{9}$	05 $\frac{14}{33}$
06 $\frac{31}{33}$	07 $\frac{514}{999}$	08 $\frac{11}{3}$ 09 $\frac{166}{99}$
10 $\frac{71}{33}$	11 $\frac{3248}{999}$	12~15 풀이 참조
16 $\frac{23}{30}$	17 $\frac{143}{450}$	18 $\frac{1}{12}$ 19 $\frac{17}{55}$
20 $\frac{217}{90}$	21 $\frac{1996}{495}$	22 $\frac{1403}{225}$

01
전체의 수

$$0.\dot{2}=\frac{\boxed{2}}{\boxed{9}}$$

순환마디의 숫자가 $\boxed{1}$개

02
전체의 수

$$0.\dot{3}\dot{7}=\frac{\boxed{37}}{\boxed{99}}$$

순환마디의 숫자가 $\boxed{2}$개

03
전체의 수   순환하지 않는 부분의 수

$$3.0\dot{8}=\frac{\boxed{308}-\boxed{3}}{\boxed{99}}=\boxed{\frac{305}{99}}$$

순환마디의 숫자가 $\boxed{2}$개

04 $0.\dot{8}=\dfrac{8}{9}$

05 $0.\dot{4}\dot{2}=\dfrac{42}{99}=\dfrac{14}{33}$

06 $0.\dot{9}\dot{3}=\dfrac{93}{99}=\dfrac{31}{33}$

07 $0.\dot{5}1\dot{4}=\dfrac{514}{999}$

08 $3.\dot{6}=\dfrac{36-3}{9}=\dfrac{33}{9}=\dfrac{11}{3}$

09 $1.\dot{6}\dot{7}=\dfrac{167-1}{99}=\dfrac{166}{99}$

10 $2.\dot{1}\dot{5}=\dfrac{215-2}{99}=\dfrac{213}{99}=\dfrac{71}{33}$

11 $3.\dot{2}5\dot{1}=\dfrac{3251-3}{999}=\dfrac{3248}{999}$

12

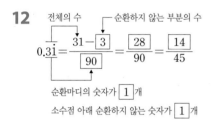

전체의 수 ── 순환하지 않는 부분의 수

$0.3\dot{1}=\dfrac{31-\boxed{3}}{\boxed{90}}=\dfrac{\boxed{28}}{90}=\dfrac{\boxed{14}}{45}$

순환마디의 숫자가 $\boxed{1}$개

소수점 아래 순환하지 않는 숫자가 $\boxed{1}$개

13

전체의 수 ── 순환하지 않는 부분의 수

$0.14\dot{6}=\dfrac{146-\boxed{14}}{\boxed{900}}=\dfrac{\boxed{132}}{900}=\dfrac{\boxed{11}}{75}$

순환마디의 숫자가 $\boxed{1}$개

소수점 아래 순환하지 않는 숫자가 $\boxed{2}$개

14

전체의 수 ── 순환하지 않는 부분의 수

$2.0\dot{3}\dot{5}=\dfrac{2035-\boxed{20}}{\boxed{990}}=\dfrac{\boxed{2015}}{990}=\dfrac{\boxed{403}}{198}$

순환마디의 숫자가 $\boxed{2}$개

소수점 아래 순환하지 않는 숫자가 $\boxed{1}$개

15

전체의 수 ── 순환하지 않는 부분의 수

$1.4\dot{0}\dot{2}=\dfrac{1402-\boxed{14}}{\boxed{990}}=\dfrac{\boxed{1388}}{990}=\dfrac{\boxed{694}}{495}$

순환마디의 숫자가 $\boxed{2}$개

소수점 아래 순환하지 않는 숫자가 $\boxed{1}$개

16 $0.7\dot{6}=\dfrac{76-7}{90}=\dfrac{69}{90}=\dfrac{23}{30}$

17 $0.31\dot{7}=\dfrac{317-31}{900}=\dfrac{286}{900}=\dfrac{143}{450}$

18 $0.08\dot{3}=\dfrac{83-8}{900}=\dfrac{75}{900}=\dfrac{1}{12}$

19 $0.30\dot{9}=\dfrac{309-3}{990}=\dfrac{306}{990}=\dfrac{17}{55}$

20 $2.4\dot{1}=\dfrac{241-24}{90}=\dfrac{217}{90}$

21 $4.0\dot{3}\dot{2}=\dfrac{4032-40}{990}=\dfrac{3992}{990}=\dfrac{1996}{495}$

22 $6.23\dot{5}=\dfrac{6235-623}{900}=\dfrac{5612}{900}=\dfrac{1403}{225}$

본문 20쪽

07 순환소수의 대소 관계와 사칙연산

01 $0.4444\cdots$, $<$ **02** $0.666\cdots$, $0.6060\cdots$, $>$
03 $>$ **04** $>$ **05** $<$ **06** $>$
07 $<$ **08** $2,\ 5,\ 7$ **09** $17,\ 12,\ \dfrac{5}{9}$
10 $\dfrac{13}{9}$ **11** $\dfrac{5}{3}$ **12** $\dfrac{19}{33}$ **13** $\dfrac{17}{18}$

03 $2.5\dot{6}=2.5666\cdots$
$2.\dot{5}=2.555\cdots$
$6>5$이므로 $2.5\dot{6}>2.\dot{5}$

04 $0.0\dot{8}=0.0888\cdots$
$0.08\dot{1}=0.0818181\cdots$
$8>1$이므로 $0.0\dot{8}>0.08\dot{1}$

05 $1.\dot{2}\dot{3}=1.232323\cdots$
$1.\dot{3}\dot{2}=1.323232\cdots$
$2<3$이므로 $1.\dot{2}\dot{3}<1.\dot{3}\dot{2}$

06 $2.3\dot{5}\dot{7}=2.35777\cdots$
$2.\dot{3}5\dot{7}=2.357357\cdots$
$7>3$이므로 $2.3\dot{5}\dot{7}>2.\dot{3}5\dot{7}$

07 $1.\dot{2}5\dot{8}=1.258258\cdots$
$1.2\dot{5}\dot{8}=1.25858\cdots$
$2<5$이므로 $1.\dot{2}5\dot{8}<1.2\dot{5}\dot{8}$

08 $0.\dot{2}+0.\dot{5}=\dfrac{\boxed{2}}{9}+\dfrac{\boxed{5}}{9}=\dfrac{\boxed{7}}{9}$

09 $1.\dot{8}-1.\dot{3}=\dfrac{18-1}{9}-\dfrac{13-1}{9}$
$=\dfrac{\boxed{17}}{9}-\dfrac{\boxed{12}}{9}=\dfrac{\boxed{5}}{9}$

10 $0.\dot{5}+0.\dot{8}=\dfrac{5}{9}+\dfrac{8}{9}=\dfrac{13}{9}$

11 $2.\dot{4}-0.\dot{7}=\dfrac{22}{9}-\dfrac{7}{9}=\dfrac{15}{9}=\dfrac{5}{3}$

12 $0.\dot{7}\dot{3}-0.\dot{1}\dot{6}=\dfrac{73}{99}-\dfrac{16}{99}=\dfrac{57}{99}=\dfrac{19}{33}$

13 $1.1\dot{6}-0.\dot{2}=\dfrac{116-11}{90}-\dfrac{2}{9}=\dfrac{105}{90}-\dfrac{2}{9}$
$=\dfrac{105-20}{90}=\dfrac{85}{90}=\dfrac{17}{18}$

08 유리수와 소수의 관계

01 ○	**02** ×	**03** ○	**04** ○
05 ○	**06** ×	**07** ○	**08** ×
09 ○	**10** ×	**11** ×	**12** ○
13 ×	**14** ×	**15** ○	

01 모든 정수는 유리수이다.

02 $\pi=3.141592\cdots$는 순환하지 않는 무한소수이므로 유리수가 아니다.

03 모든 순환소수는 유리수이다.

04 $\dfrac{(정수)}{(0이\ 아닌\ 정수)}$의 꼴로 나타낼 수 있는 수는 모두 유리수이다.

05 모든 순환소수는 유리수이다.

06 순환하지 않는 무한소수이므로 유리수가 아니다.

07 $\dfrac{(정수)}{(0이\ 아닌\ 정수)}$의 꼴로 나타낼 수 있는 수는 모두 유리수이다.

08 순환하지 않는 무한소수이므로 유리수가 아니다.

10 모든 유한소수는 유리수이다.

11 순환하지 않는 무한소수는 분수로 나타낼 수 없다.

12 순환하지 않는 무한소수는 분모, 분자가 정수인 분수(단, (분모)≠0)로 나타낼 수 없으므로 유리수가 아니다.

13 정수가 아닌 유리수는 유한소수 또는 순환소수로 나타내어진다.

14 무한소수 중 순환하지 않는 무한소수는 유리수가 아니다.

15 모든 순환소수는 분모, 분자가 정수인 분수(단, (분모)≠0)로 나타낼 수 있으므로 유리수이다.

핵심 반복

1 ⑤	**2** ④	**3** ⑤	**4** ②
5 ①	**6** ④	**7** ③	**8** ④

1 $0.5\dot{4}$를 x로 놓으면
$x=0.5444\cdots$

$\begin{array}{r} \boxed{100}\,x=54.444\cdots \\ -\ )\ \ \boxed{10}\,x=\ 5.444\cdots \\ \hline \boxed{90}\,x=\boxed{49} \end{array}$

$\therefore\ x=\dfrac{\boxed{49}}{90}$

⑤ (마) $\dfrac{49}{90}$

2 $100x=316.\dot{6},\ 10x=31.\dot{6}$이므로
$100x-10x=285$
따라서 소수점 아래 숫자들을 정리하기 위해 필요한 식은
④ $100x-10x$이다.

3 ① $0.\dot{4}=\dfrac{4}{9}$ ② $0.\dot{4}\dot{3}=\dfrac{43}{99}$

③ $0.7\dot{2}=\dfrac{72-7}{90}$ ④ $2.\dot{4}\dot{9}=\dfrac{249-2}{99}$

4 ① $0.3\dot{1}=\dfrac{31-3}{90}=\dfrac{28}{90}=\dfrac{14}{45}$

② $0.6\dot{5}=\dfrac{65-6}{90}=\dfrac{59}{90}$

③ $0.2\dot{4}\dot{6}=\dfrac{246-2}{990}=\dfrac{244}{990}=\dfrac{122}{495}$

④ $4.3\dot{2}\dot{8}=\dfrac{4328-43}{990}=\dfrac{4285}{990}=\dfrac{857}{198}$

⑤ $2.4\dot{1}5\dot{7}=\dfrac{24157-24}{9990}=\dfrac{24133}{9990}$

따라서 옳지 않은 것은 ②이다.

8 EBS 한 장 수학 2 (상)

5 $1.\dot{3}=\dfrac{13-1}{9}=\dfrac{12}{9}=\dfrac{4}{3}$

따라서 $a=3$, $b=4$이므로 $a+b=7$

6 $0.8\dot{3}=\dfrac{83-8}{90}=\dfrac{75}{90}=\dfrac{5}{6}$이므로 역수는 $\dfrac{6}{5}$이다.

7 $0.\dot{7}+0.\dot{4}=\dfrac{7}{9}+\dfrac{4}{9}=\dfrac{11}{9}=1.\dot{2}$

8   ④ $0.12131415\cdots$는 순환하지 않는 무한소수이므로 유리수가 아니다.

형성 평가   본문 23쪽

1 ⑤	**2** ⑤	**3** 15	**4** ②
5 ③	**6** $\dfrac{11}{2}$	**7** ③	**8** $1.0\dot{4}$

1 $7.5\dot{1}\dot{3}$을 x로 놓으면

$x=7.513513513\cdots$ $\cdots\cdots$ ㉠

㉠ $\times$ $\boxed{1000}$ 을 하면

$\boxed{1000}\,x=7513.513513\cdots$ $\cdots\cdots$ ㉡

㉡$-$㉠을 하면

$$\begin{array}{r} 1000\,x=7513.513513\cdots \\ -)\qquad x=\quad 7.513513\cdots \\ \hline \boxed{999}\,x=\boxed{7506}\qquad\quad \end{array}$$

$\therefore x=\dfrac{7506}{999}=\boxed{\dfrac{278}{37}}$

⑤ (마) $\dfrac{278}{37}$

2   ⑤ $x=1.3\dot{8}6\dot{2}$일 때

$$\begin{array}{r} 10000x=13862.862\cdots \\ -)\qquad 10x=\quad 13.862\cdots \\ \hline 10000x-10x=13849\quad\quad \end{array}$$

3 $0.\dot{x}=\dfrac{x}{9}$, $\dfrac{2}{3}=\dfrac{6}{9}$이므로 $\dfrac{x}{9}<\dfrac{6}{9}$

x의 값 중 자연수는 1, 2, 3, 4, 5이므로 그 합은

$1+2+3+4+5=15$

4 $0.2\dot{3}=\dfrac{23-2}{90}=\dfrac{21}{90}=\dfrac{7}{30}=\dfrac{7}{a}$

에서 $a=30$

$2.\dot{4}\dot{5}=\dfrac{245-2}{99}=\dfrac{243}{99}=\dfrac{27}{11}=\dfrac{b}{11}$

에서 $b=27$

$\therefore a-b=30-27=3$

---

5 $4.6\dot{3}=\dfrac{463-46}{90}=\dfrac{417}{90}=\dfrac{139}{30}$

따라서 a의 값은 30의 배수이어야 하므로 a의 값이 될 수 있는 것은 ③ 30이다.

6 $0.\dot{4}\dot{2}=\dfrac{42}{99}=\dfrac{14}{33}$, $2.\dot{3}=\dfrac{23-2}{9}=\dfrac{21}{9}=\dfrac{7}{3}$이므로

$0.\dot{4}\dot{2}\times a=2.\dot{3}$에서

$\dfrac{14}{33}\,a=\dfrac{7}{3}$

$\therefore a=\dfrac{7}{3}\times\dfrac{33}{14}=\dfrac{11}{2}$

7   ㄱ. 순환하지 않는 무한소수는 유리수가 아니다.

ㄹ. 정수가 아닌 유리수는 유한소수 또는 순환소수로 나타낼 수 있다.

따라서 옳은 것은 ㄴ, ㄷ이다.

8 $0.4\dot{2}=\dfrac{42-4}{90}=\dfrac{38}{90}=\dfrac{19}{45}$

에서 준수는 분모를 올바르게 보았으므로 처음의 기약분수의 분모는 45이다.

$0.\dot{4}\dot{7}=\dfrac{47}{99}$

에서 민정이는 분자를 올바르게 보았으므로 처음의 기약분수의 분자는 47이다.

따라서 처음의 기약분수는 $\dfrac{47}{45}$이고 순환소수로 나타내면 $1.0\dot{4}$이다.

---

09   지수법칙(1), (2)   본문 24쪽

01 6, 10	**02** 5, 8	**03** a^9	**04** b^9
05 5^{13}	**06** x^{15}	**07** $7^9\times2^7$	**08** a^7b^{10}
09 3, 15	**10** 8, 13	**11** a^{12}	**12** x^{24}
13 b^{35}	**14** a^{12}	**15** 3^{27}	**16** x^{33}

01 $3^4\times3^6=3^{4+\boxed{6}}=3^{\boxed{10}}$

02 $x^3\times x^5=x^{3+\boxed{5}}=x^{\boxed{8}}$

03 $a^6\times a^3=a^{6+3}=a^9$

04 $b^2\times b^7=b^{2+7}=b^9$

05 $5^4\times5^7\times5^2=5^{4+7}\times5^2=5^{4+7+2}=5^{13}$

06 $x\times x^5\times x^9=x^{1+5}\times x^9=x^{1+5+9}=x^{15}$

---

07 $7^3 \times 2^5 \times 7^6 \times 2^2 = 7^3 \times 7^6 \times 2^5 \times 2^2$
$= 7^{3+6} \times 2^{5+2} = 7^9 \times 2^7$

08 $a^5 \times a^2 \times b^4 \times b^6 = a^{5+2} \times b^{4+6} = a^7 b^{10}$

09 $(2^5)^3 = 2^{5 \times \boxed{3}} = 2^{\boxed{15}}$

10 $(a^2)^4 \times a^5 = a^{\boxed{8}} \times a^5 = a^{8+5} = a^{\boxed{13}}$

11 $(a^3)^4 = a^{3 \times 4} = a^{12}$

12 $(x^4)^6 = x^{4 \times 6} = x^{24}$

13 $(b^5)^7 = b^{5 \times 7} = b^{35}$

14 $(a^3)^2 \times a^6 = a^6 \times a^6 = a^{6+6} = a^{12}$

15 $(3^2)^6 \times (3^3)^5 = 3^{12} \times 3^{15} = 3^{12+15} = 3^{27}$

16 $(x^4)^3 \times (x^3)^7 = x^{12} \times x^{21} = x^{12+21} = x^{33}$

08 $a^3 \div a^9 = \dfrac{1}{a^{9-3}} = \dfrac{1}{a^6}$

09 $3^8 \div 3^2 \div 3^2 = 3^{\boxed{6}} \div 3^2 = \boxed{3^4}$

10 $a^8 \div a^5 \div a^7 = a^{\boxed{3}} \div a^7 = \dfrac{1}{a^{7-3}} = \dfrac{1}{a^{\boxed{4}}}$

11 $a^9 \div a^4 \div a = a^5 \div a = a^4$

12 $a^{11} \div a^5 \div a^3 = a^6 \div a^3 = a^3$

13 $7^{10} \div 7^6 \div 7^4 = 7^{10-6} \div 7^4 = 7^4 \div 7^4 = 1$

14 $x^{12} \div x^7 \div x^5 = x^5 \div x^5 = 1$

15 $x^6 \div x^4 \div x^7 = x^2 \div x^7 = \dfrac{1}{x^5}$

16 $a^{11} \div a^8 \div a^6 = a^3 \div a^6 = \dfrac{1}{a^3}$

10 지수법칙 (3)

01 7, 3	**02** 1	**03** 4, 7	**04** 3^6
05 a^4	**06** 1	**07** $\dfrac{1}{5^8}$	**08** $\dfrac{1}{a^6}$
09 6, 3^4	**10** 3, 4	**11** a^4	**12** a^3
13 1	**14** 1	**15** $\dfrac{1}{x^5}$	**16** $\dfrac{1}{a^3}$

01 $x^7 \div x^4 = x^{\boxed{7}-4} = x^{\boxed{3}}$

02 $4^5 \div 4^5 = \dfrac{4^5}{4^5} = \boxed{1}$

03 $x^4 \div x^{11} = \dfrac{1}{x^{11-\boxed{4}}} = \dfrac{1}{x^{\boxed{7}}}$

04 $3^8 \div 3^2 = 3^{8-2} = 3^6$

05 $a^5 \div a = a^{5-1} = a^4$

06 $a^5 \div a^5 = 1$

07 $5^2 \div 5^{10} = \dfrac{1}{5^{10-2}} = \dfrac{1}{5^8}$

11 지수법칙 (4)

01 2, 2, 16, 10	**02** 3, 3, -27, 9		
03 $x^3 y^3$	**04** $64a^6$	**05** $a^{15}b^5$	**06** $x^{10}y^6$
07 $-a^7$	**08** $-32x^{20}$	**09** 3, 3, 3, 8	
10 4, 4, 8, 81		**11** $\dfrac{x^3}{y^6}$	**12** $\dfrac{a^8}{b^4}$
13 $\dfrac{x^8}{y^{12}}$	**14** $\dfrac{a^8}{81}$	**15** $\dfrac{x^{24}}{64}$	**16** $-\dfrac{x^{15}}{125}$

01 $(4x^5)^2 = 4^{\boxed{2}} x^{5 \times \boxed{2}} = 4^2 x^{10} = \boxed{16} x^{\boxed{10}}$

02 $(-3x^3)^3 = (-3)^{\boxed{3}} x^{3 \times \boxed{3}} = (-3)^3 x^9 = \boxed{-27} x^{\boxed{9}}$

03 $(xy)^3 = x^3 y^3$

04 $(4a^2)^3 = 4^3 \times a^{2 \times 3} = 64a^6$

05 $(a^3 b)^5 = a^{3 \times 5} b^5 = a^{15} b^5$

06 $(x^5 y^3)^2 = x^{5 \times 2} y^{3 \times 2} = x^{10} y^6$

07 $(-a)^7 = (-1)^7 \times a^7 = -a^7$

08 $(-2x^4)^5 = (-2)^5 \times x^{4 \times 5} = -32x^{20}$

09 $\left(\dfrac{a}{2}\right)^3 = \dfrac{a^{\boxed{3}}}{2^{\boxed{3}}} = \dfrac{a^{\boxed{3}}}{\boxed{8}}$

10 $\left(-\dfrac{a^2}{3}\right)^4 = \dfrac{a^{2\times\boxed{4}}}{(-3)^{\boxed{4}}} = \dfrac{a^{\boxed{8}}}{\boxed{81}}$

11 $\left(\dfrac{x}{y^2}\right)^3 = \dfrac{x^3}{y^{2\times3}} = \dfrac{x^3}{y^6}$

12 $\left(\dfrac{a^4}{b^2}\right)^2 = \dfrac{a^{4\times2}}{b^{2\times2}} = \dfrac{a^8}{b^4}$

13 $\left(\dfrac{x^2}{y^3}\right)^4 = \dfrac{x^{2\times4}}{y^{3\times4}} = \dfrac{x^8}{y^{12}}$

14 $\left(\dfrac{a^2}{3}\right)^4 = \dfrac{a^{2\times4}}{3^4} = \dfrac{a^8}{81}$

15 $\left(-\dfrac{x^4}{2}\right)^6 = \dfrac{x^{4\times6}}{(-2)^6} = \dfrac{x^{24}}{64}$

16 $\left(-\dfrac{x^5}{5}\right)^3 = \dfrac{x^{5\times3}}{(-5)^3} = -\dfrac{x^{15}}{125}$

본문 *27쪽*

12 단항식의 곱셈

01 3, 2, 5 **02** $\dfrac{5}{3}$, 2, 10, 3   **03** $21xy$

04 $16xy$ **05** $-18a^5$ **06** $-4x^4y$ **07** $7a^4b^2$

08 $3x^5y^5$ **09** $32a^3b$ **10** $45x^7y$ **11** $48a^4b^2$

12 $8x^7y^9$ **13** $27a^8b^5$ **14** $-8x^{10}y^{14}$ **15** $64a^4b^6$

16 $-4x^{10}y^{11}$

01 $2x^3 \times 3x^2 = 2 \times \boxed{3} \times x^3 \times x^{\boxed{2}} = 6x^{\boxed{5}}$

02 $6x \times \dfrac{5}{3}x^2y = 6 \times \boxed{\dfrac{5}{3}} \times x \times x^{\boxed{2}} \times y$
$\qquad = \boxed{10}\,x^{\boxed{3}}y$

03 $3x \times 7y = 3 \times 7 \times x \times y$
$\qquad = 21xy$

04 $(-2x) \times (-8y) = (-2) \times (-8) \times x \times y$
$\qquad\qquad\qquad = 16xy$

05 $3a^2 \times (-6a^3) = 3 \times (-6) \times a^2 \times a^3$
$\qquad\qquad\qquad = -18a^5$

06 $\left(-\dfrac{1}{3}xy\right) \times 12x^3 = \left(-\dfrac{1}{3}\right) \times 12 \times x \times y \times x^3$
$\qquad\qquad\qquad\quad = -4x^4y$

07 $14b \times \dfrac{1}{2}a^4b = 14 \times \dfrac{1}{2} \times b \times a^4 \times b$
$\qquad\qquad\quad = 7a^4b^2$

08 $\left(-\dfrac{1}{5}x^3y\right) \times (-15x^2y^4)$
$\quad = \left(-\dfrac{1}{5}\right) \times (-15) \times x^3 \times y \times x^2 \times y^4$
$\quad = 3x^5y^5$

09 $(2a)^3 \times 4b = 2^3 \times a^3 \times 4b$
$\qquad\qquad = 8 \times 4 \times a^3 \times b$
$\qquad\qquad = 32a^3b$

10 $(3x^3)^2 \times 5xy = 3^2 \times x^6 \times 5xy$
$\qquad\qquad\quad = 9 \times 5 \times x^6 \times x \times y$
$\qquad\qquad\quad = 45x^7y$

11 $3a^2 \times (-4ab)^2 = 3a^2 \times (-4)^2 \times a^2 \times b^2$
$\qquad\qquad\qquad = 3 \times 16 \times a^2 \times a^2 \times b^2$
$\qquad\qquad\qquad = 48a^4b^2$

12 $x^4y^3 \times (2xy^2)^3 = x^4y^3 \times 2^3 \times x^3 \times y^6$
$\qquad\qquad\qquad = 8 \times x^4 \times y^3 \times x^3 \times y^6$
$\qquad\qquad\qquad = 8x^7y^9$

13 $(ab)^2 \times (3a^2b)^3 = a^2 \times b^2 \times 3^3 \times a^6 \times b^3$
$\qquad\qquad\qquad = 27 \times a^2 \times b^2 \times a^6 \times b^3$
$\qquad\qquad\qquad = 27a^8b^5$

14 $(-2x^2y^4)^3 \times (x^2y)^2 = (-2)^3 \times x^6 \times y^{12} \times x^4 \times y^2$
$\qquad\qquad\qquad\qquad = -8 \times x^6 \times x^4 \times y^{12} \times y^2$
$\qquad\qquad\qquad\qquad = -8x^{10}y^{14}$

15 $\left(\dfrac{4}{3}ab^3\right)^2 \times (-6a)^2 = \left(\dfrac{4}{3}\right)^2 \times a^2 \times b^6 \times (-6)^2 \times a^2$
$\qquad\qquad\qquad\qquad = \dfrac{16}{9} \times 36 \times a^2 \times a^2 \times b^6$
$\qquad\qquad\qquad\qquad = 64a^4b^6$

16 $(-4x^2y)^3 \times \left(\dfrac{1}{2}xy^2\right)^4 = (-4)^3 \times x^6 \times y^3 \times \dfrac{1}{2^4} \times x^4 \times y^8$
$\qquad\qquad\qquad\qquad\quad = -64 \times \dfrac{1}{16} \times x^6 \times x^4 \times y^3 \times y^8$
$\qquad\qquad\qquad\qquad\quad = -4x^{10}y^{11}$

13 단항식의 나눗셈

01 $3a$, a, 6, 3 02 x^2, 2, x^2, $20x^4$

03 $8x^3$ 04 $5a$ 05 $6x^3y^2$ 06 $-7b^2$

07 $12a^2b$ 08 $-6a^3b^2$ 09 $2a^2$ 10 $\dfrac{16x^4}{y^8}$

11 $\dfrac{a^4}{4}$ 12 $54x^4y^2$ 13 $\dfrac{3a^6}{b^3}$ 14 $\dfrac{x^9y^{11}}{2}$

15 $-\dfrac{a^2}{2}$ 16 $\dfrac{4y^6}{x^5}$

01 $18a^4 \div 3a = \dfrac{18a^4}{\boxed{3a}} = \dfrac{18}{3} \times \dfrac{a^4}{\boxed{a}} = \boxed{6}\,a^{\boxed{3}}$

02 $10x^6 \div \dfrac{1}{2}x^2 = 10x^6 \times \dfrac{2}{\boxed{x^2}} = 10 \times \boxed{2} \times x^6 \times \dfrac{1}{\boxed{x^2}} = \boxed{20x^4}$

03 $24x^7 \div 3x^4 = \dfrac{24x^7}{3x^4} = 8x^3$

04 $20ab \div 4b = \dfrac{20ab}{4b} = 5a$

05 $12x^4y^3 \div 2xy = \dfrac{12x^4y^3}{2xy} = 6x^3y^2$

06 $21ab^4 \div (-3ab^2) = -\dfrac{21ab^4}{3ab^2} = -7b^2$

07 $8a^3b \div \dfrac{2}{3}a = 8a^3b \times \dfrac{3}{2a} = 12a^2b$

08 $9a^6b^4 \div \left(-\dfrac{3}{2}a^3b^2\right) = 9a^6b^4 \times \left(-\dfrac{2}{3a^3b^2}\right)$
$\qquad = -6a^3b^2$

09 $8a^4b^2 \div (2ab)^2 = 8a^4b^2 \times \dfrac{1}{4a^2b^2} = 2a^2$

10 $(-4x^4)^2 \div (xy^2)^4 = 16x^8 \times \dfrac{1}{x^4y^8} = \dfrac{16x^4}{y^8}$

11 $(-a^3b)^2 \div (2ab)^2 = a^6b^2 \times \dfrac{1}{4a^2b^2} = \dfrac{a^4}{4}$

12 $6x^{10}y^2 \div \left(-\dfrac{1}{3}x^3\right)^2 = 6x^{10}y^2 \div \dfrac{1}{9}x^6$
$\qquad = 6x^{10}y^2 \times \dfrac{9}{x^6}$
$\qquad = 54x^4y^2$

13 $12a^4b^3 \div \left(\dfrac{-2b^3}{a}\right)^2 = 12a^4b^3 \div \dfrac{4b^6}{a^2}$
$\qquad = 12a^4b^3 \times \dfrac{a^2}{4b^6}$
$\qquad = \dfrac{3a^6}{b^3}$

14 $(2x^3y^4)^2 \div \left(\dfrac{2}{xy}\right)^3 = 4x^6y^8 \div \dfrac{8}{x^3y^3}$
$\qquad = 4x^6y^8 \times \dfrac{x^3y^3}{8}$
$\qquad = \dfrac{x^9y^{11}}{2}$

15 $12a^9 \div 3a^4 \div (-2a)^3 = 12a^9 \div 3a^4 \div (-8a^3)$
$\qquad = 12a^9 \times \dfrac{1}{3a^4} \times \left(-\dfrac{1}{8a^3}\right)$
$\qquad = -\dfrac{a^2}{2}$

16 $40x^2y^9 \div 2x^3y^3 \div 5x^4 = 40x^2y^9 \times \dfrac{1}{2x^3y^3} \times \dfrac{1}{5x^4}$
$\qquad = \dfrac{4y^6}{x^5}$

14 단항식의 곱셈과 나눗셈의 혼합 계산

01 $8x^2$, x^2 02 $3ab^3$, $-8a^2b^2$ 03 $9x^3$

04 $3x^3$ 05 $-10x^3$ 06 $4a^3b^4$ 07 $18xy^2$

08 $-\dfrac{a^4b^3}{6}$ 09 $-32a^4b^2$ 10 $12ab^2$ 11 $\dfrac{5y^4}{x^2}$

12 -18 13 $10ab$ 14 $-\dfrac{12b^5}{a}$ 15 $3x^8y^5$

16 $18x^3y^2$

01 $4x^3 \times 2x \div 8x^2 = 4x^3 \times 2x \times \dfrac{1}{\boxed{8x^2}} = \boxed{x^2}$

02 $12ab^4 \div 3ab^3 \times (-2a^2b) = 12ab^4 \times \dfrac{1}{\boxed{3ab^3}} \times (-2a^2b)$
$\qquad = \boxed{-8a^2b^2}$

03 $3x^4 \times 6x \div 2x^2 = 18x^5 \div 2x^2 = \dfrac{18x^5}{2x^2} = 9x^3$

04 $6x^4 \times 4x^2 \div 8x^3 = 24x^6 \div 8x^3 = \dfrac{24x^6}{8x^3} = 3x^3$

05 $-8x^4 \div 4x^2 \times 5x = -\dfrac{8x^4}{4x^2} \times 5x$

$\qquad\qquad\qquad = -2x^2 \times 5x$

$\qquad\qquad\qquad = -10x^3$

06 $12a^2b^4 \div 3ab \times a^2b = \dfrac{12a^2b^4}{3ab} \times a^2b$

$\qquad\qquad\qquad\quad = 4ab^3 \times a^2b$

$\qquad\qquad\qquad\quad = 4a^3b^4$

07 $30x^2y \div 5x^4 \times 3x^3y = \dfrac{30x^2y}{5x^4} \times 3x^3y$

$\qquad\qquad\qquad\quad = \dfrac{6y}{x^2} \times 3x^3y$

$\qquad\qquad\qquad\quad = 18xy^2$

08 $ab^5 \div (-2b^2) \times \dfrac{1}{3}a^3 = ab^5 \times \dfrac{1}{(-2b^2)} \times \dfrac{1}{3}a^3$

$\qquad\qquad\qquad\qquad = \dfrac{a^4b^5}{-6b^2} = -\dfrac{a^4b^3}{6}$

09 $12a^2b \times (-2ab)^3 \div 3ab^2 = 12a^2b \times (-8a^3b^3) \div 3ab^2$

$\qquad\qquad\qquad\qquad\quad = -96a^5b^4 \div 3ab^2$

$\qquad\qquad\qquad\qquad\quad = -\dfrac{96a^5b^4}{3ab^2} = -32a^4b^2$

10 $8a^3 \times 6b^2 \div (-2a)^2 = 48a^3b^2 \div 4a^2$

$\qquad\qquad\qquad\qquad = \dfrac{48a^3b^2}{4a^2} = 12ab^2$

11 $5xy^2 \times x^3y^5 \div (x^2y)^3 = 5x^4y^7 \div x^6y^3$

$\qquad\qquad\qquad\qquad = \dfrac{5x^4y^7}{x^6y^3} = \dfrac{5y^4}{x^2}$

12 $(-6x^4)^2 \times 4xy^3 \div (-2x^3y)^3 = 36x^8 \times 4xy^3 \div (-8x^9y^3)$

$\qquad\qquad\qquad\qquad\qquad = 144x^9y^3 \div (-8x^9y^3)$

$\qquad\qquad\qquad\qquad\qquad = -\dfrac{144x^9y^3}{8x^9y^3} = -18$

13 $15a^2b \div 6ab^2 \times (2b)^2 = \dfrac{15a^2b}{6ab^2} \times 4b^2$

$\qquad\qquad\qquad\qquad = \dfrac{5a}{2b} \times 4b^2 = 10ab$

14 $4a^3b^7 \div (-a^2b)^3 \times 3a^2b = 4a^3b^7 \div (-a^6b^3) \times 3a^2b$

$\qquad\qquad\qquad\qquad\qquad = -\dfrac{4a^3b^7}{a^6b^3} \times 3a^2b$

$\qquad\qquad\qquad\qquad\qquad = -\dfrac{4b^4}{a^3} \times 3a^2b$

$\qquad\qquad\qquad\qquad\qquad = -\dfrac{12b^5}{a}$

15 $(3x^2y)^3 \div 9y^2 \times (-xy^2)^2 = 27x^6y^3 \div 9y^2 \times x^2y^4$

$\qquad\qquad\qquad\qquad\qquad = \dfrac{27x^6y^3}{9y^2} \times x^2y^4$

$\qquad\qquad\qquad\qquad\qquad = 3x^6y \times x^2y^4$

$\qquad\qquad\qquad\qquad\qquad = 3x^8y^5$

16 $(6x^3y^5)^2 \div (2xy^2)^4 \times 8x = 36x^6y^{10} \div 16x^4y^8 \times 8x$

$\qquad\qquad\qquad\qquad\qquad = \dfrac{36x^6y^{10}}{16x^4y^8} \times 8x$

$\qquad\qquad\qquad\qquad\qquad = \dfrac{9x^2y^2}{4} \times 8x$

$\qquad\qquad\qquad\qquad\qquad = 18x^3y^2$

핵심 반복

1 ⑤	**2** ②	**3** ②	**4** ③
5 $30a^3b^4$	**6** ②	**7** ③	**8** ③

1 $(a^2)^3 \times b \times a^2 \times (b^3)^4 = a^6 \times b \times a^2 \times b^{12}$

$\qquad\qquad\qquad\qquad\quad = a^6 \times a^2 \times b \times b^{12}$

$\qquad\qquad\qquad\qquad\quad = a^{6+2} \times b^{1+12}$

$\qquad\qquad\qquad\qquad\quad = a^8b^{13}$

2 $2^3 + 2^3 + 2^3 + 2^3 = 2^3 \times 4 = 2^3 \times 2^2 = 2^5 = 2^{\square}$

$\therefore \square = 5$

3 $(x^3)^2 \div x^6 = x^6 \div x^6 = 1 = a$

$3^4 \div 3^b = \dfrac{1}{9} = \dfrac{1}{3^2} = \dfrac{1}{3^{b-4}}$

$b - 4 = 2, \ b = 6$

$\therefore a + b = 1 + 6 = 7$

4 ③ $(4a^3b^8)^2 = 4^2 a^{3 \times 2} b^{8 \times 2} = 16a^6b^{16}$

5 (삼각기둥의 부피)$= \left(\dfrac{1}{2} \times 4a \times 5b \right) \times 3a^2b^3$

$\qquad\qquad\qquad\quad = 10ab \times 3a^2b^3$

$\qquad\qquad\qquad\quad = 30a^3b^4$

6 $(6a^2b^3)^2 \div \dfrac{9}{2}a^3b^3 = 36a^4b^6 \div \dfrac{9}{2}a^3b^3$

$\qquad\qquad\qquad\qquad = 36a^4b^6 \times \dfrac{2}{9a^3b^3}$

$\qquad\qquad\qquad\qquad = 8ab^3$

$\therefore \square = 3$

7 $(-4x^2y^3)^2 \div \dfrac{12x^3}{y^3} \div \left(\dfrac{y}{3x} \right)^2 = 16x^4y^6 \div \dfrac{12x^3}{y^3} \div \dfrac{y^2}{9x^2}$

$\qquad\qquad\qquad\qquad\qquad\qquad = 16x^4y^6 \times \dfrac{y^3}{12x^3} \times \dfrac{9x^2}{y^2}$

$\qquad\qquad\qquad\qquad\qquad\qquad = 12x^3y^7$

8
$$6x^4y^6 \times (-2x^2y)^3 \div 12x^3y^4 = 6x^4y^6 \times (-8x^6y^3) \times \frac{1}{12x^3y^4}$$
$$= -4x^7y^5$$

1 ③	**2** ④	**3** ③	**4** ③
5 ⑤	**6** ④	**7** ③	**8** 18

1
① $3^{n+2} = 3^n \times 3^2 = 3^n \times 9$
    $\therefore \square = 9$
② $x^3 \div x^\square = \frac{1}{x^{\square - 3}} = \frac{1}{x^3}$
    $\square - 3 = 3$ $\therefore \square = 6$
③ $16^3 = (2^4)^3 = 2^{12} = 2^\square$
    $\therefore \square = 12$
④ $(-2a^2b^4)^3 = (-2)^3a^6b^{12} = -8a^6b^{12} = \square a^6b^{12}$
    $\therefore \square = -8$
⑤ $\left(\frac{y^2}{x}\right)^4 = \frac{y^8}{x^4} = \frac{y^\square}{x^4}$
    $\therefore \square = 8$
따라서 $\square$ 안에 들어갈 수를 바르게 짝지은 것은 ③이다.

2
$a^x \times b^3 \times a^2 \times b^6 = a^{x+2}b^9 = a^7b^y$에서
$x+2=7$, $9=y$이므로
$x=5$, $y=9$
$\therefore y-x = 9-5 = 4$

3
$a^{12} \div a^5 \div a^3 = a^{12-5} \div a^3 = a^7 \div a^3 = a^{7-3} = a^4$
① $a^{12} \div (a^5 \div a^3) = a^{12} \div a^{5-3} = a^{12} \div a^2 = a^{12-2} = a^{10}$
② $a^{12} \div a^5 \times a^3 = a^{12-5} \times a^3 = a^7 \times a^3 = a^{7+3} = a^{10}$
③ $a^{12} \div (a^5 \times a^3) = a^{12} \div a^{5+3} = a^{12} \div a^8 = a^{12-8} = a^4$
④ $a^{12} \times a^5 \div a^3 = a^{12+5} \div a^3 = a^{17} \div a^3 = a^{17-3} = a^{14}$
⑤ $a^{12} \times (a^5 \div a^3) = a^{12} \times a^{5-3} = a^{12} \times a^2 = a^{12+2} = a^{14}$

4
$720 = 2^4 \times 3^2 \times 5$이므로 $a = 4$
$(2^4 \times 3^2 \times 5)^4 = 2^{16} \times 3^8 \times 5^4 = 2^b \times 3^8 \times 5^c$에서
$b=16$, $c=4$
$\therefore a+b+c = 4+16+4 = 24$

5
① $(3a^2)^3 \times 4a^3 = 27a^6 \times 4a^3 = 108a^9$
② $4a^3b \times (-2ab^2)^3 = 4a^3b \times (-8a^3b^6) = -32a^6b^7$
③ $(-6ab^2) \div 2ab^3 = (-6ab^2) \times \frac{1}{2ab^3} = -\frac{3}{b}$
④ $(-a^4b^3) \div \left(\frac{1}{3}a^2b\right)^2 = (-a^4b^3) \div \frac{1}{9}a^4b^2$
$$= (-a^4b^3) \times \frac{9}{a^4b^2}$$
$$= -9b$$

⑤ $(-3xy)^2 \times 4xy^3 \div \frac{1}{2}x^2y = 9x^2y^2 \times 4xy^3 \div \frac{x^2y}{2}$
$$= 36x^3y^5 \times \frac{2}{x^2y}$$
$$= 72xy^4$$
따라서 계산이 옳은 것은 ⑤이다.

6
(어떤 식) $\times 6x^2y^3 = 12x^4y^3$에서
(어떤 식) $= 12x^4y^3 \div 6x^2y^3 = \frac{12x^4y^3}{6x^2y^3} = 2x^2$
따라서 바르게 계산한 식은
(어떤 식) $\div 6x^2y^3 = 2x^2 \div 6x^2y^3$
$$= \frac{2x^2}{6x^2y^3} = \frac{1}{3y^3}$$

7
$18xy^4 \times \frac{1}{\square} \times \frac{1}{3}x^3y^2 = -2x^2y^3$에서
$\frac{6x^4y^6}{\square} = -2x^2y^3$
$\therefore \square = \frac{6x^4y^6}{-2x^2y^3} = -3x^2y^3$

8
$4^6 \times 6 \times 5^{10} = (2^2)^6 \times 2 \times 3 \times 5^{10}$
$$= 2^{13} \times 3 \times 5^{10}$$
$$= 2^3 \times 3 \times 2^{10} \times 5^{10}$$
$$= 24 \times 10^{10}$$
이므로 $n=12$, $a = 2+4 = 6$
$\therefore a+n = 6+12 = 18$

🐢 15 다항식의 덧셈과 뺄셈

01 $5a-b$	**02** $5x+3y$
03 $-3x-3y$	**04** $-2a+5b$
05 $12x+9y$	**06** $-10a+8b$
07 $8x-17y$	**08** $2a+b$
09 $5x+6y$	**10** $12a-5b$
11 $-7a+9b$	**12** $-3a+3b$
13 $-9x-17y$	**14** $-5x+23y$

01
$(2a+b) + (3a-2b) = 2a+b+3a-2b$
$$= 2a+3a+b-2b$$
$$= 5a-b$$

02
$(x+2y) + (4x+y) = x+2y+4x+y$
$$= x+4x+2y+y$$
$$= 5x+3y$$

03 $(-5x+3y)+(2x-6y)=-5x+3y+2x-6y$
$=-5x+2x+3y-6y$
$=-3x-3y$

04 $(4a+b)+2(-3a+2b)=4a+b-6a+4b$
$=4a-6a+b+4b$
$=-2a+5b$

05 $3(2x-y)+6(x+2y)=6x-3y+6x+12y$
$=6x+6x-3y+12y$
$=12x+9y$

06 $2(a+6b)+4(-3a-b)=2a+12b-12a-4b$
$=2a-12a+12b-4b$
$=-10a+8b$

07 $-2(x-4y)+5(2x-5y)=-2x+8y+10x-25y$
$=-2x+10x+8y-25y$
$=8x-17y$

08 $(4a+2b)-(2a+b)=4a+2b-2a-b$
$=4a-2a+2b-b$
$=2a+b$

09 $(7x+2y)-(2x-4y)=7x+2y-2x+4y$
$=7x-2x+2y+4y$
$=5x+6y$

10 $(5a-3b)-(-7a+2b)=5a-3b+7a-2b$
$=5a+7a-3b-2b$
$=12a-5b$

11 $3(-2a+5b)-(a+6b)=-6a+15b-a-6b$
$=-6a-a+15b-6b$
$=-7a+9b$

12 $(5a-b)-2(4a-2b)=5a-b-8a+4b$
$=5a-8a-b+4b$
$=-3a+3b$

13 $3(2x-4y)-5(3x+y)=6x-12y-15x-5y$
$=6x-15x-12y-5y$
$=-9x-17y$

14 $-2(x-4y)-3(x-5y)=-2x+8y-3x+15y$
$=-2x-3x+8y+15y$
$=-5x+23y$

16 여러 가지 괄호가 있는 식의 덧셈과 뺄셈

01 $2a+4b$, 2, 4, $3a-2b$ **02** $-2x-4y$, 2, 4, $4y$
03 $-2a+10b$, $8a-8b$, $-4a+8b$
04 $-2x+3y$, $2x+y$, $-6x-3y$
05 $-12b$ **06** $-11x+5y$ **07** $-2a-4b$
08 $4x-7y$ **09** $2a-6b$ **10** $12x-7y$

05 $a-\{2a+8b-(a-4b)\}=a-(2a+8b-a+4b)$
$=a-(a+12b)$
$=a-a-12b$
$=-12b$

06 $-9x-\{5x-7y-(3x-2y)\}$
$=-9x-(5x-7y-3x+2y)$
$=-9x-(2x-5y)$
$=-9x-2x+5y$
$=-11x+5y$

07 $3a-5b-\{6a-4b-(a-3b)\}$
$=3a-5b-(6a-4b-a+3b)$
$=3a-5b-(5a-b)$
$=3a-5b-5a+b$
$=-2a-4b$

08 $2x-4y-\{7x-3y-(9x-6y)\}$
$=2x-4y-(7x-3y-9x+6y)$
$=2x-4y-(-2x+3y)$
$=2x-4y+2x-3y$
$=4x-7y$

09 $-2a-[5b-\{8a-3b-(4a-2b)\}]$
$=-2a-\{5b-(8a-3b-4a+2b)\}$
$=-2a-\{5b-(4a-b)\}$
$=-2a-(5b-4a+b)$
$=-2a-(-4a+6b)$
$=-2a+4a-6b$
$=2a-6b$

10 $5x-2y-[x+4y-\{3x-(y-5x)\}]$
$=5x-2y-\{x+4y-(3x-y+5x)\}$
$=5x-2y-\{x+4y-(8x-y)\}$
$=5x-2y-(x+4y-8x+y)$
$=5x-2y-(-7x+5y)$
$=5x-2y+7x-5y$
$=12x-7y$

17 이차식의 덧셈과 뺄셈

01 × **02** ○ **03** ○ **04** ○

05 x, x, 5, 4 **06** $5a$, $5a$, 2, 8, 5

07 $5a^2-2a-2$ **08** $7a^2-2a-3$

09 $7x^2-11x-2$ **10** $-3x^2-2x-17$

11 $2a^2+3a-9$ **12** $5x^2-7x+10$

13 $-4x^2-14x+10$ **14** $-8a^2-6a+5$

04 $x^3+4x^2-3-x^3=4x^2-3$이므로 이차식이다.

05 $(2x^2+5x-7)+(3x^2-x+2)$
$=2x^2+5x-7+3x^2-\boxed{x}+2$
$=2x^2+3x^2+5x-\boxed{x}-7+2$
$=\boxed{5}x^2+\boxed{4}x-5$

06 $(4a^2-3a-1)-(2a^2+5a-6)$
$=4a^2-3a-1-2a^2-\boxed{5a}+6$
$=4a^2-2a^2-3a-\boxed{5a}-1+6$
$=\boxed{2}a^2-\boxed{8}a+\boxed{5}$

07 $(3a^2+a-4)+(2a^2-3a+2)$
$=3a^2+a-4+2a^2-3a+2$
$=3a^2+2a^2+a-3a-4+2$
$=5a^2-2a-2$

08 $(5a^2-6a-4)+(2a^2+4a+1)$
$=5a^2-6a-4+2a^2+4a+1$
$=5a^2+2a^2-6a+4a-4+1$
$=7a^2-2a-3$

09 $(5x^2-3x+4)+2(x^2-4x-3)$
$=5x^2-3x+4+2x^2-8x-6$
$=5x^2+2x^2-3x-8x+4-6$
$=7x^2-11x-2$

10 $(6x^2-8x+4)+3(-3x^2+2x-7)$
$=6x^2-8x+4-9x^2+6x-21$
$=6x^2-9x^2-8x+6x+4-21$
$=-3x^2-2x-17$

11 $(3a^2+2a-4)-(a^2-a+5)$
$=3a^2+2a-4-a^2+a-5$
$=3a^2-a^2+2a+a-4-5$
$=2a^2+3a-9$

12 $(2x^2-5x+6)-(-3x^2+2x-4)$
$=2x^2-5x+6+3x^2-2x+4$
$=2x^2+3x^2-5x-2x+6+4$
$=5x^2-7x+10$

13 $(5x^2-2x+4)-3(3x^2+4x-2)$
$=5x^2-2x+4-9x^2-12x+6$
$=5x^2-9x^2-2x-12x+4+6$
$=-4x^2-14x+10$

14 $(-2a^2+4a+3)-2(3a^2+5a-1)$
$=-2a^2+4a+3-6a^2-10a+2$
$=-2a^2-6a^2+4a-10a+3+2$
$=-8a^2-6a+5$

18 단항식과 다항식의 곱셈

01 $2a$, 5, $6a^2$ **02** $-2x$, $-2x$, $-6x^2$

03 $-4a^2+8a$ **04** $-10x^2+5x$

05 $15a^2+12ab$ **06** $16x^2-24xy$

07 $10x^2-6xy$ **08** $-5a^2+3ab$

09 $6xy+12y$ **10** $3x^2+15x$

11 $8a^2-6a$ **12** $15a^2-10a$

13 $5ab-2b^2$ **14** $-12x^2+24xy$

15 $4ab+b^2$ **16** $-12x^2+9xy$

01 $3a(2a-5)=3a\times\boxed{2a}-3a\times\boxed{5}$
$=\boxed{6a^2}-15a$

02 $(3x-4)\times(-2x)=3x\times(\boxed{-2x})-4\times(\boxed{-2x})$
$=\boxed{-6x^2}+8x$

03 $4a(-a+2)=4a\times(-a)+4a\times2$
$=-4a^2+8a$

04 $-5x(2x-1)=-5x\times2x-5x\times(-1)$
$=-10x^2+5x$

05 $3a(5a+4b)=3a\times5a+3a\times4b$
$=15a^2+12ab$

06 $8x(2x-3y)=8x\times2x+8x\times(-3y)$
$=16x^2-24xy$

07 $\dfrac{2}{3}x(15x-9y)=\dfrac{2}{3}x\times15x+\dfrac{2}{3}x\times(-9y)$
$=10x^2-6xy$

08 $-\dfrac{1}{2}a(10a-6b)=-\dfrac{1}{2}a\times10a-\dfrac{1}{2}a\times(-6b)$
$=-5a^2+3ab$

09 $(2x+4)\times3y=2x\times3y+4\times3y$
$=6xy+12y$

10 $(x+5)\times3x=x\times3x+5\times3x$
$=3x^2+15x$

11 $(4a-3)\times2a=4a\times2a-3\times2a$
$=8a^2-6a$

12 $(-3a+2)\times(-5a)=(-3a)\times(-5a)+2\times(-5a)$
$=15a^2-10a$

13 $(-5a+2b)\times(-b)=-5a\times(-b)+2b\times(-b)$
$=5ab-2b^2$

14 $(3x-6y)\times(-4x)=3x\times(-4x)-6y\times(-4x)$
$=-12x^2+24xy$

15 $(12a+3b)\times\dfrac{1}{3}b=12a\times\dfrac{1}{3}b+3b\times\dfrac{1}{3}b$
$=4ab+b^2$

16 $(20x-15y)\times\left(-\dfrac{3}{5}x\right)$
$=20x\times\left(-\dfrac{3}{5}x\right)-15y\times\left(-\dfrac{3}{5}x\right)$
$=-12x^2+9xy$

본문 36쪽

19 다항식과 단항식의 나눗셈

01 $2x,\ 2x,\ 2x,\ 4x^2$ **02** $\dfrac{2}{a},\ \dfrac{2}{a},\ \dfrac{2}{a},\ 18a+10b$
03 $7x+3$ **04** $-4a+2$ **05** $3x-2y$ **06** $4x-y$
07 $-6a-3$ **08** $-6x+4$ **09** $10a+8b$ **10** $8x-16y$
11 $6a+15$ **12** $16x+12$ **13** $-5a^2+15a$
14 $4x-6$ **15** $-6a+12b$ **16** $-21y+9$

01 $(8x^3+12x)\div2x=\dfrac{8x^3+12x}{\boxed{2x}}$
$=\dfrac{8x^3}{\boxed{2x}}+\dfrac{12x}{\boxed{2x}}=\boxed{4x^2}+6$

02 $(9a^2+5ab)\div\dfrac{1}{2}a=(9a^2+5ab)\times\boxed{\dfrac{2}{a}}$
$=9a^2\times\boxed{\dfrac{2}{a}}+5ab\times\boxed{\dfrac{2}{a}}$
$=\boxed{18a+10b}$

03 $(14x^2+6x)\div2x=\dfrac{14x^2+6x}{2x}$
$=7x+3$

04 $(-16a^2+8a)\div4a=\dfrac{-16a^2+8a}{4a}$
$=-4a+2$

05 $(15x^2-10xy)\div5x=\dfrac{15x^2-10xy}{5x}$
$=3x-2y$

06 $(24xy-6y^2)\div6y=\dfrac{24xy-6y^2}{6y}$
$=4x-y$

07 $(30ab+15b)\div(-5b)=-\dfrac{30ab+15b}{5b}$
$=-6a-3$

08 $(18x^2-12x)\div(-3x)=-\dfrac{18x^2-12x}{3x}$
$=-6x+4$

09 $(5a^2+4ab)\div\dfrac{a}{2}=(5a^2+4ab)\times\dfrac{2}{a}$
$=10a+8b$

10 $(2x^2-4xy)\div\dfrac{x}{4}=(2x^2-4xy)\times\dfrac{4}{x}$
$=8x-16y$

11 $(8a^2+20a)\div\dfrac{4}{3}a=(8a^2+20a)\times\dfrac{3}{4a}$
$=6a+15$

12 $(12x^2+9x)\div\dfrac{3}{4}x=(12x^2+9x)\times\dfrac{4}{3x}$
$=16x+12$

13 $(2a^3-6a^2)\div\left(-\dfrac{2}{5}a\right)=(2a^3-6a^2)\times\left(-\dfrac{5}{2a}\right)$
$=-5a^2+15a$

14 $(-6xy+9y)\div\left(-\dfrac{3}{2}y\right)=(-6xy+9y)\times\left(-\dfrac{2}{3y}\right)$
$=4x-6$

15 $(15ab-30b^2)\div\left(-\dfrac{5}{2}b\right)=(15ab-30b^2)\times\left(-\dfrac{2}{5b}\right)$
$=-6a+12b$

16 $(14xy-6x)\div\left(-\dfrac{2}{3}x\right)=(14xy-6x)\times\left(-\dfrac{3}{2x}\right)$
$=-21y+9$

본문 37쪽

20 단항식과 다항식의 혼합 계산

01 $5x^2+x$ **02** $2a^2+9a$ **03** $-4a^2+11a$
04 $-x^2-26x$ **05** $-4a-2$ **06** $-3x+1$
07 $-a-1$ **08** $-\dfrac{5}{6}x$ **09** $-2a^2+9a-5$
10 $3x^2+3x$ **11** $11a+5ab$ **12** x^2y-3xy^2
13 $-\dfrac{16a^5}{b}+32a^4$ **14** $46x^3-31x^2$
15 $13a^2-9a$ **16** -2

01 $4x(x+1)+x(x-3)=4x^2+4x+x^2-3x$
$=5x^2+x$

02 $a(4a-1)+2a(5-a)=4a^2-a+10a-2a^2$
$=2a^2+9a$

03 $3a(2a+1)-2a(5a-4)=6a^2+3a-10a^2+8a$
$=-4a^2+11a$

04 $-7x(2-x)-4x(2x+3)=-14x+7x^2-8x^2-12x$
$=-x^2-26x$

05 $(4a^2-8a)\div 2a+(6a^2-2a)\div(-a)$
$=\dfrac{4a^2-8a}{2a}+\dfrac{6a^2-2a}{-a}$
$=2a-4-6a+2$
$=-4a-2$

06 $(x^2+4x)\div(-x)-(2x^2-5x)\div x$
$=-\dfrac{x^2+4x}{x}-\dfrac{2x^2-5x}{x}$
$=-x-4-2x+5$
$=-3x+1$

07 $\dfrac{-10a^2+8a}{4a}+\dfrac{3a^2-6a}{2a}=-\dfrac{5}{2}a+2+\dfrac{3}{2}a-3$
$=-a-1$

08 $\dfrac{3x^2-4x}{-6x}-\dfrac{2x^2+x^3}{3x^2}=-\dfrac{x}{2}+\dfrac{2}{3}-\dfrac{2}{3}-\dfrac{x}{3}$
$=-\dfrac{5}{6}x$

09 $-2a(a-4)+(a^2-5a)\div a$
$=-2a^2+8a+a-5$
$=-2a^2+9a-5$

10 $x(6x+2)+(15x^3-5x^2)\div(-5x)$
$=6x^2+2x-3x^2+x$
$=3x^2+3x$

11 $3a(4+b)+(2a^2b^2-a^2b)\div ab$
$=12a+3ab+2ab-a$
$=11a+5ab$

12 $-xy(-5x+y)+(12x^3y+6x^2y^2)\div(-3x)$
$=5x^2y-xy^2-4x^2y-2xy^2$
$=x^2y-3xy^2$

13 $(6a^2-12ab)\div 3b\times(-2a)^3$
$=\dfrac{6a^2-12ab}{3b}\times(-2a)^3$
$=\left(\dfrac{2a^2}{b}-4a\right)\times(-8a^3)$
$=\dfrac{2a^2}{b}\times(-8a^3)-4a\times(-8a^3)$
$=-\dfrac{16a^5}{b}+32a^4$

14 $(16x^6-8x^5)\div(-2x)^3+(3x-2)\times(4x)^2$
$=(16x^6-8x^5)\div(-8x^3)+(3x-2)\times 16x^2$
$=-2x^3+x^2+48x^3-32x^2$
$=46x^3-31x^2$

15 $-2a^2-\{5a(1-3a)+4a\}$
$=-2a^2-(5a-15a^2+4a)$
$=-2a^2-(-15a^2+9a)$
$=-2a^2+15a^2-9a$
$=13a^2-9a$

16 $-\{7x-(12x^3-8x^2)\div(-2x)^2\}+4x$
$=-\{7x-(12x^3-8x^2)\div 4x^2\}+4x$
$=-\{7x-(3x-2)\}+4x$
$=-(4x+2)+4x$
$=-2$

1
$(-6a+5b-6)-(3a-2b-8)$
$=-6a+5b-6-3a+2b+8$
$=-6a-3a+5b+2b-6+8$
$=-9a+7b+2$

2
$5y-[2x+3y-\{6x-(x-7y)\}]$
$=5y-\{2x+3y-(5x+7y)\}$
$=5y-(-3x-4y)$
$=5y+3x+4y$
$=3x+9y$
따라서 $a=3$, $b=9$이므로
$a-b=3-9=-6$

3
① x^3-3x^2은 x에 대한 삼차식이다.
② $2x+6y-3$은 x에 대한 일차식이다.
③ y^2+4xy는 x에 대한 일차식이면서 y에 대한 이차식이다.
④ $x^2+4x-x^2=4x$이므로 x에 대한 일차식이다.

4
$(4x^2+5x-1)+(3x^2-x-2)$
$=4x^2+5x-1+3x^2-x-2$
$=7x^2+4x-3$
따라서 이차항의 계수는 7, 상수항은 -3이므로 그 곱은
$7\times(-3)=-21$

5
$2ab(3a^2-4ab+7b^2)$
$=2ab\times3a^2+2ab\times(-4ab)+2ab\times7b^2$
$=6a^3b-8a^2b^2+14ab^3$

6
$(9x^3y^2+12xy)\div\dfrac{3}{4}xy=(9x^3y^2+12xy)\times\dfrac{4}{3xy}$
$\qquad=9x^3y^2\times\dfrac{4}{3xy}+12xy\times\dfrac{4}{3xy}$
$\qquad=12x^2y+16$

7
$\dfrac{6a^2-14ab}{2a}-\dfrac{18ab+27b^2-9b}{3b}$
$=3a-7b-(6a+9b-3)$
$=3a-7b-6a-9b+3$
$=-3a-16b+3$

8
$4x(x-3y)-(15x^3-21x^2y)\div3x$
$=4x^2-12xy-\dfrac{15x^3-21x^2y}{3x}$
$=4x^2-12xy-(5x^2-7xy)$
$=4x^2-12xy-5x^2+7xy$
$=-x^2-5xy$

1
$\left(\dfrac{3}{4}x-\dfrac{2}{3}y\right)-\left(\dfrac{3}{2}x-\dfrac{5}{6}y\right)=\dfrac{3}{4}x-\dfrac{2}{3}y-\dfrac{3}{2}x+\dfrac{5}{6}y$
$\qquad=\dfrac{3}{4}x-\dfrac{3}{2}x-\dfrac{2}{3}y+\dfrac{5}{6}y$
$\qquad=-\dfrac{3}{4}x+\dfrac{1}{6}y$
따라서 $a=-\dfrac{3}{4}$, $b=\dfrac{1}{6}$이므로
$b-a=\dfrac{1}{6}-\left(-\dfrac{3}{4}\right)=\dfrac{11}{12}$

2
$4x+2y-\{3x-(\boxed{})-5y\}$
$=4x+2y-(3x-\boxed{}-5y)$
$=4x+2y-3x+\boxed{}+5y$
$=x+7y+\boxed{}$
따라서 $x+7y+\boxed{}=-2x+6y$에서
$\boxed{}=-2x+6y-(x+7y)$
$\qquad=-2x-x+6y-7y$
$\qquad=-3x-y$

3
$(4x^2+2x-3)-(6x^2+bx+1)$
$=4x^2+2x-3-6x^2-bx-1$
$=-2x^2+(2-b)x-4$
$=ax^2+5x+c$
에서 $a=-2$, $b=-3$, $c=-4$이므로
$a+b-c=-2-3-(-4)=-1$

4
$\boxed{}\div\left(-\dfrac{3x}{y}\right)=2x^2y-3xy+4xy^2$에서
$\boxed{}=(2x^2y-3xy+4xy^2)\times\left(-\dfrac{3x}{y}\right)$
$\qquad=-6x^3+9x^2-12x^2y$

5
가로의 길이가 $4a$이고 넓이가 $12a^2+8a$인 직사각형의 세로의 길이는
$(12a^2+8a)\div4a=\dfrac{12a^2+8a}{4a}=3a+2$
따라서 직사각형의 둘레의 길이는
$2\{4a+(3a+2)\}=2(7a+2)=14a+4$

6
$3a(2a-1)-2a(4-5a)$
$=6a^2-3a-8a+10a^2$
$=16a^2-11a$
따라서 a^2의 계수는 16, a의 계수는 -11이므로 그 합은
$16+(-11)=5$

7

$$12x\left(\frac{1}{3}x-\frac{1}{4}\right)+(6x^2y+7xy)\div y$$
$$=4x^2-3x+\frac{6x^2y+7xy}{y}$$
$$=4x^2-3x+6x^2+7x$$
$$=10x^2+4x$$

따라서 $A=10$, $B=4$이므로

$$A+B=10+4=14$$

8 그림과 같이 도형을 세 부분으로 나누면 넓이는

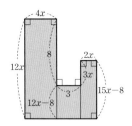

$$4x\times12x+3\times(12x-8)+2x\times(15x-8)$$
$$=48x^2+36x-24+30x^2-16x$$
$$=78x^2+20x-24$$

 **쉬운 서술형**

본문 40쪽

1 (1) $0.\dot{1}\dot{2}$ (2) 2개 (3) 2

2 (1) $2^2\times5\times7$ (2) 7 (3) 14

3 (1) $48a^5b^5$ (2) $6ab^3h$ (3) $8a^4b^2$

4 (1) $3x^2+7x-5$ (2) $4x^2+10x-7$

1 (1) $\dfrac{4}{33}=0.121212\cdots=0.\dot{1}\dot{2}$ ...... (가)

(2) 순환마디는 12이므로 순환마디의 숫자의 개수는 2개이다.
...... (나)

(3) $50=2\times25$이므로 소수점 아래 50번째 자리의 숫자는 순환마디에서 2번째 숫자와 같은 2이다. ...... (다)

채점 기준표

단계	채점 기준	비율
(가)	$\dfrac{4}{33}$를 순환소수로 나타낸 경우	40 %
(나)	순환마디의 숫자의 개수를 구한 경우	20 %
(다)	소수점 아래 50번째 자리의 숫자를 구한 경우	40 %

2 (1) $140=2^2\times5\times7$ ...... (가)

(2) $\dfrac{x}{140}=\dfrac{x}{2^2\times5\times7}$를 유한소수가 되게 하려면 기약분수로 나타내었을 때 분모의 소인수가 2나 5뿐이어야 하므로 x는 7의 배수이다. 따라서 가장 작은 자연수 x의 값은 7이다.
...... (나)

(3) x는 7의 배수이므로 가장 작은 두 자리의 자연수 x의 값은 14이다. ...... (다)

채점 기준표

단계	채점 기준	비율
(가)	140을 소인수분해한 경우	40 %
(나)	가장 작은 자연수 x의 값을 구한 경우	40 %
(다)	가장 작은 두 자리의 자연수 x의 값을 구한 경우	20 %

3 (1) 직사각형의 넓이는

$$8a^2b^4\times6a^3b=48a^5b^5$$ ...... (가)

(2) 삼각형의 넓이는

$$\frac{1}{2}\times12ab^3\times h=6ab^3h$$ ...... (나)

(3) 직사각형의 넓이와 삼각형의 넓이가 서로 같으므로

$$48a^5b^5=6ab^3h$$에서

$$h=\frac{48a^5b^5}{6ab^3}=8a^4b^2$$ ...... (다)

채점 기준표

단계	채점 기준	비율
(가)	직사각형의 넓이를 구한 경우	30 %
(나)	삼각형의 넓이를 구한 경우	30 %
(다)	삼각형의 높이를 구한 경우	40 %

4 (1) $A-(x^2+3x-2)=2x^2+4x-3$에서

$$A=2x^2+4x-3+(x^2+3x-2)$$
$$=2x^2+x^2+4x+3x-3-2$$
$$=3x^2+7x-5$$ ...... (가)

(2) 따라서 바르게 계산한 식은

$$A+(x^2+3x-2)$$
$$=3x^2+7x-5+(x^2+3x-2)$$
$$=3x^2+x^2+7x+3x-5-2$$
$$=4x^2+10x-7$$ ...... (나)

채점 기준표

단계	채점 기준	비율
(가)	다항식 A를 구한 경우	50 %
(나)	바르게 계산한 식을 구한 경우	50 %

II 부등식과 연립방정식

본문 42쪽

01 부등식

01 ×	02 ○	03 ×	04 ○
05 >	06 ≥	07 ≤	08 <

09 $x-5>9$ 10 $x+7\leq12$ 11 $2x>10$

12 $4x+3\leq19$ 13 $2(x+3)<3x$

14 $3x>x-5$

01 부등호가 없으므로 부등식이 아니다.

02 부등호가 있으므로 부등식이다.

03 부등호가 없으므로 부등식이 아니다.

04 부등호가 있으므로 부등식이다.

11 (초과)=(크다)이므로
x의 2배는 10 초과이다. ➡ $2x>10$

12 (이하)=(작거나 같다)이므로
x를 4배하여 3을 더하면 19 이하이다.
➡ $4x+3\leq19$

02 부등식의 해

본문 43쪽

01 ×	02 ○	03 ○	04 ×
05~06 풀이 참조		07 $x=-1, 0, 1, 2$	
08 $x=1, 2$		09 $x=2$	
10 $x=-1, 0, 1$			

01 $x=2$를 대입하면
$2+4=6<6$이므로 거짓
따라서 해가 아니다.

02 $x=3$을 대입하면
$2\times3-1=5\geq5$이므로 참
따라서 해이다.

03 $x=4$를 대입하면
$3\times4-7=5\leq5$이므로 참
따라서 해이다.

04 $x=1$을 대입하면
(좌변)$=7-2\times1=5$, (우변)$=1+5=6$
에서 $5>6$이므로 거짓
따라서 해가 아니다.

05

x	좌변	대소 비교	우변	$2x-1>3$
1	$2\times1-1=1$	<	3	거짓
2	$2\times2-1=3$	=	3	거짓
3	$2\times3-1=5$	>	3	참
4	$2\times4-1=7$	>	3	참
5	$2\times5-1=9$	>	3	참

따라서 부등식의 해는 $x=3, 4, 5$이다.

06

x	좌변	대소 비교	우변	$3x-4\leq2$
1	$3\times1-4=-1$	<	2	참
2	$3\times2-4=2$	=	2	참
3	$3\times3-4=5$	>	2	거짓
4	$3\times4-4=8$	>	2	거짓
5	$3\times5-4=11$	>	2	거짓

따라서 부등식의 해는 $x=1, 2$이다.

07 $x=-1$이면 $-1-2=-3<1$이므로 참
$x=0$이면 $0-2=-2<1$이므로 참
$x=1$이면 $1-2=-1<1$이므로 참
$x=2$이면 $2-2=0<1$이므로 참
따라서 해는 $x=-1, 0, 1, 2$이다.

08 $x=-1$이면 $-(-1)+5=6\leq4$이므로 거짓
$x=0$이면 $0+5=5\leq4$이므로 거짓
$x=1$이면 $-1+5=4\leq4$이므로 참
$x=2$이면 $-2+5=3\leq4$이므로 참
따라서 해는 $x=1, 2$이다.

09 $x=-1$이면 $2\times(-1)+2=0\geq5$이므로 거짓
$x=0$이면 $2\times0+2=2\geq5$이므로 거짓
$x=1$이면 $2\times1+2=4\geq5$이므로 거짓
$x=2$이면 $2\times2+2=6\geq5$이므로 참
따라서 해는 $x=2$이다.

10 $x=-1$이면
(좌변)$=3\times(-1)-4=-7$, (우변)$=-(-1)+1=2$
에서 $-7<2$이므로 참
$x=0$이면
(좌변)$=3\times0-4=-4$, (우변)$=0+1=1$
에서 $-4<1$이므로 참
$x=1$이면
(좌변)$=3\times1-4=-1$, (우변)$=-1+1=0$
에서 $-1<0$이므로 참
$x=2$이면

(좌변)$=3\times2-4=2$, (우변)$=-2+1=-1$
에서 $2<-1$이므로 거짓
따라서 해는 $x=-1,\ 0,\ 1$이다.

03 부등식의 성질

01 $<$	**02** $<$	**03** $<$	**04** $<$
05 $<$	**06** $>$	**07** $<$	**08** $>$
09 $\geq,\ \geq$	**10** $\leq,\ \leq$	**11** $\geq$	**12** $\geq$
13 $\geq$	**14** $\leq$	**15** $\leq$	**16** $>,\ >$
17 $>,\ <$	**18** $<$	**19** $\geq$	**20** $\geq$
21 $>$	**22** $\leq$	**23** $\geq$	**24** $x+2<5$

25 $4x<12$ **26** $2x-3<3$
27 $-3x+4>-5$ **28** $x+3\geq1$
29 $-2x\leq4$ **30** $3x-5\geq-11$
31 $-4x-6\leq2$

01 양변에 같은 수를 더해도 부등호의 방향은 바뀌지 않으므로
$a+3<b+3$

02 양변에 같은 수를 더해도 부등호의 방향은 바뀌지 않으므로
$a+(-4)<b+(-4)$

03 양변에서 같은 수를 빼어도 부등호의 방향은 바뀌지 않으므로
$a-7<b-7$

04 양변에서 같은 수를 빼어도 부등호의 방향은 바뀌지 않으므로
$a-(-5)<b-(-5)$

05 양변에 같은 양수를 곱해도 부등호의 방향은 바뀌지 않으므로
$a\times3<b\times3$

06 양변에 같은 음수를 곱하면 부등호의 방향은 바뀌므로
$a\times(-5)>b\times(-5)$

07 양변을 같은 양수로 나누어도 부등호의 방향은 바뀌지 않으므로
$a\div4<b\div4$

08 양변을 같은 음수로 나누면 부등호의 방향은 바뀌므로
$a\div(-6)>b\div(-6)$

09 $a\geq b$이므로 $2a\geq2b$
$\therefore 2a+1\geq2b+1$

10 $a\geq b$이므로 $-2a\leq-2b$
$\therefore -2a-5\leq-2b-5$

11 $a\geq b$이므로 $3a\geq3b$
$\therefore 3a-2\geq3b-2$

12 $a\geq b$이므로 $\dfrac{a}{4}\geq\dfrac{b}{4}$
$\therefore \dfrac{a}{4}+2\geq\dfrac{b}{4}+2$

13 $a\geq b$이므로 $\dfrac{a}{2}\geq\dfrac{b}{2}$
$\therefore \dfrac{a}{2}-3\geq\dfrac{b}{2}-3$

14 $a\geq b$이므로 $-3a\leq-3b$
$\therefore -3a+7\leq-3b+7$

15 $a\geq b$이므로 $-\dfrac{a}{5}\leq-\dfrac{b}{5}$
$\therefore -\dfrac{a}{5}-3\leq-\dfrac{b}{5}-3$

16 양변에서 3을 빼면 $2a>2b$
$2a>2b$의 양변을 2로 나누면 $a>b$

17 양변에서 7를 빼면 $-2a>-2b$
$-2a>-2b$의 양변을 -2로 나누면 $a<b$

18 양변에 5를 더하면 $3a<3b$
$3a<3b$의 양변을 3으로 나누면 $a<b$

19 양변에서 1을 빼면 $\dfrac{a}{4}\geq\dfrac{b}{4}$
$\dfrac{a}{4}\geq\dfrac{b}{4}$의 양변에 4를 곱하면 $a\geq b$

20 양변에 2를 더하면 $\dfrac{a}{5}\geq\dfrac{b}{5}$
$\dfrac{a}{5}\geq\dfrac{b}{5}$의 양변에 5를 곱하면 $a\geq b$

21 양변에 6을 더하면 $-4a<-4b$
$-4a<-4b$의 양변을 -4로 나누면 $a>b$

22 양변에서 3을 빼면 $-\dfrac{a}{6}\geq-\dfrac{b}{6}$
$-\dfrac{a}{6}\geq-\dfrac{b}{6}$의 양변에 -6을 곱하면 $a\leq b$

23 양변에 4를 더하면 $-\dfrac{a}{7}\leq-\dfrac{b}{7}$
$-\dfrac{a}{7}\leq-\dfrac{b}{7}$의 양변에 -7을 곱하면 $a\geq b$

24 $x<3$의 양변에 2를 더하면 $x+2<5$

25 $x<3$의 양변에 4를 곱하면 $4x<12$

26 $x<3$의 양변에 2를 곱하면 $2x<6$
$2x<6$의 양변에서 3을 빼면 $2x-3<3$

27 $x<3$의 양변에 -3을 곱하면 $-3x>-9$
$-3x>-9$의 양변에 4를 더하면 $-3x+4>-5$

28 $x\geq-2$의 양변에 3을 더하면 $x+3\geq1$

29 $x\geq-2$의 양변에 -2를 곱하면 $-2x\leq4$

30 $x\geq-2$의 양변에 3을 곱하면 $3x\geq-6$
$3x\geq-6$의 양변에서 5를 빼면 $3x-5\geq-11$

31 $x\geq-2$의 양변에 -4를 곱하면 $-4x\leq8$
$-4x\leq8$의 양변에서 6을 빼면 $-4x-6\leq2$

04 부등식의 해와 수직선

본문 46쪽

01~06 풀이 참조   **07** $x\leq-2$ **08** $x>4$
09 $x<-3$ **10** $x>-1$ **11** $x\leq6$ **12** $x\geq3$
13~18 풀이 참조   19~24 풀이 참조

01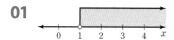

02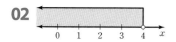

03

04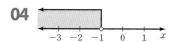

05

06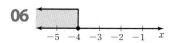

13 양변에 1을 더하면 $x>3$

14 양변에 4를 더하면 $x>7$

15 양변에서 7을 빼면 $x<-4$
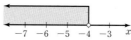

16 양변에 8을 더하면 $x\geq1$
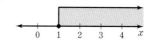

17 양변에 6을 더하면 $x\geq4$
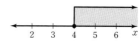

18 양변에서 7을 빼면 $x\leq-11$
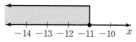

19 양변을 2로 나누면 $x<3$

20 양변에 3을 곱하면 $x\geq-6$
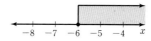

21 양변을 4로 나누면 $x\leq-4$
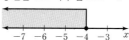

22 양변에 -2를 곱하면 $x<-4$
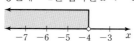

23 양변을 -5로 나누면 $x>-5$
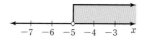

24 양변에 -3을 곱하면 $x\leq9$
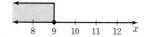

정답과 풀이 **23**

핵심 반복

1 ②	**2** $5x-2\leq8$	**3** ④	**4** ⑤
5 ②	**6** 5	**7** ②	**8** ④

형성 평가

1 ④	**2** ⑤	**3** ③	**4** ④
5 ⑤	**6** ⑤	**7** ②	**8** ⑤

1 부등호가 있는 것이 부등식이므로 ㄷ, ㄹ의 2개이다.

2 (크지 않다)=(작거나 같다)이므로 $5x-2\leq8$이다.

3 $x=3$을 대입하면

① $3+2=5\leq0$이므로 거짓

② $2\times3+1=7>6$이므로 거짓

③ $4-2\times3=-2>-2$이므로 거짓

④ $\dfrac{1}{3}\times3-2=-1>-2$이므로 참

⑤ $0.2\times3-0.6=0<0$이므로 거짓

4 ① $a<b$의 양변에 1을 더해도 부등호의 방향은 바뀌지 않으므로 $a+1<b+1$

② $a<b$의 양변에서 2를 빼도 부등호의 방향은 바뀌지 않으므로 $a-2<b-2$

③ $a<b$의 양변에 4를 곱해도 부등호의 방향은 바뀌지 않으므로 $4a<4b$

④ $a<b$의 양변을 5로 나누어도 부등호의 방향은 바뀌지 않으므로 $\dfrac{a}{5}<\dfrac{b}{5}$

⑤ $a<b$의 양변에 $-\dfrac{3}{2}$을 곱하면 부등호의 방향은 바뀌므로

$-\dfrac{3}{2}a>-\dfrac{3}{2}b$

$-\dfrac{3}{2}a>-\dfrac{3}{2}b$의 양변에 4를 더해도 부등호의 방향은 바뀌지 않으므로 $4-\dfrac{3}{2}a>4-\dfrac{3}{2}b$

5 $a\leq b$의 양변에 $\dfrac{1}{2}$을 곱하면 $\dfrac{1}{2}a\leq\dfrac{1}{2}b$

$\dfrac{1}{2}a\leq\dfrac{1}{2}b$의 양변에서 4를 빼면 $\dfrac{1}{2}a-4\leq\dfrac{1}{2}b-4$

$a\leq b$의 양변에 -3을 곱하면 $-3a\geq-3b$

$-3a\geq-3b$의 양변에 7을 더하면 $7-3a\geq7-3b$

6 $x\leq2$의 양변에 4를 곱하면 $4x\leq8$

$4x\leq8$의 양변에서 3을 빼면 $4x-3\leq5$

$\therefore a=5$

7 수직선에서 색칠한 부분은 2보다 작으므로 $x<2$

8 $-\dfrac{1}{2}x\leq3$의 양변에 -2를 곱하면

$-\dfrac{1}{2}x\times(-2)\geq3\times(-2)$　　$\therefore x\geq-6$

따라서 부등식의 해를 수직선 위에 나타내면 ④이다.

1 ④ (이상)=(크거나 같다)이므로

$4x\geq12$

2 ① $x=2$를 대입하면 $2-4=-2\leq-2$이므로 참

② $x=4$를 대입하면 $2\times4-4=4>3$이므로 참

③ $x=0$을 대입하면

(좌변)$=2\times0=0$, (우변)$=3\times0+1=1$

에서 $0\leq1$이므로 참

④ $x=-1$을 대입하면

(좌변)$=-2\times(-1)=2$, (우변)$=3\times(-1)+4=1$

에서 $2>1$이므로 참

⑤ $x=-2$를 대입하면 $3\times(-2)+2=-4<-4$이므로 거짓

따라서 $x=-2$는 해가 아니다.

3 절댓값이 2 이하인 정수는 -2, -1, 0, 1, 2이다.

$x=-2$이면

(좌변)$=4\times(-2)+1=-7$, (우변)$=2\times(-2)-1=-5$

에서 $-7>-5$이므로 거짓

$x=-1$이면

(좌변)$=4\times(-1)+1=-3$, (우변)$=2\times(-1)-1=-3$

에서 $-3>-3$이므로 거짓

$x=0$이면

(좌변)$=4\times0+1=1$, (우변)$=2\times0-1=-1$

에서 $1>-1$이므로 참

$x=1$이면

(좌변)$=4\times1+1=5$, (우변)$=2\times1-1=1$

에서 $5>1$이므로 참

$x=2$이면

(좌변)$=4\times2+1=9$, (우변)$=2\times2-1=3$

에서 $9>3$이므로 참

따라서 해는 $x=0$, 1, 2이므로 3개이다.

4 ㄱ. $a<b$의 양변에 4를 더하면

$a+4<b+4$

ㄴ. $a<b$의 양변에 2를 곱하면

$2a<2b$

양변에서 1을 빼면

$2a-1<2b-1$

ㄷ. $a<b$의 양변에 -3을 곱하면

$-3a>-3b$

양변에 5를 더하면

$5-3a>5-3b$

ㄹ. $a<b$의 양변에 $-\dfrac{1}{4}$을 곱하면

$-\dfrac{a}{4}>-\dfrac{b}{4}$

양변에 1을 더하면 $-\dfrac{a}{4}+1>-\dfrac{b}{4}+1$

따라서 옳은 것은 ㄱ, ㄴ, ㄹ이다.

5 ① $a+3<b+3$의 양변에서 3을 빼면 $a<b$

② $-a+\dfrac{3}{2}>-b+\dfrac{3}{2}$의 양변에서 $\dfrac{3}{2}$을 빼면 $-a>-b$

$-a>-b$의 양변에 -1을 곱하면 $a<b$

③ $4a-1<4b-1$의 양변에 1을 더하면 $4a<4b$

$4a<4b$의 양변을 4로 나누면 $a<b$

④ $\dfrac{a}{3}+2<\dfrac{b}{3}+2$의 양변에서 2를 빼면 $\dfrac{a}{3}<\dfrac{b}{3}$

$\dfrac{a}{3}<\dfrac{b}{3}$의 양변에 3을 곱하면 $a<b$

⑤ $-4a+1<-4b+1$의 양변에서 1을 빼면 $-4a<-4b$

$-4a<-4b$의 양변을 -4로 나누면 $a>b$

6 $-1\le x<3$일 때

양변에 3을 곱하면 $-3\le 3x<9$

양변에서 2를 빼면 $-5\le 3x-2<7$

따라서 $a=-5$, $b=7$이므로

$b-a=7-(-5)=12$

7 부등식 $ax\le 8$의 해가 부등호의 방향이 바뀌었으므로 $a<0$

$ax\le 8$의 양변을 음수 a로 나누면 $x\ge \dfrac{8}{a}$

즉, $\dfrac{8}{a}=-2$에서

$a=-4$

8 ① $a<b$의 양변에 c를 더하면 $a+c<b+c$

② $a<b$의 양변에 음수 c를 곱하면 $ac>bc$

③ $a<b$의 양변을 음수 c로 나누면 $\dfrac{a}{c}>\dfrac{b}{c}$

④ $c<0$에서 $c^2>0$이므로

$a<b$의 양변을 양수 c^2으로 나누면 $\dfrac{a}{c^2}<\dfrac{b}{c^2}$

⑤ $a<b$의 양변에서 c를 빼면 $a-c<b-c$

$a-c<b-c$의 양변을 음수 c로 나누면 $\dfrac{a-c}{c}>\dfrac{b-c}{c}$

본문 50쪽

05 일차부등식

01 $x-3>0$		**02** $2x-10<0$	
03 $-3x+3\ge 0$		**04** $-4x-11\le 0$	
05 $4x+4>0$		**06** $5x-8<0$	
07 $3x+2\ge 0$		**08** $x-5\le 0$	
09 ○	**10** ×	**11** ×	**12** ○
13 ×	**14** ○	**15** ×	**16** ○

01 $x+2>5$에서

$x+2-5>0$

$\therefore x-3>0$

02 $2x-3<7$에서

$2x-3-7<0$

$\therefore 2x-10<0$

03 $-3x+5\ge 2$에서

$-3x+5-2\ge 0$

$\therefore -3x+3\ge 0$

04 $-4x-2\le 9$에서

$-4x-2-9\le 0$

$\therefore -4x-11\le 0$

05 $6x>2x-4$에서

$6x-2x+4>0$

$\therefore 4x+4>0$

06 $2x<8-3x$에서

$2x-8+3x<0$

$\therefore 5x-8<0$

07 $x+3\ge 1-2x$에서

$x+3-1+2x\ge 0$

$\therefore 3x+2\ge 0$

08 $-4x-3\le 2-5x$에서

$-4x-3-2+5x\le 0$

$\therefore x-5\le 0$

09 모든 항을 좌변으로 이항하여 정리하면

$2x-6>0$이므로 일차부등식이다.

10 모든 항을 좌변으로 이항하여 정리하면

$2>0$이므로 일차부등식이 아니다.

11 모든 항을 좌변으로 이항하여 정리하면

$x=0$이므로 일차부등식이 아니다.

12 모든 항을 좌변으로 이항하여 정리하면

$-12x>0$이므로 일차부등식이다.

13 모든 항을 좌변으로 이항하여 정리하면

$-3<0$이므로 일차부등식이 아니다.

14 모든 항을 좌변으로 이항하여 정리하면

$x-3\ge 0$이므로 일차부등식이다.

15 모든 항을 좌변으로 이항하여 정리하면
$-5 \leq 0$이므로 일차부등식이 아니다.

16 모든 항을 좌변으로 이항하여 정리하면
$3x^2 + 2x - 5 - 3x^2 - 3x > 0$
$-x - 5 > 0$이므로 일차부등식이다.

본문 51쪽

06 일차부등식의 풀이

01 x, 2, 2, 6, 3, 3　　**02** $4x$, 3, -2, 8, -4, -4
03~07 풀이 참조

01
$3x - 2 > x + 4$
$3x - \boxed{x} > 4 + \boxed{2}$ x항은 좌변으로, 상수항은 우변으로 이항하면
$\boxed{2}x > \boxed{6}$ 양변을 정리하면
$\therefore x > \boxed{3}$ x의 계수로 양변을 나누면

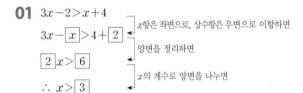

02
$2x - 3 \geq 4x + 5$
$2x - \boxed{4x} \geq 5 + \boxed{3}$ x항은 좌변으로, 상수항은 우변으로 이항하면
$\boxed{-2}x \geq \boxed{8}$ 양변을 정리하면
$\therefore x \leq \boxed{-4}$ x의 계수로 양변을 나누면

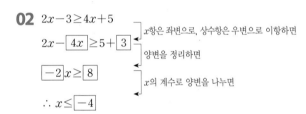

03
$4x - 3 > 5$에서
$4x > 5 + 3$
$4x > 8$
$\therefore x > 2$

04
$-2x + 2 \leq 4$에서
$-2x \leq 4 - 2$
$-2x \leq 2$
$\therefore x \geq -1$

05
$5x - 4 > 3x + 6$에서
$5x - 3x > 6 + 4$

$2x > 10$
$\therefore x > 5$

06
$7 - 4x < 1 - 2x$에서
$-4x + 2x < 1 - 7$
$-2x < -6$
$\therefore x > 3$

07
$3x + 4 \geq 6x - 11$에서
$3x - 6x \geq -11 - 4$
$-3x \geq -15$
$\therefore x \leq 5$

본문 52쪽

07 복잡한 일차부등식의 풀이

01 $x > 7$　**02** $x < 2$　**03** $x \geq 3$　**04** $x \geq 7$
05 $x > -\dfrac{16}{3}$　　　**06** $x \leq \dfrac{3}{2}$　**07** $x > 4$
08 $x > -1$　**09** $x \geq 10$　**10** $x \geq \dfrac{18}{7}$　**11** $x < -3$
12 $x \geq 2$　**13** $x > 3$　**14** $x < -3$　**15** $x \leq -4$
16 $x < 2$　**17** $x > 2$　**18** $x < -2$　**19** $x > 3$
20 $x > -7$　**21** $x < 3$　**22** $x \geq 4$　**23** $x \leq 16$
24 $x < -10$　**25** $x < 18$　**26** $x \geq -8$

01 $2(x - 4) > 6$에서 괄호를 풀면
$2x - 8 > 6$
$2x > 14$
$\therefore x > 7$

02 $3(x + 2) < 12$에서 괄호를 풀면
$3x + 6 < 12$
$3x < 6$
$\therefore x < 2$

03 $4(x - 2) \geq x + 1$에서 괄호를 풀면
$4x - 8 \geq x + 1$
$4x - x \geq 1 + 8$
$3x \geq 9$
$\therefore x \geq 3$

04 $3x+4\le5(x-2)$에서 괄호를 풀면

$3x+4\le5x-10$

$3x-5x\le-10-4$

$-2x\le-14$

$\therefore\ x\ge7$

05 $5(x+2)>2(x-3)$에서 괄호를 풀면

$5x+10>2x-6$

$5x-2x>-6-10$

$3x>-16$

$\therefore\ x>-\dfrac{16}{3}$

06 $4x+6\ge-2(1-3x)+5$에서 괄호를 풀면

$4x+6\ge-2+6x+5$

$4x-6x\ge3-6$

$-2x\ge-3$

$\therefore\ x\le\dfrac{3}{2}$

07 $\dfrac{2x+1}{3}>3$의 양변에 3을 곱하면

$2x+1>9$

$2x>8\qquad\therefore\ x>4$

08 $\dfrac{x}{5}-\dfrac{1}{3}<\dfrac{8}{15}x$의 양변에 15를 곱하면

$3x-5<8x$

$3x-8x<5$

$-5x<5\qquad\therefore\ x>-1$

09 $\dfrac{4}{5}x-1\ge\dfrac{x}{2}+2$의 양변에 10을 곱하면

$8x-10\ge5x+20$

$8x-5x\ge20+10$

$3x\ge30$

$\therefore\ x\ge10$

10 $\dfrac{x+3}{3}\le\dfrac{3x-4}{2}$의 양변에 6을 곱하면

$2(x+3)\le3(3x-4)$

$2x+6\le9x-12$

$-7x\le-18$

$\therefore\ x\ge\dfrac{18}{7}$

11 $\dfrac{1-3x}{2}>\dfrac{1}{3}x+6$의 양변에 6을 곱하면

$3(1-3x)>2x+36$

$3-9x>2x+36$

$-9x-2x>36-3$

$-11x>33$

$\therefore\ x<-3$

12 $\dfrac{2x+5}{3}-x\le\dfrac{4x-3}{5}$의 양변에 15를 곱하면

$5(2x+5)-15x\le3(4x-3)$

$10x+25-15x\le12x-9$

$-5x-12x\le-9-25$

$-17x\le-34$

$\therefore\ x\ge2$

13 $0.3x-0.4>0.5$의 양변에 10을 곱하면

$3x-4>5$

$3x>9$

$\therefore\ x>3$

14 $0.7x+1.4<0.3x+0.2$의 양변에 10을 곱하면

$7x+14<3x+2$

$7x-3x<2-14$

$4x<-12$

$\therefore\ x<-3$

15 $0.2x-0.3\ge0.4x+0.5$의 양변에 10을 곱하면

$2x-3\ge4x+5$

$-2x\ge8$

$\therefore\ x\le-4$

16 $0.9-0.2x>0.5x-0.5$의 양변에 10을 곱하면

$9-2x>5x-5$

$-7x>-14$

$\therefore\ x<2$

17 $0.7x+1>0.5x+1.4$의 양변에 10을 곱하면

$7x+10>5x+14$

$2x>4$

$\therefore\ x>2$

18 $0.4x+0.16<0.22x-0.2$의 양변에 100을 곱하면

$40x+16<22x-20$

$40x-22x<-20-16$

$18x<-36$

$\therefore\ x<-2$

19 $0.3x-0.12>0.24x+0.06$의 양변에 100을 곱하면

$30x-12>24x+6$

$6x>18$

$\therefore\ x>3$

20 $0.3x+0.5>0.2(x-1)$의 양변에 10을 곱하면

$3x+5>2(x-1)$

$3x+5>2x-2$

$\therefore\ x>-7$

21 $0.5x-1.5<0.2(3-x)$의 양변에 10을 곱하면
$5x-15<2(3-x)$
$5x-15<6-2x$
$5x+2x<6+15$
$7x<21$
$\therefore x<3$

22 $2(x-3)\geq\dfrac{x+2}{3}$의 양변에 3을 곱하면
$6(x-3)\geq x+2$
$6x-18\geq x+2$
$5x\geq20$
$\therefore x\geq4$

23 $\dfrac{2}{3}(x-1)\leq\dfrac{x}{2}+2$의 양변에 6을 곱하면
$4(x-1)\leq3x+12$
$4x-4\leq3x+12$
$\therefore x\leq16$

24 $0.6x-\dfrac{3}{5}<\dfrac{1}{2}x-1.6$의 양변에 10을 곱하면
$6x-6<5x-16$
$\therefore x<-10$

25 $0.3x+1.2>\dfrac{2x-3}{5}$의 양변에 10을 곱하면
$3x+12>2(2x-3)$
$3x+12>4x-6$
$3x-4x>-6-12$
$-x>-18$
$\therefore x<18$

26 $\dfrac{x}{5}-0.3(x-4)\leq2$의 양변에 10을 곱하면
$2x-3(x-4)\leq20$
$2x-3x+12\leq20$
$-x\leq8$
$\therefore x\geq-8$

02 어떤 정수를 x라 하자.
어떤 정수를 5배하여 7을 빼면 8보다 작으므로
$5x-7<8$
$5x<15$
$\therefore x<3$
따라서 가장 큰 정수는 2이다.

04 연속하는 세 자연수 중 가운데 수를 x라 하면
세 수는 $x-1$, x, $x+1$
연속하는 세 자연수의 합이 63보다 크므로
$(x-1)+x+(x+1)>63$
$3x>63$
$\therefore x>21$
따라서 가장 작은 x의 값은 22이므로 가장 작은 세 자연수는 21, 22, 23이다.

06 복숭아를 x개 산다고 하자.
동네 슈퍼에서 샀을 때의 가격은 $1500x$원, 재래 시장에서 샀을 때의 가격은 $(1200x+2000)$원이다.
재래 시장에 가는 것이 비용이 더 적게 들려면
$1200x+2000<1500x$
$300x>2000$
$\therefore x>\dfrac{20}{3}=6.6\cdots$
따라서 7개 이상을 살 경우에 재래 시장에 가서 사는 것이 비용이 더 적게 든다.

08 x개월 동안 예금한다고 하자.
x개월 후의 형의 예금액은 $(20000+7000x)$원, 동생의 예금액은 $(41000+4000x)$원이므로
$20000+7000x>41000+4000x$
$3000x>21000$
$\therefore x>7$
따라서 형의 예금액이 동생의 예금액보다 많아지는 것은 8개월 후부터이다.

본문 54쪽

08 일차부등식의 활용(1)

01 (2) $2x$, x, $2x$, x (3) 12 (4) 13   **02** 2
03 (1) 1, 1 (2) 1, 1 (3) 28 (4) 26, 27, 28   **04** 21, 22, 23
05 (2) $800x$, $\leq$, 800 (3) 15 (4) 15   **06** 7개
07 (2) $4000+1000x$, $>$, $4000+1000x$ (3) 20 (4) 21
08 8개월

본문 56쪽

09 일차부등식의 활용(2)

01 (2) 4, $\dfrac{x}{4}$, $\leq$, $\dfrac{x}{4}$ (3) 2 (4) 2   **02** 3.75 km
03 $\dfrac{4}{3}$ km   **04** (2) 4, $\dfrac{x+2}{4}$, $\leq$, $\dfrac{x+2}{4}$ (3) 2 (4) 2
05 1.2 km   **06** (2) 6, $\dfrac{9-x}{6}$, $\leq$, $\dfrac{9-x}{6}$ (3) 6 (4) 6
07 4 km

02 등산을 x km 지점까지 올라갔다고 하자.

	올라갈 때	내려올 때
거리(km)	x	x
속력(km/시)	3	5
시간(시간)	$\dfrac{x}{3}$	$\dfrac{x}{5}$

일차부등식을 세우면

$\dfrac{x}{3}+\dfrac{x}{5}\leq2$

$5x+3x\leq30$

$8x\leq30$

$x\leq\dfrac{30}{8}=\dfrac{15}{4}=3.75$

따라서 최대 3.75 km 지점까지 올라갔다 올 수 있다.

03 역에서 x km 이내에 있는 상점을 이용한다고 하자.

	갈 때	올 때
거리(km)	x	x
속력(km/시)	4	4
시간(시간)	$\dfrac{x}{4}$	$\dfrac{x}{4}$

일차부등식을 세우면

$\dfrac{x}{4}+\dfrac{20}{60}+\dfrac{x}{4}\leq1$

$\dfrac{x}{4}+\dfrac{1}{3}+\dfrac{x}{4}\leq1$

$3x+4+3x\leq12$

$6x\leq8$

$\therefore\ x\leq\dfrac{8}{6}=\dfrac{4}{3}$

따라서 역에서 최대 $\dfrac{4}{3}$ km 이내에 있는 상점을 이용하면 된다.

05 수연이가 갈 때 걸은 거리를 x km라 하자.

	갈 때	올 때
거리(km)	x	$x+1$
속력(km/시)	3	2
시간(시간)	$\dfrac{x}{3}$	$\dfrac{x+1}{2}$

일차부등식을 세우면

$\dfrac{x}{3}+\dfrac{x+1}{2}\leq1\dfrac{30}{60}=\dfrac{3}{2}$

$2x+3(x+1)\leq9$

$2x+3x+3\leq9$

$5x\leq6$

$\therefore\ x\leq\dfrac{6}{5}=1.2$

따라서 수연이가 걸은 최대 거리는 1.2 km이다.

07 자전거가 고장난 지점은 집에서 x km 떨어져 있다고 하자.

	자전거 탈 때	걸어갈 때
거리(km)	x	$10-x$
속력(km/시)	8	4
시간(시간)	$\dfrac{x}{8}$	$\dfrac{10-x}{4}$

일차부등식을 세우면

$\dfrac{x}{8}+\dfrac{10-x}{4}\leq2$

$x+2(10-x)\leq16$

$x+20-2x\leq16$

$-x\leq-4$

$\therefore\ x\geq4$

따라서 자전거가 고장난 지점은 집에서 최소 4 km 이상 떨어진 지점이다.

핵심 반복   본문 58쪽

1 ③, ⑤	**2** ⑤	**3** ③	**4** ④
5 ④	**6** ③	**7** ②	**8** ⑤

1 모든 항을 좌변으로 이항하여 정리하면
① $-5<0$이므로 일차부등식이 아니다.
② 부등호가 없으므로 부등식이 아니다.
③ $-3x+2\leq0$이므로 일차부등식이다.
④ x^2-2x+3은 이차식이므로 $x^2-2x+3\geq0$은 일차부등식이 아니다.
⑤ $-3x-5<0$이므로 일차부등식이다.

2 $6x+3\geq7+4x$에서
$6x-4x\geq7-3$
$2x\geq4$
$\therefore\ x\geq2$

3 $3(x-5)<7x+5$에서
$3x-15<7x+5$
$3x-7x<5+15$
$-4x<20$
$\therefore\ x>-5$
따라서 해를 수직선 위에 나타내면
③

$\begin{array}{c}\xrightarrow{\hspace{1cm}}\\ \underset{-5}{\quad}\quad\underset{x}{\quad}\end{array}$

4 $\dfrac{x+5}{2}>\dfrac{2x-1}{3}$의 양변에 6을 곱하면
$3(x+5)>2(2x-1)$
$3x+15>4x-2$

$3x-4x>-2-15$

$-x>-17$

$\therefore x<17$

따라서 자연수 x의 개수는 1에서 16까지이므로 16개이다.

5 어떤 자연수를 x라 하면

$2x+11>x+16$

$\therefore x>5$

따라서 가장 작은 자연수는 6이다.

6 지우개를 x개 샀다고 하면

$400x+4\times100\leq5000$

$400x\leq5000-400$

$400x\leq4600$

$\therefore x\leq\dfrac{23}{2}=11.5$

따라서 지우개를 최대 11개까지 살 수 있다.

7 형제가 x주 동안 저축한다고 하면

x주 후의 동생의 저축액은 $(10000+900x)$원,

형의 저축액은 $(16000+400x)$원이므로

$10000+900x>16000+400x$

$900x-400x>16000-10000$

$500x>6000$

$\therefore x>12$

따라서 동생의 저축액이 형의 저축액보다 많아지는 것은 13주 후부터이다.

8 산책을 x km 지점까지 갔다가 온다고 하면

	갈 때	올 때
거리(km)	x	x
속력(km/시)	2	4
시간(시간)	$\dfrac{x}{2}$	$\dfrac{x}{4}$

일차부등식을 세우면

$\dfrac{x}{2}+\dfrac{x}{4}\leq3$

$\dfrac{3}{4}x\leq3$

$\therefore x\leq4$

따라서 최대 4 km 지점까지 갔다가 올 수 있다.

형성 평가　　　　　　　　　본문 59쪽

1 ③　　**2** ②　　**3** 3　　**4** ③

5 ④　　**6** 10개　　**7** ④　　**8** -1

1 ㄱ. $2(x-2)<2x+8$에서

$2x-4<2x+8$, $-12<0$

따라서 일차부등식이 아니다.

ㄴ. $x^2\geq x-2$에서 $x^2-x+2\geq0$

따라서 일차부등식이 아니다.

ㄷ. 부등호가 없으므로 부등식이 아니다.

ㄹ. $1\leq3(x+1)-2$에서

$1\leq3x+3-2$, $-3x\leq0$

따라서 일차부등식이다.

따라서 일차부등식인 것은 ㄹ이다.

2 $3x-1>5x+3$에서

$3x-5x>3+1$

$-2x>4$

$\therefore x<-2$ ...... ㉠

$3x-a<x-3$에서

$3x-x<-3+a$

$2x<-3+a$

$\therefore x<\dfrac{-3+a}{2}$ ...... ㉡

두 부등식 ㉠, ㉡의 해가 같으므로

$\dfrac{-3+a}{2}=-2$

$a-3=-4$

$\therefore a=-1$

3 $8-(x-5)\geq2(3x-6)$의 괄호를 풀어 정리하면

$8-x+5\geq6x-12$

$-7x\geq-25$

$\therefore x\leq\dfrac{25}{7}=3.\times\times$

따라서 x의 값 중 가장 큰 정수는 3이다.

4 $0.4x+0.6\geq\dfrac{3(x-2)}{2}-0.8$의 양변에 10을 곱하면

$4x+6\geq15(x-2)-8$

$4x+6\geq15x-30-8$

$-11x\geq-44$

$\therefore x\leq4$

따라서 x의 값 중 자연수는 1, 2, 3, 4이므로 그 합은

$1+2+3+4=10$

5 연속하는 두 짝수를 x, $x+2$라 하면

$3x-8\geq2(x+2)$

$3x-8\geq2x+4$

$\therefore x\geq12$

따라서 두 수의 합이 가장 작은 것은

$12+14=26$

6 음료수를 x개 산다고 하면 과자의 개수는 $(18-x)$개이므로
$800x+500\times(18-x)\leq12000$
$800x+9000-500x\leq12000$
$300x\leq3000$
$\therefore x\leq10$
따라서 음료수는 최대 10개까지 살 수 있다.

7 역에서 x km 이내에 있는 상점을 이용한다고 하면
$\dfrac{x}{3}+\dfrac{40}{60}+\dfrac{x}{3}\leq2$
$\dfrac{x}{3}+\dfrac{2}{3}+\dfrac{x}{3}\leq2$
$x+2+x\leq6$
$2x\leq4$
$\therefore x\leq2$
따라서 역에서 2 km 이내에 있는 상점을 이용할 수 있다.

8 $a+2(x-3)<-4x-1$의 괄호를 풀면
$a+2x-6<-4x-1$
$6x<5-a$
$\therefore x<\dfrac{5-a}{6}$
부등식을 만족시키는 x의 값 중 자연수가 없으려면
$\dfrac{5-a}{6}\leq1$
$5-a\leq6,\ -a\leq1$
즉, $a\geq-1$이어야 한다.
따라서 가장 작은 a의 값은 -1이다.

본문 60쪽

10 미지수가 2개인 일차방정식과 그 해

01 ×	02 ○	03 ×	04 ×
05 ×	06 ○	07 ×	08 ○
09 ×	10 ○	11 ○	

12~13 풀이 참조

01 등호가 없으므로 미지수가 2개인 일차방정식이 아니다.

02 미지수가 2개이고, 그 차수가 모두 1이므로 미지수가 2개인 일차방정식이다.

03 미지수가 1개이므로 미지수가 2개인 일차방정식이 아니다.

04 미지수가 1개이므로 미지수가 2개인 일차방정식이 아니다.

05 등호가 없으므로 미지수가 2개인 일차방정식이 아니다.

---

06 좌변으로 이항하여 정리하면 $2x+3y-2=0$이므로 미지수가 2개인 일차방정식이다.

07 좌변으로 이항하여 정리하면 $x=0$이고 미지수가 1개이므로 미지수가 2개인 일차방정식이 아니다.

08 $4x+y=2(3x+y)$에서 좌변으로 이항하여 정리하면
$4x+y=6x+2y$
$-2x-y=0$
이므로 미지수가 2개인 일차방정식이다.

09 $x=2,\ y=1$을 대입하면
$2\times2-1=3\neq0$이므로 해가 아니다.

10 $x=2,\ y=1$을 대입하면
$2+3\times1=5$이므로 해이다.

11 $x=2,\ y=1$을 대입하면
$5\times2-8\times1=2$이므로 해이다.

12

x	1	2	3	4
y	6	4	2	0

이때 $x,\ y$가 모두 자연수이어야 하므로
해 : $x=1,\ y=6$ 또는 $x=2,\ y=4$ 또는 $x=3,\ y=2$

13

x	8	5	2	-1
y	1	2	3	4

이때 $x,\ y$가 모두 자연수이어야 하므로
해 : $x=8,\ y=1$ 또는 $x=5,\ y=2$ 또는 $x=2,\ y=3$

본문 61쪽

11 미지수가 2개인 연립일차방정식

| 01~03 풀이 참조 | | 04 ○ | 05 × |
| 06 × | 07 ○ | 08 × | |

01 ㉠

x	1	2	3	4
y	3	2	1	0

㉡

x	1	2	3	4
y	3	1	-1	-3

해 : $x=1,\ y=3$

02 ㉠

x	1	2	3	4
y	4	3	2	1

㉡

x	1	2	3	4
y	6	3	0	-3

해 : $x=2$, $y=3$

03 ㉠

x	5	3	1	-1
y	1	2	3	4

㉡

x	7	4	1	-2
y	1	2	3	4

해 : $x=1$, $y=3$

04 $x=1$, $y=2$를 대입하면
$$\begin{cases} 1-2\times2=-3 \\ 2\times1+2=4 \end{cases}$$
이므로 해이다.

05 $x=1$, $y=2$를 대입하면
$$\begin{cases} 2\times1-3\times2=-4\neq-5 \\ 2\times1-2=0 \end{cases}$$
이므로 해가 아니다.

06 $x=1$, $y=2$를 대입하면
$$\begin{cases} 1-4\times2=-7 \\ 3\times1+2=5\neq6 \end{cases}$$
이므로 해가 아니다.

07 $x=1$, $y=2$를 대입하면
$$\begin{cases} 3\times1-2=1 \\ 2\times1+3\times2=8 \end{cases}$$
이므로 해이다.

08 $x=1$, $y=2$를 대입하면
$$\begin{cases} 4\times1+2=6\neq5 \\ 1+3\times2=7 \end{cases}$$
이므로 해가 아니다.

본문 62쪽

12 연립방정식의 풀이-가감법

01 3, 3, 3, -3, 3, -3
02 $-$, 3, -2, -2, 4, 4, -2
03 $x=4$, $y=2$ **04** $x=1$, $y=-1$
05 $x=-2$, $y=3$ **06** $x=-1$, $y=3$
07 $x=2$, $y=4$ **08** $x=-4$, $y=-5$
09 $+$, 9, 3, 18, $+$, 14, 14, 1, 1, 3, 1, 3
10 2, 4, 6, 8, 5, 5, 2, 5, 2
11 3, 2, 13, 13, 1, 1, 2, 2, 1
12 $x=2$, $y=1$ **13** $x=4$, $y=1$
14 $x=1$, $y=3$ **15** $x=-2$, $y=-1$
16 $x=2$, $y=-1$ **17** $x=3$, $y=4$
18 $x=10$, $y=7$ **19** $x=4$, $y=2$

01 y를 없애기 위하여
$$\begin{array}{r} 2x+y=3 \\ +)\quad x-y=6 \\ \hline \boxed{3}x\quad=9 \end{array}$$
$\therefore x=\boxed{3}$
$x=\boxed{3}$을 ㉡에 대입하면 $y=\boxed{-3}$
따라서 해는 $x=\boxed{3}$, $y=\boxed{-3}$이다.

02 x를 없애기 위하여
$$\begin{array}{r} 3x+\;y=10 \\ \boxed{-})\;3x-2y=16 \\ \hline \boxed{3}y=-6 \end{array}$$
$\therefore y=\boxed{-2}$
$y=\boxed{-2}$를 ㉠에 대입하면 $x=\boxed{4}$
따라서 해는 $x=\boxed{4}$, $y=\boxed{-2}$이다.

03 ㉠+㉡을 하면
$$\begin{array}{r} x+\;y=6 \quad\cdots\cdots\;㉠ \\ +)\,-x+3y=2 \quad\cdots\cdots\;㉡ \\ \hline 4y=8 \end{array}$$
$\therefore y=2$
$y=2$를 ㉠에 대입하면
$x+2=6 \qquad \therefore x=4$
따라서 해는 $x=4$, $y=2$이다.

04 ㉠-㉡을 하면
$$\begin{array}{r} 3x-y=4 \quad\cdots\cdots\;㉠ \\ -)\quad x-y=2 \quad\cdots\cdots\;㉡ \\ \hline 2x\quad=2 \end{array}$$
$\therefore x=1$

$x=1$을 ㉡에 대입하면
$1-y=2$
$\therefore y=-1$
따라서 해는 $x=1$, $y=-1$이다.

05 ㉠$-$㉡을 하면

$$
\begin{array}{r}
2x+\ y=-1 \quad\cdots\cdots\ ㉠\\
-)\ \underline{2x+3y=5} \quad\cdots\cdots\ ㉡\\
-2y=-6
\end{array}
$$

$\therefore y=3$
$y=3$을 ㉠에 대입하면
$2x+3=-1$
$2x=-4$
$\therefore x=-2$
따라서 해는 $x=-2$, $y=3$이다.

06 ㉠$-$㉡을 하면

$$
\begin{array}{r}
-x+2y=7 \quad\cdots\cdots\ ㉠\\
-)\ \underline{-3x+2y=9} \quad\cdots\cdots\ ㉡\\
2x\quad\ \ =-2
\end{array}
$$

$\therefore x=-1$
$x=-1$을 ㉠에 대입하면
$-(-1)+2y=7$
$2y=6$
$\therefore y=3$
따라서 해는 $x=-1$, $y=3$이다.

07 ㉠$+$㉡을 하면

$$
\begin{array}{r}
3x-\ y=2 \quad\cdots\cdots\ ㉠\\
+)\ \underline{-3x+2y=2} \quad\cdots\cdots\ ㉡\\
y=4
\end{array}
$$

$y=4$를 ㉠에 대입하면
$3x-4=2$
$3x=6$
$\therefore x=2$
따라서 해는 $x=2$, $y=4$이다.

08 ㉠$+$㉡을 하면

$$
\begin{array}{r}
11x-6y=-14 \quad\cdots\cdots\ ㉠\\
+)\ \underline{-7x+6y=-2} \quad\cdots\cdots\ ㉡\\
4x\quad\ \ =-16
\end{array}
$$

$\therefore x=-4$
$x=-4$를 ㉡에 대입하면
$28+6y=-2$
$6y=-30$
$\therefore y=-5$
따라서 해는 $x=-4$, $y=-5$이다.

09 y를 없애기 위하여
㉠$\times 3$ $\boxed{+}$ ㉡을 하면

$$
\begin{array}{r}
\boxed{9}x+\boxed{3}y=\boxed{18}\\
\boxed{+})\ \underline{5x-\ 3y=-4}\\
\boxed{14}x\qquad\ =\boxed{14}
\end{array}
$$

$\therefore x=\boxed{1}$
$x=\boxed{1}$을 ㉠에 대입하면 $y=\boxed{3}$
따라서 해는 $x=\boxed{1}$, $y=\boxed{3}$이다.

10 y를 없애기 위하여
㉠$-$㉡$\times \boxed{2}$를 하면

$$
\begin{array}{r}
5x-\ \ 6y=13\\
-)\ \underline{\boxed{4}x-\boxed{6}y=\boxed{8}}\\
x\qquad\ =\boxed{5}
\end{array}
$$

$x=\boxed{5}$를 ㉡에 대입하면 $y=\boxed{2}$
따라서 해는 $x=\boxed{5}$, $y=\boxed{2}$이다.

11 x를 없애기 위하여
㉠$\times \boxed{3}$$-$㉡$\times 2$를 하면
$\boxed{13}y=\boxed{13}$ $\therefore y=\boxed{1}$
$y=\boxed{1}$을 ㉠에 대입하면 $x=\boxed{2}$
따라서 해는 $x=\boxed{2}$, $y=\boxed{1}$이다.

12 $\begin{cases} 2x+y=5 & \cdots\cdots\ ㉠ \\ -x+3y=1 & \cdots\cdots\ ㉡ \end{cases}$

㉠$+$㉡$\times 2$를 하면
$7y=7$ $\therefore y=1$
$y=1$을 ㉠에 대입하면
$2x+1=5$, $2x=4$
$\therefore x=2$
따라서 해는 $x=2$, $y=1$이다.

13 $\begin{cases} 2x-3y=5 & \cdots\cdots\ ㉠ \\ x+2y=6 & \cdots\cdots\ ㉡ \end{cases}$

㉠$-$㉡$\times 2$를 하면
$-7y=-7$ $\therefore y=1$
$y=1$을 ㉡에 대입하면
$x+2=6$ $\therefore x=4$
따라서 해는 $x=4$, $y=1$이다.

14 $\begin{cases} 3x+y=6 & \cdots\cdots\ ㉠ \\ 5x-3y=-4 & \cdots\cdots\ ㉡ \end{cases}$

㉠$\times 3+$㉡을 하면
$14x=14$ $\therefore x=1$
$x=1$을 ㉠에 대입하면
$3+y=6$ $\therefore y=3$
따라서 해는 $x=1$, $y=3$이다.

15 $\begin{cases} 2x+3y=-7 & \cdots\cdots ㉠ \\ 5x-6y=-4 & \cdots\cdots ㉡ \end{cases}$

㉠$\times 2+$㉡을 하면

$9x=-18$

$\therefore x=-2$

$x=-2$를 ㉠에 대입하면

$-4+3y=-7,\ 3y=-3$

$\therefore y=-1$

따라서 해는 $x=-2,\ y=-1$이다.

16 $\begin{cases} 2x-5y=9 & \cdots\cdots ㉠ \\ 3x+2y=4 & \cdots\cdots ㉡ \end{cases}$

㉠$\times 3-$㉡$\times 2$를 하면

$\begin{array}{r} 6x-15y=27 \\ -)\ 6x+\ 4y=8 \\ \hline -19y=19 \end{array}$

$\therefore y=-1$

$y=-1$을 ㉠에 대입하면

$2x+5=9$

$2x=4$

$\therefore x=2$

따라서 해는 $x=2,\ y=-1$이다.

17 $\begin{cases} 2x-5y=-14 & \cdots\cdots ㉠ \\ -5x+3y=-3 & \cdots\cdots ㉡ \end{cases}$

㉠$\times 5+$㉡$\times 2$를 하면

$\begin{array}{r} 10x-25y=-70 \\ +)\ -10x+\ 6y=\ -6 \\ \hline -19y=-76 \end{array}$

$\therefore y=4$

$y=4$를 ㉠에 대입하면

$2x-20=-14$

$2x=6$

$\therefore x=3$

따라서 해는 $x=3,\ y=4$이다.

18 $\begin{cases} 2x-3y=-1 & \cdots\cdots ㉠ \\ 3x-4y=2 & \cdots\cdots ㉡ \end{cases}$

㉠$\times 3-$㉡$\times 2$를 하면

$\begin{array}{r} 6x-9y=-3 \\ -)\ 6x-8y=4 \\ \hline -y=-7 \end{array}$

$\therefore y=7$

$y=7$을 ㉠에 대입하면

$2x-21=-1,\ 2x=20$

$\therefore x=10$

따라서 해는 $x=10,\ y=7$이다.

19 $\begin{cases} 4x-3y=10 & \cdots\cdots ㉠ \\ 6x-5y=14 & \cdots\cdots ㉡ \end{cases}$

㉠$\times 3-$㉡$\times 2$를 하면

$\begin{array}{r} 12x-\ 9y=30 \\ -)\ 12x-10y=28 \\ \hline y=2 \end{array}$

$y=2$를 ㉠에 대입하면

$4x-6=10$

$4x=16$

$\therefore x=4$

따라서 해는 $x=4,\ y=2$이다.

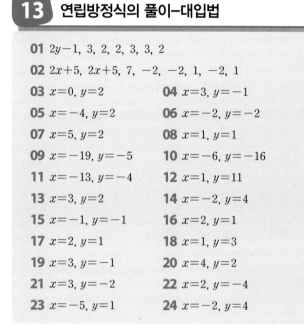

본문 64쪽

13 연립방정식의 풀이-대입법

01 $2y-1$, 3, 2, 2, 3, 3, 2

02 $2x+5$, $2x+5$, 7, -2, -2, 1, -2, 1

03 $x=0,\ y=2$ **04** $x=3,\ y=-1$

05 $x=-4,\ y=2$ **06** $x=-2,\ y=-2$

07 $x=5,\ y=2$ **08** $x=1,\ y=1$

09 $x=-19,\ y=-5$ **10** $x=-6,\ y=-16$

11 $x=-13,\ y=-4$ **12** $x=1,\ y=11$

13 $x=3,\ y=2$ **14** $x=-2,\ y=4$

15 $x=-1,\ y=-1$ **16** $x=2,\ y=1$

17 $x=2,\ y=1$ **18** $x=1,\ y=3$

19 $x=3,\ y=-1$ **20** $x=4,\ y=2$

21 $x=3,\ y=-2$ **22** $x=2,\ y=-4$

23 $x=-5,\ y=1$ **24** $x=-2,\ y=4$

03 $\begin{cases} x=y-2 & \cdots\cdots ㉠ \\ 3x+2y=4 & \cdots\cdots ㉡ \end{cases}$

㉠을 ㉡에 대입하면

$3(y-2)+2y=4$

$5y=10 \quad \therefore y=2$

$y=2$를 ㉠에 대입하면

$x=2-2=0$

따라서 해는 $x=0,\ y=2$이다.

04 $\begin{cases} y=x-4 & \cdots\cdots ㉠ \\ 2x+3y=3 & \cdots\cdots ㉡ \end{cases}$

㉠을 ㉡에 대입하면

$2x+3(x-4)=3$

$5x=15 \quad \therefore x=3$

$x=3$을 ㉠에 대입하면

$y=3-4=-1$

따라서 해는 $x=3,\ y=-1$이다.

05 $\begin{cases} x=-3y+2 & \cdots\cdots \, \text{㉠} \\ 3x+2y=-8 & \cdots\cdots \, \text{㉡} \end{cases}$

㉠을 ㉡에 대입하면

$3(-3y+2)+2y=-8$

$-7y=-14 \quad \therefore \, y=2$

$y=2$를 ㉠에 대입하면

$x=-6+2=-4$

따라서 해는 $x=-4$, $y=2$이다.

06 $\begin{cases} y=3x+4 & \cdots\cdots \, \text{㉠} \\ 5x-2y=-6 & \cdots\cdots \, \text{㉡} \end{cases}$

㉠을 ㉡에 대입하면

$5x-2(3x+4)=-6$

$-x=2 \quad \therefore \, x=-2$

$x=-2$를 ㉠에 대입하면

$y=3\times(-2)+4=-2$

따라서 해는 $x=-2$, $y=-2$이다.

07 $\begin{cases} x=4y-3 & \cdots\cdots \, \text{㉠} \\ 4x-3y=14 & \cdots\cdots \, \text{㉡} \end{cases}$

㉠을 ㉡에 대입하면

$4(4y-3)-3y=14$

$13y=26$

$\therefore \, y=2$

$y=2$를 ㉠에 대입하면

$x=8-3=5$

따라서 해는 $x=5$, $y=2$이다.

08 $\begin{cases} y=-4x+5 & \cdots\cdots \, \text{㉠} \\ 3x-4y=-1 & \cdots\cdots \, \text{㉡} \end{cases}$

㉠을 ㉡에 대입하면

$3x-4(-4x+5)=-1$

$19x=19$

$\therefore \, x=1$

$x=1$을 ㉠에 대입하면

$y=-4+5=1$

따라서 해는 $x=1$, $y=1$이다.

09 $\begin{cases} x=4y+1 & \cdots\cdots \, \text{㉠} \\ x=3y-4 & \cdots\cdots \, \text{㉡} \end{cases}$

㉠을 ㉡에 대입하면

$4y+1=3y-4$

$\therefore \, y=-5$

$y=-5$를 ㉠에 대입하면

$x=-20+1=-19$

따라서 해는 $x=-19$, $y=-5$이다.

10 $\begin{cases} y=2x-4 & \cdots\cdots \, \text{㉠} \\ y=3x+2 & \cdots\cdots \, \text{㉡} \end{cases}$

㉠을 ㉡에 대입하면

$2x-4=3x+2$

$\therefore \, x=-6$

$x=-6$을 ㉠에 대입하면

$y=-12-4=-16$

따라서 해는 $x=-6$, $y=-16$이다.

11 $\begin{cases} x=4y+3 & \cdots\cdots \, \text{㉠} \\ x=2y-5 & \cdots\cdots \, \text{㉡} \end{cases}$

㉠을 ㉡에 대입하면

$4y+3=2y-5$

$2y=-8$

$\therefore \, y=-4$

$y=-4$를 ㉠에 대입하면

$x=-16+3=-13$

따라서 해는 $x=-13$, $y=-4$이다.

12 $\begin{cases} y=-2x+13 & \cdots\cdots \, \text{㉠} \\ y=3x+8 & \cdots\cdots \, \text{㉡} \end{cases}$

㉠을 ㉡에 대입하면

$-2x+13=3x+8$

$-5x=-5$

$\therefore \, x=1$

$x=1$을 ㉡에 대입하면

$y=3+8=11$

따라서 해는 $x=1$, $y=11$이다.

13 $\begin{cases} 3x=2y+5 & \cdots\cdots \, \text{㉠} \\ 3x-4y=1 & \cdots\cdots \, \text{㉡} \end{cases}$

㉠을 ㉡에 대입하면

$2y+5-4y=1$

$-2y=-4 \quad \therefore \, y=2$

$y=2$를 ㉠에 대입하면

$3x=4+5=9 \quad \therefore \, x=3$

따라서 해는 $x=3$, $y=2$이다.

14 $\begin{cases} 2y=3x+14 & \cdots\cdots \, \text{㉠} \\ 2y=6-x & \cdots\cdots \, \text{㉡} \end{cases}$

㉠을 ㉡에 대입하면

$3x+14=6-x$

$4x=-8 \quad \therefore \, x=-2$

$x=-2$를 ㉠에 대입하면

$2y=-6+14=8 \quad \therefore \, y=4$

따라서 해는 $x=-2$, $y=4$이다.

15 $\begin{cases} 7x=8y+1 & \cdots\cdots \, \text{㉠} \\ -1+6y=7x & \cdots\cdots \, \text{㉡} \end{cases}$

㉠을 ㉡에 대입하면

$-1+6y=8y+1$

$-2y=2$ $\therefore y=-1$

$y=-1$을 ㉡에 대입하면

$7x=-1-6=-7$ $\therefore x=-1$

따라서 해는 $x=-1$, $y=-1$이다.

16 $\begin{cases} 3y=x+1 & \cdots\cdots ㉠ \\ -5x+13=3y & \cdots\cdots ㉡ \end{cases}$

㉠을 ㉡에 대입하면

$-5x+13=x+1$

$-6x=-12$ $\therefore x=2$

$x=2$를 ㉠에 대입하면

$3y=2+1=3$ $\therefore y=1$

따라서 해는 $x=2$, $y=1$이다.

17 $\begin{cases} x+y=3 & \cdots\cdots ㉠ \\ 2x+3y=7 & \cdots\cdots ㉡ \end{cases}$

㉠에서 y를 이항하면

$x=-y+3$ $\cdots\cdots ㉢$

㉢을 ㉡에 대입하면

$2(-y+3)+3y=7$

$\therefore y=1$

$y=1$을 ㉢에 대입하면

$x=-1+3=2$

따라서 해는 $x=2$, $y=1$이다.

18 $\begin{cases} x-y=-2 & \cdots\cdots ㉠ \\ 5x+2y=11 & \cdots\cdots ㉡ \end{cases}$

㉠에서 $-y$를 이항하면

$x=y-2$ $\cdots\cdots ㉢$

㉢을 ㉡에 대입하면

$5(y-2)+2y=11$

$7y=21$ $\therefore y=3$

$y=3$을 ㉢에 대입하면

$x=3-2=1$

따라서 해는 $x=1$, $y=3$이다.

19 $\begin{cases} x-2y=5 & \cdots\cdots ㉠ \\ 2x-3y=9 & \cdots\cdots ㉡ \end{cases}$

㉠에서 $-2y$를 이항하면

$x=2y+5$ $\cdots\cdots ㉢$

㉢을 ㉡에 대입하면

$2(2y+5)-3y=9$

$\therefore y=-1$

$y=-1$을 ㉢에 대입하면

$x=-2+5=3$

따라서 해는 $x=3$, $y=-1$이다.

20 $\begin{cases} 2x-y=6 & \cdots\cdots ㉠ \\ -3x+4y=-4 & \cdots\cdots ㉡ \end{cases}$

㉠에서 $2x$를 이항하면

$-y=-2x+6$, $y=2x-6$ $\cdots\cdots ㉢$

㉢을 ㉡에 대입하면

$-3x+4(2x-6)=-4$

$5x=20$ $\therefore x=4$

$x=4$를 ㉢에 대입하면

$y=8-6=2$

따라서 해는 $x=4$, $y=2$이다.

21 $\begin{cases} x+3y=-3 & \cdots\cdots ㉠ \\ 4x+5y=2 & \cdots\cdots ㉡ \end{cases}$

㉠에서 $3y$를 이항하면

$x=-3y-3$ $\cdots\cdots ㉢$

㉢을 ㉡에 대입하면

$4(-3y-3)+5y=2$

$-7y=14$ $\therefore y=-2$

$y=-2$를 ㉢에 대입하면

$x=6-3=3$

따라서 해는 $x=3$, $y=-2$이다.

22 $\begin{cases} 3x+y=2 & \cdots\cdots ㉠ \\ 2x+3y=-8 & \cdots\cdots ㉡ \end{cases}$

㉠에서 $3x$를 이항하면

$y=-3x+2$ $\cdots\cdots ㉢$

㉢을 ㉡에 대입하면

$2x+3(-3x+2)=-8$

$-7x=-14$ $\therefore x=2$

$x=2$를 ㉢에 대입하면

$y=-6+2=-4$

따라서 해는 $x=2$, $y=-4$이다.

23 $\begin{cases} 2x-3y=-13 & \cdots\cdots ㉠ \\ 4x+9y=-11 & \cdots\cdots ㉡ \end{cases}$

㉠에서 $-3y$를 이항하면

$2x=3y-13$, $x=\dfrac{3y-13}{2}$ $\cdots\cdots ㉢$

㉢을 ㉡에 대입하면

$4 \times \dfrac{3y-13}{2}+9y=-11$

$6y-26+9y=-11$

$15y=15$ $\therefore y=1$

$y=1$을 ㉢에 대입하면

$x=\dfrac{3-13}{2}=-5$

따라서 해는 $x=-5$, $y=1$이다.

24 $\begin{cases} 5x-2y=-18 & \cdots\cdots ㉠ \\ 7x+4y=2 & \cdots\cdots ㉡ \end{cases}$

㉠에서 $5x$를 이항하여 정리하면

$-2y=-5x-18$, $y=\dfrac{5x+18}{2}$ $\cdots\cdots ㉢$

©을 ⓒ에 대입하면

$7x + 4 \times \dfrac{5x+18}{2} = 2$

$7x + 10x + 36 = 2$

$17x = -34 \qquad \therefore x = -2$

$x = -2$를 ⓒ에 대입하면

$y = \dfrac{-10+18}{2} = 4$

따라서 해는 $x = -2$, $y = 4$이다.

본문 66쪽

14 복잡한 연립방정식의 풀이

01 2, 2, 3, $x=4$, $y=1$ 02 4, 5, 3, $x=-2$, $y=3$

03 2, 6, 4, $x=-1$, $y=2$

04 $6x-4y=6$, $2x+y=-5$, $x=-1$, $y=-3$

05 $5x+3y=19$, $2x-2y=-2$, $x=2$, $y=3$

06 $4x+y=7$, $x-2y=4$, $x=2$, $y=-1$

07 4, 6, $x-2y=1$, $4x-3y=-6$, $x=-3$, $y=-2$

08 4, 6, $6x+y=4$, $2x-5y=12$, $x=1$, $y=-2$

09 4, 24, $x-2y=4$, $3x+16y=34$, $x=6$, $y=1$

10 6, 10, $3x+2y=8$, $4x+5y=6$, $x=4$, $y=-2$

11 10, 10, $x+2y=-1$, $4x-3y=-15$, $x=-3$, $y=1$

12 10, 10, $5x-7y=6$, $2x-16y=-24$, $x=4$, $y=2$

13 10, 100, $x+2y=8$, $5x+4y=22$, $x=2$, $y=3$

14 100, 10, $18x-3y=12$, $11x+2y=15$, $x=1$, $y=2$

---

01 괄호를 풀어 정리하면

$\begin{cases} 2x-2y=6 & \cdots\cdots ⊙ \\ 2x-3y=5 & \cdots\cdots ⊙ \end{cases}$

⊙−ⓒ을 하면

$y=1$

$y=1$을 ⊙에 대입하면

$2x-2=6$, $2x=8 \qquad \therefore x=4$

따라서 해는 $x=4$, $y=1$이다.

02 괄호를 풀어 정리하면

$\begin{cases} 4x+3y=1 & \cdots\cdots ⊙ \\ 5x-3y=-19 & \cdots\cdots ⓒ \end{cases}$

⊙+ⓒ을 하면

$9x=-18 \qquad \therefore x=-2$

$x=-2$를 ⊙에 대입하면

$-8+3y=1$, $3y=9 \qquad \therefore y=3$

따라서 해는 $x=-2$, $y=3$이다.

03 괄호를 풀어 정리하면

$\begin{cases} 2x-y=-4 & \cdots\cdots ⊙ \\ 6x-4y=-14 & \cdots\cdots ⓒ \end{cases}$

⊙×3을 하면

$6x-3y=-12 \qquad \cdots\cdots ⓒ$

ⓒ−ⓒ을 하면

$y=2$

$y=2$를 ⊙에 대입하면

$2x-2=-4$, $2x=-2$

$\therefore x=-1$

따라서 해는 $x=-1$, $y=2$이다.

04 괄호를 풀어 정리하면

$\begin{cases} 6x-4y=6 & \cdots\cdots ⊙ \\ 2x+y=-5 & \cdots\cdots ⓒ \end{cases}$

ⓒ×3을 하면

$6x+3y=-15 \qquad \cdots\cdots ⓒ$

⊙−ⓒ을 하면

$-7y=21 \qquad \therefore y=-3$

$y=-3$을 ⓒ에 대입하면

$2x-3=-5$, $2x=-2$

$\therefore x=-1$

따라서 해는 $x=-1$, $y=-3$이다.

05 괄호를 풀어 정리하면

$\begin{cases} 5x+3y=19 & \cdots\cdots ⊙ \\ 2x-2y=-2 & \cdots\cdots ⓒ \end{cases}$

⊙×2, ⓒ×3을 하면

$\begin{cases} 10x+6y=38 & \cdots\cdots ⓒ \\ 6x-6y=-6 & \cdots\cdots ⓔ \end{cases}$

ⓒ+ⓔ을 하면

$16x=32 \qquad \therefore x=2$

$x=2$를 ⊙에 대입하면

$10+3y=19$, $3y=9$

$\therefore y=3$

따라서 해는 $x=2$, $y=3$이다.

06 괄호를 풀어 정리하면

$\begin{cases} 4x+y=7 & \cdots\cdots ⊙ \\ x-2y=4 & \cdots\cdots ⓒ \end{cases}$

⊙×2+ⓒ을 하면

$9x=18 \qquad \therefore x=2$

$x=2$를 ⊙에 대입하면

$8+y=7 \qquad \therefore y=-1$

따라서 해는 $x=2$, $y=-1$이다.

07 ⊙×4 $\rightarrow$ $\begin{cases} x-2y=1 & \cdots\cdots ⓒ \\ 4x-3y=-6 & \cdots\cdots ⓔ \end{cases}$

ⓒ×4를 하면

$4x-8y=4 \qquad \cdots\cdots ⓕ$

ⓔ−ⓕ을 하면

$5y=-10$ $\quad$ $\therefore$ $y=-2$

$y=-2$를 ㉢에 대입하면

$x+4=1$ $\quad$ $\therefore$ $x=-3$

따라서 해는 $x=-3$, $y=-2$이다.

08 ㉠$\times4$ $\rightarrow$ $\begin{cases} 6x+y=4 & \cdots\cdots\ ㉢ \\ 2x-5y=12 & \cdots\cdots\ ㉣ \end{cases}$
㉡$\times6$

㉢$\times5$를 하면

$30x+5y=20$ $\quad$ $\cdots\cdots$ ㉤

㉣$+$㉤을 하면

$32x=32$ $\quad$ $\therefore$ $x=1$

$x=1$을 ㉢에 대입하면

$6+y=4$ $\quad$ $\therefore$ $y=-2$

따라서 해는 $x=1$, $y=-2$이다.

09 ㉠$\times4$ $\rightarrow$ $\begin{cases} x-2y=4 & \cdots\cdots\ ㉢ \\ 3x+16y=34 & \cdots\cdots\ ㉣ \end{cases}$
㉡$\times24$

㉢$\times3-$㉣을 하면

$-22y=-22$, $y=1$

$y=1$을 ㉢에 대입하면

$x-2=4$ $\quad$ $\therefore$ $x=6$

따라서 해는 $x=6$, $y=1$이다.

10 ㉠$\times6$ $\rightarrow$ $\begin{cases} 3x+2y=8 & \cdots\cdots\ ㉢ \\ 4x+5y=6 & \cdots\cdots\ ㉣ \end{cases}$
㉡$\times10$

㉢$\times4$, ㉣$\times3$을 하면

$\begin{cases} 12x+8y=32 & \cdots\cdots\ ㉤ \\ 12x+15y=18 & \cdots\cdots\ ㉥ \end{cases}$

㉤$-$㉥을 하면

$-7y=14$ $\quad$ $\therefore$ $y=-2$

$y=-2$를 ㉢에 대입하면

$3x-4=8$, $3x=12$

$\therefore$ $x=4$

따라서 해는 $x=4$, $y=-2$이다.

11 ㉠$\times10$ $\rightarrow$ $\begin{cases} x+2y=-1 & \cdots\cdots\ ㉢ \\ 4x-3y=-15 & \cdots\cdots\ ㉣ \end{cases}$
㉡$\times10$

㉢$\times4$를 하면

$4x+8y=-4$ $\quad$ $\cdots\cdots$ ㉤

㉣$-$㉤을 하면

$-11y=-11$ $\quad$ $\therefore$ $y=1$

$y=1$을 ㉢에 대입하면

$x+2=-1$ $\quad$ $\therefore$ $x=-3$

따라서 해는 $x=-3$, $y=1$이다.

12 ㉠$\times10$ $\rightarrow$ $\begin{cases} 5x-7y=6 & \cdots\cdots\ ㉢ \\ 2x-16y=-24 & \cdots\cdots\ ㉣ \end{cases}$
㉡$\times10$

㉢$\times2$, ㉣$\times5$를 하면

$\begin{cases} 10x-14y=12 & \cdots\cdots\ ㉤ \\ 10x-80y=-120 & \cdots\cdots\ ㉥ \end{cases}$

㉤$-$㉥을 하면

$66y=132$

$\therefore$ $y=2$

$y=2$를 ㉢에 대입하면

$5x-14=6$, $5x=20$

$\therefore$ $x=4$

따라서 해는 $x=4$, $y=2$이다.

13 ㉠$\times10$ $\rightarrow$ $\begin{cases} x+2y=8 & \cdots\cdots\ ㉢ \\ 5x+4y=22 & \cdots\cdots\ ㉣ \end{cases}$
㉡$\times100$

㉢$\times2-$㉣을 하면

$-3x=-6$

$\therefore$ $x=2$

$x=2$를 ㉢에 대입하면

$2+2y=8$, $2y=6$

$\therefore$ $y=3$

따라서 해는 $x=2$, $y=3$이다.

14 ㉠$\times100$ $\rightarrow$ $\begin{cases} 18x-3y=12 & \cdots\cdots\ ㉢ \\ 11x+2y=15 & \cdots\cdots\ ㉣ \end{cases}$
㉡$\times10$

㉢$\times2$, ㉣$\times3$을 하면

$\begin{cases} 36x-6y=24 & \cdots\cdots\ ㉤ \\ 33x+6y=45 & \cdots\cdots\ ㉥ \end{cases}$

㉤$+$㉥을 하면

$69x=69$

$\therefore$ $x=1$

$x=1$을 ㉢에 대입하면

$18-3y=12$, $-3y=-6$

$\therefore$ $y=2$

따라서 해는 $x=1$, $y=2$이다.

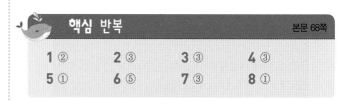

핵심 반복 본문 68쪽

| **1** ② | **2** ③ | **3** ③ | **4** ③ |
| **5** ① | **6** ⑤ | **7** ③ | **8** ① |

1 ① 등호가 없으므로 방정식이 아니다.

③ xy는 문자가 2개 곱해져 있으므로 차수가 1이 아니다.

④ 좌변으로 이항하여 정리하면

$2x-6=0$이므로 미지수가 2개가 아니다.

⑤ 좌변으로 이항하여 정리하면

$-x^2+2y-3=0$에서 x^2의 차수가 1이 아니다.

2 x, y가 자연수일 때, 일차방정식 $x+5y=17$의 해를 구해 보면 $(12, 1)$, $(7, 2)$, $(2, 3)$으로 3개이다.

3 $x=1$, $y=2$를 대입하면

① $\begin{cases} 1-2\times 2=-3\neq -5 \\ 1+2=3 \end{cases}$ 이므로 해가 아니다.

② $\begin{cases} 2\times 1-2=0 \\ 1-2=-1\neq 1 \end{cases}$ 이므로 해가 아니다.

③ $\begin{cases} 1+2\times 2=5 \\ 2\times 1+3\times 2=8 \end{cases}$ 이므로 해이다.

④ $\begin{cases} 1-3\times 2=-5 \\ 3\times 1-2=1\neq -1 \end{cases}$ 이므로 해가 아니다.

⑤ $\begin{cases} 5\times 1-2\times 2=1 \\ 1+4\times 2=9\neq 10 \end{cases}$ 이므로 해가 아니다.

4 y의 계수의 절댓값을 2와 5의 최소공배수인 10으로 만들면 된다.
따라서 필요한 식은 ㉠$\times 5+$㉡$\times 2$이다.

5 ㉠을 ㉡에 대입하여 정리하면
$3x+4(x-5)=-2$
$7x=18$
이므로 $a=7$

6 $\begin{cases} y=2x-5 & \cdots\cdots ㉠ \\ 3x-y=9 & \cdots\cdots ㉡ \end{cases}$
에서 ㉠을 ㉡에 대입하면
$3x-(2x-5)=9$ $\quad\therefore x=4$
$x=4$를 ㉠에 대입하면
$y=8-5=3$
따라서 해는 $x=4$, $y=3$이다.

7 괄호를 풀어 정리하면
$\begin{cases} 3x-y=4 & \cdots\cdots ㉠ \\ 6x+5y=1 & \cdots\cdots ㉡ \end{cases}$
㉠$\times 2-$㉡을 하면
$-7y=7$ $\quad\therefore y=-1$
$y=-1$을 ㉠에 대입하면
$3x+1=4$, $3x=3$
$\therefore x=1$
따라서 해는 $x=1$, $y=-1$이다.

8 계수를 정수로 만들면
$\begin{cases} 3x+5y=13 & \cdots\cdots ㉠ \\ 3x+2y=7 & \cdots\cdots ㉡ \end{cases}$
㉠$-$㉡을 하면
$3y=6$ $\quad\therefore y=2$
$y=2$를 ㉡에 대입하면
$3x+4=7$, $3x=3$
$\therefore x=1$
따라서 해는 $x=1$, $y=2$이다.

형성 평가

1 ④	**2** ⑤	**3** ⑤	**4** ②
5 ②	**6** ⑤	**7** ⑤	**8** 9

1 $x=k$, $y=k-2$를 대입하면
$5k-3(k-2)-2=0$
$2k=-4$ $\quad\therefore k=-2$

2 일차방정식 $4x+3y=36$을 만족시키는 음이 아닌 정수 x, y에 대하여 해를 구해 보면 $(0, 12)$, $(3, 8)$, $(6, 4)$, $(9, 0)$이다.
따라서 $x+y$의 값은 12, 11, 10, 9가 될 수 있다.

3 $x=1$, $y=-2$를 대입하면
$\begin{cases} 5-2a=1 \\ b+4=7 \end{cases}$
$\therefore a=2$, $b=3$
$\therefore a+b=2+3=5$

4 $\begin{cases} 3x+5y=-1 & \cdots\cdots ㉠ \\ -2x+3y=7 & \cdots\cdots ㉡ \end{cases}$
에서 ㉠$\times 2+$㉡$\times 3$을 하면
$19y=19$ $\quad\therefore y=1$
$y=1$을 ㉠에 대입하면
$3x+5=-1$, $3x=-6$
$\therefore x=-2$
즉, $a=-2$, $b=1$이므로
$2a-b=-4-1=-5$

5 두 연립방정식의 해가 같으므로
$\begin{cases} x=4y-5 & \cdots\cdots ㉠ \\ 2x+5y=16 & \cdots\cdots ㉡ \end{cases}$의 해를 구하면 된다.
㉠을 ㉡에 대입하면
$2(4y-5)+5y=16$
$13y=26$ $\quad\therefore y=2$
$y=2$를 ㉠에 대입하면
$x=8-5=3$
따라서 해 $x=3$, $y=2$를 $5x-ay=7$에 대입하면
$15-2a=7$, $-2a=-8$
$\therefore a=4$
해 $x=3$, $y=2$를 $4x-by=6$에 대입하면
$12-2b=6$, $-2b=-6$
$\therefore b=3$
$\therefore a+b=4+3=7$

6 괄호를 풀어 정리하면
$\begin{cases} 2x-3y=-14 & \cdots\cdots ㉠ \\ x+4y=4 & \cdots\cdots ㉡ \end{cases}$
㉠$-$㉡$\times 2$를 하면
$-11y=-22$ $\quad\therefore y=2$

$y=2$를 ㉡에 대입하면

$x+8=4$

$\therefore x=-4$

$x=-4$, $y=2$를 $-2x+y=a$에 대입하면

$8+2=a$

$\therefore a=10$

7 계수를 정수로 만들면

$\begin{cases} 3x-2y=6 & \cdots\cdots ㉠ \\ 3(x-1)=4y+1, \ 3x-4y=4 & \cdots\cdots ㉡ \end{cases}$

㉠$-$㉡을 하면

$2y=2$ $\quad \therefore y=1$

$y=1$을 ㉠에 대입하면

$3x-2=6$, $3x=8$

$\therefore x=\dfrac{8}{3}$

따라서 $a=\dfrac{8}{3}$, $b=1$이므로

$3ab=3\times\dfrac{8}{3}\times 1=8$

8 $\begin{cases} \dfrac{x+2y}{4}-\dfrac{y}{3}=\dfrac{11}{6} & \cdots\cdots ㉠ \\ -x+ay=12 & \cdots\cdots ㉡ \end{cases}$

에서 ㉠$\times 12$를 하면

$3(x+2y)-4y=22$

$3x+2y=22$

연립방정식을 만족시키는 y의 값이 x의 값의 $\dfrac{1}{3}$배이므로

$y=\dfrac{1}{3}x$

즉, 주어진 연립방정식의 해는 연립방정식 $\begin{cases} 3x+2y=22 \\ y=\dfrac{1}{3}x \end{cases}$의

해와 같다.

연립방정식을 풀면 $x=6$, $y=2$

$x=6$, $y=2$를 ㉡에 대입하면

$-6+2a=12$, $2a=18$

$\therefore a=9$

본문 70쪽

15 연립방정식의 활용(1) – 수, 나이, 가격, 개수, 길이 등

01 (2) $x+y$, $x-y$, $x+y=29$, $x-y=3$
(3) 16, 13 (4) 16, 13

02 (2) $x+y$, $x+14$, $y+14$, $x+14$, $y+14$, $x+y=56$,
$x+14=2(y+14)$ (3) 42, 14 (4) 42, 14

03 (2) $x+y=58$, $x-y=26$ (3) 42, 16 (4) 42, 16

04 (2) $x+y=52$, $x=3y$ (3) 39, 13 (4) 39, 13

05 (2) $x+y=60$, $x-10=7(y-10)$ (3) 45, 15
(4) 45, 15

06 (2) $x+y=15$, $2(x+5)=3(y+5)$ (3) 10, 5
(4) 10, 5

07 (2) $2x+3y$, $4x+2y$, $2x+3y=2100$,
$4x+2y=2200$ (3) 300, 500 (4) 300, 500

08 볼펜 1자루의 가격: 600원, 색연필 1자루의 가격: 550원

09 (2) $x+y$, $100x+500y$, $x+y=12$,
$100x+500y=5200$ (3) 2, 10 (4) 2, 10

10 2점 슛의 개수: 6개, 3점 슛의 개수: 5개

11 (2) $2(x+y)$, x, y, $2(x+y)=36$, $x=2y$
(3) 12, 6 (4) 12, 6

12 77 cm²

13 (2) y, x, $\dfrac{1}{2}\times(x+y)\times 6$, $y=2x$,
$\dfrac{1}{2}\times(x+y)\times 6=63$ (3) 7, 14 (4) 7, 14

14 8 cm

---

08 볼펜 1자루의 가격을 x원, 색연필 1자루의 가격을 y원이라 하자.

볼펜 4자루와 색연필 6자루를 합하여 5700원이므로

$4x+6y=5700$

볼펜이 색연필보다 50원 더 비싸므로

$x=y+50$

연립방정식을 세우면 $\begin{cases} 4x+6y=5700 \\ x=y+50 \end{cases}$

연립하여 풀면 $x=600$, $y=550$

따라서 볼펜 1자루의 가격은 600원, 색연필 1자루의 가격은 550원이다.

10 2점 슛의 개수를 x개, 3점 슛의 개수를 y개라 하자.

2점 슛과 3점 슛을 합하여 모두 11골을 넣었으므로

$x+y=11$

27점을 얻었으므로 $2x+3y=27$

연립방정식을 세우면 $\begin{cases} x+y=11 \\ 2x+3y=27 \end{cases}$

연립하여 풀면 $x=6$, $y=5$

따라서 2점 슛의 개수는 6개, 3점 슛의 개수는 5개이다.

12 직사각형의 세로의 길이를 x cm, 가로의 길이를 y cm라 하자.
가로의 길이가 세로의 길이보다 4 cm 길다고 하므로
$y=x+4$
직사각형의 둘레의 길이가 36 cm이므로
$2x+2y=36$
연립방정식을 세우면 $\begin{cases} y=x+4 \\ 2x+2y=36 \end{cases}$
연립하여 풀면 $x=7$, $y=11$
따라서 가로의 길이는 11 cm, 세로의 길이는 7 cm이므로
직사각형의 넓이는
$11 \times 7 = 77$ (cm^2)

14 사다리꼴의 윗변의 길이를 x cm, 아랫변의 길이를 y cm라 하자.
윗변의 길이가 아랫변의 길이보다 3 cm 더 짧으므로
$x=y-3$
사다리꼴의 높이가 6 cm이고 넓이가 39 cm^2이므로
$\frac{1}{2} \times (x+y) \times 6 = 39$
$x+y=13$
연립방정식을 세우면 $\begin{cases} x=y-3 \\ x+y=13 \end{cases}$
연립하여 풀면 $x=5$, $y=8$
따라서 아랫변의 길이는 8 cm이다.

본문 74쪽

🐌 16 연립방정식의 활용 (2) – 거리, 속력, 시간

01~02 풀이 참조

03 (2) $x+y=9$, $\frac{x}{3}+\frac{y}{6}=2\frac{30}{60}$ (3) 6, 3 (4) 6, 3

04 (2) $y=x+6$, $\frac{x}{3}+\frac{y}{5}=3\frac{20}{60}$ (3) 4, 10 (4) 4, 10

05 (2) $x+10$, $80x$, $y=x+10$, $60y=80x$
　　 (3) 30, 40 (4) 30

06 18분

01 걸어간 거리를 x km, 달려간 거리를 y km라 하자.
걸린 시간을 표로 나타내면

	걸어갈 때	달려갈 때	전체
거리(km)	x	y	5
속력(km/시)	4	6	✕
시간(시간)	$\frac{x}{4}$	$\frac{y}{6}$	1

연립방정식을 세우면
$\begin{cases} \text{거리에 대한 식} \\ \text{시간에 대한 식} \end{cases}$ ➡ $\begin{cases} x+y=5 \\ \frac{x}{4}+\frac{y}{6}=1 \end{cases}$

연립하여 풀면 $x=\boxed{2}$, $y=\boxed{3}$
따라서 걸어간 거리는 $\boxed{2}$ km, 달려간 거리는 $\boxed{3}$ km이다.

02 올라갈 때 걸은 거리를 x km, 내려올 때 걸은 거리를 y km라 하자.
걸린 시간을 표로 나타내면

	올라갈 때	내려올 때	전체
거리(km)	x	y	11
속력(km/시)	3	5	✕
시간(시간)	$\frac{x}{3}$	$\frac{y}{5}$	3

연립방정식을 세우면
$\begin{cases} \text{거리에 대한 식} \\ \text{시간에 대한 식} \end{cases}$ ➡ $\begin{cases} x+y=11 \\ \frac{x}{3}+\frac{y}{5}=3 \end{cases}$

연립하여 풀면 $x=\boxed{6}$, $y=\boxed{5}$
따라서 올라갈 때 걸은 거리는 $\boxed{6}$ km, 내려올 때 걸은 거리는 $\boxed{5}$ km이다.

06 미연이와 지수가 만날 때까지 미연이가 걸어간 시간을 x분, 지수가 자전거를 탄 시간을 y분이라 하자.
(미연이가 걸은 시간)=(지수가 자전거를 탄 시간)+10이므로
$x=y+10$
(미연이가 걸은 거리)=(지수가 자전거를 탄 거리)이므로
$40x=90y$
연립방정식을 세우면 $\begin{cases} x=y+10 \\ 40x=90y \end{cases}$
연립방정식을 풀면 $x=18$, $y=8$
따라서 미연이가 공원까지 가는 데 걸린 시간은 18분이다.

🐋 핵심 반복
본문 76쪽

1 ④	**2** ④	**3** ⑤	**4** ①
5 ④	**6** ①	**7** ②	**8** ④

1 큰 자연수를 x, 작은 자연수를 y라 하자.
두 수의 합이 25이므로
$x+y=25$
두 수의 차가 3이므로
$x-y=3$
연립방정식을 세우면 $\begin{cases} x+y=25 \\ x-y=3 \end{cases}$
연립하여 풀면 $x=14$, $y=11$
따라서 큰 자연수는 14이다.

2 현재 삼촌의 나이를 x살, 조카의 나이를 y살이라 하자.
삼촌과 조카의 나이의 합은 39살이므로
$x+y=39$
12년 후 삼촌의 나이는 조카의 나이의 2배이므로
$x+12=2(y+12)$
연립방정식을 세우면 $\begin{cases} x+y=39 \\ x+12=2(y+12) \end{cases}$
연립하여 풀면 $x=30$, $y=9$
따라서 현재 삼촌의 나이는 30살이다.

3 사탕 1개의 가격을 x원, 초콜릿 1개의 가격을 y원이라 하자.
사탕 2개와 초콜릿 3개의 가격은 3400원이므로
$2x+3y=3400$
사탕 4개와 초콜릿 2개의 가격은 3600원이므로
$4x+2y=3600$
연립방정식을 세우면 $\begin{cases} 2x+3y=3400 \\ 4x+2y=3600 \end{cases}$
연립하여 풀면 $x=500$, $y=800$
따라서 초콜릿 1개의 가격은 800원이다.

4 100원짜리 동전의 개수를 x개, 500원짜리 동전의 개수를 y개라 하자.
동전을 모두 합하여 16개이므로
$x+y=16$
총 금액이 4400원이므로
$100x+500y=4400$
연립방정식을 세우면 $\begin{cases} x+y=16 \\ 100x+500y=4400 \end{cases}$
연립하여 풀면 $x=9$, $y=7$
따라서 500원짜리 동전의 개수는 7개이다.

5 직사각형의 가로의 길이를 x cm, 세로의 길이를 y cm라 하자.
직사각형의 둘레의 길이가 42 cm이므로
$2(x+y)=42$
가로의 길이는 세로의 길이의 2배이므로
$x=2y$
연립방정식을 세우면 $\begin{cases} 2(x+y)=42 \\ x=2y \end{cases}$
연립하여 풀면 $x=14$, $y=7$
따라서 가로의 길이는 14 cm이다.

6 사다리꼴의 윗변의 길이를 x cm, 아랫변의 길이를 y cm라 하자.
아랫변의 길이가 윗변의 길이의 2배이므로
$y=2x$
사다리꼴의 높이가 8 cm, 넓이가 60 cm²이므로
$\dfrac{1}{2} \times (x+y) \times 8 = 60$
연립방정식을 세우면 $\begin{cases} y=2x \\ \dfrac{1}{2} \times (x+y) \times 8 = 60 \end{cases}$

연립하여 풀면 $x=5$, $y=10$
따라서 사다리꼴의 윗변의 길이는 5 cm이다.

7 집에서 우체국까지의 거리를 x km, 우체국에서 학교까지의 거리를 y km라 하자.
집에서 학교까지의 거리는 2 km이므로
$x+y=2$
(집에서 우체국까지 걸린 시간)+(우체국에서 학교까지 걸린 시간)=32분이므로
$\dfrac{x}{3} + \dfrac{y}{5} = \dfrac{32}{60} = \dfrac{8}{15}$
연립방정식을 세우면 $\begin{cases} x+y=2 \\ \dfrac{x}{3} + \dfrac{y}{5} = \dfrac{8}{15} \end{cases}$
연립방정식을 풀면 $x=1$, $y=1$
따라서 집에서 우체국까지의 거리는 1 km이다.

8 올라갈 때 걸은 거리를 x km, 내려올 때 걸은 거리를 y km라 하자.
내려올 때는 3 km가 더 먼 길을 걸었으므로
$y=x+3$
(올라갈 때 걸린 시간)+(내려올 때 걸린 시간)=5시간 40분이므로
$\dfrac{x}{2} + \dfrac{y}{3} = 5\dfrac{40}{60} = \dfrac{17}{3}$
연립방정식을 세우면 $\begin{cases} y=x+3 \\ \dfrac{x}{2} + \dfrac{y}{3} = \dfrac{17}{3} \end{cases}$
연립방정식을 풀면 $x=5.6$, $y=8.6$
따라서 올라갈 때 걸은 거리는 5.6 km이다.

형성 평가

본문 77쪽

1 ③ **2** 38 **3** ③ **4** ⑤
5 ④ **6** 6 km **7** ⑤ **8** 분속 60 m

1 큰 수를 x, 작은 수를 y라 하자.
큰 수를 작은 수로 나누면 몫은 3이고 나머지는 4이므로
$x=3y+4$
큰 수를 3배하고 이를 작은 수의 2배로 나누면 몫은 5이고 나머지도 5이므로
$3x=2y \times 5 + 5$, $3x=10y+5$
연립방정식을 세우면 $\begin{cases} x=3y+4 \\ 3x=10y+5 \end{cases}$
연립방정식을 풀면 $x=25$, $y=7$
따라서 큰 수 x와 작은 수 y의 합은 $25+7=32$이다.

2 처음 두 자리의 자연수의 십의 자리의 숫자를 x, 일의 자리의 숫자를 y라 하자.

각 자리의 숫자의 합이 11이므로

$x+y=11$

처음 수는 $10x+y$, 십의 자리의 숫자와 일의 자리의 숫자를 바꾼 수는 $10y+x$

십의 자리의 숫자와 일의 자리의 숫자를 바꾼 수는 처음 수의 2배보다 7만큼 크므로

$10y+x=2(10x+y)+7$

연립방정식을 세우면 $\begin{cases} x+y=11 \\ 10y+x=2(10x+y)+7 \end{cases}$

연립하여 풀면 $x=3$, $y=8$

따라서 처음 두 자리의 자연수는 38이다.

3 현재 삼촌의 나이를 x살, 조카의 나이를 y살이라 하자.

현재 삼촌과 조카의 나이의 차는 22살이므로

$x-y=22$

10년 후의 삼촌의 나이는 조카의 나이의 2배보다 4살이 적어지므로

$x+10=2(y+10)-4$

$x-2y=6$

연립방정식을 세우면 $\begin{cases} x-y=22 \\ x-2y=6 \end{cases}$

연립방정식을 풀면 $x=38$, $y=16$

따라서 현재 조카의 나이는 16살이다.

4 빵의 개수를 x개, 음료수의 개수를 y개라 하자.

합계가 20개이므로

$x+y+4=20$, $x+y=16$

총 금액인 14000원이므로

$700x+900y+2000=14000$

$700x+900y=12000$

연립방정식을 세우면 $\begin{cases} x+y=16 \\ 700x+900y=12000 \end{cases}$

연립방정식을 풀면 $x=12$, $y=4$

따라서 빵의 개수는 12개이다.

5 학생 수를 x명, 공책의 수를 y권이라 하자.

공책을 4권씩 나누어 주면 18권이 남으므로

$y=4x+18$

공책을 5권씩 나누어 주면 15권이 부족하므로

$y=5x-15$

연립방정식을 세우면 $\begin{cases} y=4x+18 \\ y=5x-15 \end{cases}$

연립하여 풀면 $x=33$, $y=150$

따라서 학생 수는 33명이다.

6 종규가 달린 거리를 x km, 민재가 달린 거리를 y km라 하자.

처음에 두 사람이 서로 15 km 떨어져 있으므로

$x+y=15$

두 사람이 만날 때까지 달린 시간은 같으므로

$\dfrac{x}{4}=\dfrac{y}{6}$

연립방정식을 세우면 $\begin{cases} x+y=15 \\ \dfrac{x}{4}=\dfrac{y}{6} \end{cases}$

연립하여 풀면 $x=6$, $y=9$

따라서 종규가 달린 거리는 6 km이다.

7 선주가 걸어간 거리를 x km, 달려간 거리를 y km라 하자.

선주네 집에서 역까지의 거리는 6 km이므로

$x+y=6$

(걸을 때 걸린 시간)+(달려갈 때 걸린 시간)=1시간 15분 이므로

$\dfrac{x}{4}+\dfrac{y}{8}=1\dfrac{15}{60}=\dfrac{5}{4}$

연립방정식을 세우면 $\begin{cases} x+y=6 \\ \dfrac{x}{4}+\dfrac{y}{8}=\dfrac{5}{4} \end{cases}$

연립방정식을 풀면 $x=4$, $y=2$

따라서 선주가 걸어간 거리는 4 km이다.

8 형의 속력을 분속 x m, 동생의 속력을 분속 y m라 하자.

형이 동생보다 빠르므로 $x>y$이다.

같은 방향으로 돌면 100분 후에 처음으로 만나는데, 처음으로 만나려면 형이 동생보다 저수지의 둘레의 길이만큼 더 돌아야 하므로

$100x-100y=2000$

반대 방향으로 돌면 20분 후에 처음으로 만나므로

$20x+20y=2000$

연립방정식을 세우면 $\begin{cases} 100x-100y=2000 \\ 20x+20y=2000 \end{cases}$

연립하여 풀면 $x=60$, $y=40$

따라서 형의 속력은 분속 60 m이다.

1 (1) -3 (2) -5 (3) -8　　**2** (1) 9 (2) 5 (3) 14

3 (1) 3 (2) -2 (3) 5　　**4** (1) $x=-1$, $y=-2$ (2) 8

1

(1) $3x+2<x-4$에서

$3x-x<-4-2$

$2x<-6$, $x<-3$

$\therefore a=-3$ 　　　　　　　…… (가)

(2) $2x-6\leq 5x+9$에서

$2x-5x\leq 9+6$

$-3x\leq 15$, $x\geq -5$

$\therefore b=-5$ 　　　　　　　…… (나)

(3) $a+b=-3+(-5)=-8$ 　　　…… (다)

채점 기준표

단계	채점 기준	비율
(가)	a의 값을 구한 경우	40 %
(나)	b의 값을 구한 경우	40 %
(다)	$a+b$의 값을 구한 경우	20 %

2

(1) $0.2x-3\leq 2.4-0.4x$의 양변에 10을 곱하면

$2x-30\leq 24-4x$

$2x+4x\leq 24+30$

$6x\leq 54$

$\therefore x\leq 9$

자연수 x는 1, 2, $\cdots$, 9로 9개이므로

$a=9$ 　　　　　　　　　　…… (가)

(2) $\dfrac{x}{3}+\dfrac{1}{2}<\dfrac{x}{4}+1$의 양변에 12를 곱하면

$4x+6<3x+12$

$4x-3x<12-6$

$\therefore x<6$

자연수 x는 1, 2, 3, 4, 5로 5개이므로

$b=5$ 　　　　　　　　　　…… (나)

(3) $a+b=9+5=14$ 　　　　…… (다)

채점 기준표

단계	채점 기준	비율
(가)	a의 값을 구한 경우	40 %
(나)	b의 값을 구한 경우	40 %
(다)	$a+b$의 값을 구한 경우	20 %

3

(1) $x=4$, $y=-2$를 $ax+5y=2$에 대입하면

$4a-10=2$

$4a=12$

$\therefore a=3$ 　　　　　　　…… (가)

(2) $x=4$, $y=-2$를 $4x-by=12$에 대입하면

$16+2b=12$

$2b=-4$

$\therefore b=-2$ 　　　　　　　…… (나)

(3) $a-b=3-(-2)=5$ 　　　…… (다)

채점 기준표

단계	채점 기준	비율
(가)	a의 값을 구한 경우	40 %
(나)	b의 값을 구한 경우	40 %
(다)	$a-b$의 값을 구한 경우	20 %

4

(1) $\begin{cases} x-2y=3 & \cdots\cdots \text{㉠} \\ -x+4y=-7 & \cdots\cdots \text{㉡} \end{cases}$

㉠$+$㉡을 하면

$2y=-4$

$\therefore y=-2$

$y=-2$를 ㉠에 대입하면

$x+4=3$

$\therefore x=-1$

따라서 연립방정식의 해는

$x=-1$, $y=-2$ 　　　　…… (가)

(2) $x=-1$, $y=-2$를 $2x-5y=k$에 대입하면

$-2+10=k$

즉, $k=8$ 　　　　　　　…… (나)

채점 기준표

단계	채점 기준	비율
(가)	연립방정식의 해를 구한 경우	60 %
(나)	k의 값을 구한 경우	40 %

Ⅲ 함수

본문 80쪽

01 함수의 뜻과 표현

01 (1) 풀이 참조 (2) $y=600x$ (3) 함수이다.

02 (1) 풀이 참조 (2) $y=\dfrac{36}{x}$ (3) 함수이다.

03 ×   **04** ○   **05** ○   **06** -21

07 $\dfrac{3}{2}$ **08** 8   **09** -3 **10** 3

01 (1)

x(자루)	1	2	3	4	⋯
y(원)	600	1200	1800	2400	⋯

(2) $y=600x$

(3) x의 값이 하나로 정해지면 y의 값이 오직 하나로 정해지므로 함수이다.

02 (1)

x(cm)	1	2	3	4	⋯
y(cm)	36	18	12	9	⋯

(2) $y=\dfrac{36}{x}$

(3) x의 값이 하나로 정해지면 y의 값이 오직 하나로 정해지므로 함수이다.

03 $x=4$일 때, y의 값은 1, 2, 4와 같이 x의 값이 정해지면 y의 값이 오직 하나로 정해지지 않으므로 함수가 아니다.

04 $y=1500x$이므로 함수이다.

05 $y=\dfrac{1}{2}\times 5\times x=\dfrac{5}{2}x$이므로 함수이다.

06 $f(-3)=7\times(-3)=-21$

07 $f\left(-\dfrac{1}{2}\right)=-3\times\left(-\dfrac{1}{2}\right)=\dfrac{3}{2}$

08 $f(12)=\dfrac{2}{3}\times 12=8$

09 $f(-5)=\dfrac{15}{-5}=-3$

10 $f(-4)=-\dfrac{12}{-4}=3$

본문 81쪽

02 일차함수의 뜻

01 ○   **02** ○   **03** ×   **04** ○

05 ×   **06** $y=4x$, 일차함수이다.

07 $y=50x+200$, 일차함수이다.   **08** 3

09 -7 **10** -3 **11** -2

12~13 풀이 참조

03 $y=\dfrac{1}{x}$은 $y=ax+b$ 꼴이 아니므로 일차함수가 아니다.

04 $y=\dfrac{x}{2}+1=\dfrac{1}{2}x+1$은 $y=ax+b$ 꼴이므로 일차함수이다.

05 $y=x^2-5$는 $y=ax+b$ 꼴이 아니므로 일차함수가 아니다.

06 $y=4\times x=4x$는 일차함수이다.

07 달걀을 1개씩 담을 때마다 무게가 50 g씩 늘어나므로 달걀을 x개를 담으면 무게는 $50x$ g만큼 늘어난다. 즉, 바구니의 무게가 200 g이므로 달걀 x개를 담으면 무게가 $(50x+200)$g이다. 따라서 x와 y 사이의 관계식은
$y=50x+200$
이고, 일차함수이다.

08 $f(3)=2\times 3-3=3$

09 $f(-2)=2\times(-2)-3=-7$

10 $f(0)=2\times 0-3=-3$

11 $f\left(\dfrac{1}{2}\right)=2\times\dfrac{1}{2}-3=-2$

12

x	-2	-1	0	1	2
y	-1	1	3	5	7

13

x	-2	-1	0	1	2
y	4	3	2	1	0

본문 82쪽

03 일차함수 $y=ax$의 그래프

01~03 풀이 참조   **04** ㄴ, ㄱ, ㄹ, ㄷ

05 4   **06** -10 **07** $\dfrac{3}{4}$ **08** $-\dfrac{1}{2}$

01 일차함수 $y=3x$의 그래프 위의 두 점 $(0, 0)$, $(1, 3)$을 직선으로 연결하면 그림과 같다.

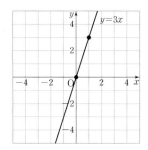

02 일차함수 $y=\dfrac{1}{2}x$의 그래프 위의 두 점 $(0, 0)$, $(2, 1)$을 직선으로 연결하면 그림과 같다.

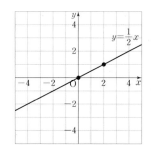

03 일차함수 $y=-2x$의 그래프 위의 두 점 $(0, 0)$, $(1, -2)$를 직선으로 연결하면 그림과 같다.

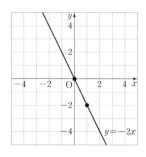

04 일차함수 $y=ax$에서 a의 절댓값이 클수록 그 그래프는 y축에 가까워진다.

$$|3| > |-2| > \left| -\dfrac{7}{4} \right| > \left| \dfrac{1}{2} \right|$$

이므로 y축에 가장 가까운 순서는 ㄴ, ㄱ, ㄹ, ㄷ이다.

05 일차함수 $y=\dfrac{2}{3}x$의 그래프가 점 $(6, a)$를 지나므로

$$a=\dfrac{2}{3} \times 6 = 4$$

06 일차함수 $y=\dfrac{5}{2}x$의 그래프가 점 $(-4, a)$를 지나므로

$$a=\dfrac{5}{2} \times (-4) = -10$$

07 일차함수 $y=ax$의 그래프가 점 $(4, 3)$을 지나므로

$$3=a \times 4 \qquad \therefore a=\dfrac{3}{4}$$

08 일차함수 $y=ax$의 그래프가 점 $(-4, 2)$를 지나므로

$$2=a \times (-4) \qquad \therefore a=-\dfrac{1}{2}$$

04 일차함수 $y=ax+b$의 그래프와 평행이동

01~02 풀이 참조	03 3	04 -5
05 2	06 -4	07 $y=4x+2$
08 $y=-2x+3$	09 $y=-x-2$	
10 $y=\dfrac{2}{3}x-5$	11 3	
12~15 풀이 참조		

01

x	...	-2	-1	0	1	2	...
$y=x$	...	-2	-1	0	1	2	...
$y=x+2$	...	0	1	2	3	4	...

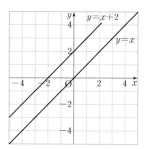

02

x	...	-2	-1	0	1	2	...
$y=-2x$	...	4	2	0	-2	-4	...
$y=-2x-1$	...	3	1	-1	-3	-5	...

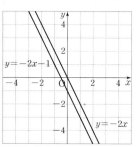

03 일차함수 $y=x+3$의 그래프는 일차함수 $y=x$의 그래프를 y축의 방향으로 $\boxed{3}$만큼 평행이동한 것이다.

04 일차함수 $y=2x-5$의 그래프는 일차함수 $y=2x$의 그래프를 y축의 방향으로 $\boxed{-5}$만큼 평행이동한 것이다.

05 일차함수 $y=-3x+2$의 그래프는 일차함수 $y=-3x$의 그래프를 y축의 방향으로 $\boxed{2}$만큼 평행이동한 것이다.

46 EBS 한 장 수학 2 (상)

06 일차함수 $y=-\dfrac{1}{2}x-4$의 그래프는 일차함수 $y=-\dfrac{1}{2}x$의 그래프를 y축의 방향으로 $\boxed{-4}$만큼 평행이동한 것이다.

07 일차함수 $y=4x$의 그래프를 y축의 방향으로 2만큼 평행이동하면

$y=4x+2$

08 일차함수 $y=-2x$의 그래프를 y축의 방향으로 3만큼 평행이동하면

$y=-2x+3$

09 일차함수 $y=-x$의 그래프를 y축의 방향으로 -2만큼 평행이동하면

$y=-x-2$

10 일차함수 $y=\dfrac{2}{3}x$의 그래프를 y축의 방향으로 -5만큼 평행이동하면

$y=\dfrac{2}{3}x-5$

11 ㉠ 그래프는 일차함수 $y=2x$의 그래프를 y축의 방향으로 3만큼 평행이동한 것이다.

$\therefore b=3$

12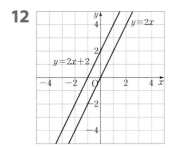

13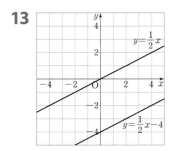

14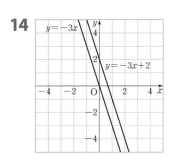

15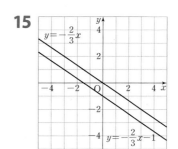

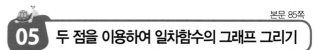
본문 85쪽

05 **두 점을 이용하여 일차함수의 그래프 그리기**

01 4, 2, 4, 2, 그래프는 풀이 참조
02 1, -1, 1, -1, 그래프는 풀이 참조
03~04 풀이 참조   **05** -1, 2, 2, 9, 11

01 $y=x+3$에서
$x=1$일 때, $y=1+3=\boxed{4}$
$x=-1$일 때, $y=-1+3=\boxed{2}$
따라서 일차함수 $y=x+3$의 그래프는 두 점 $(1, \boxed{4})$, $(-1, \boxed{2})$를 지나는 직선이다.

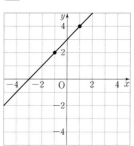

02 $y=-2x+1$에서
$x=0$일 때, $y=-2\times0+1=\boxed{1}$
$x=1$일 때, $y=-2\times1+1=\boxed{-1}$
따라서 일차함수 $y=-2x+1$의 그래프는 두 점 $(0, \boxed{1})$, $(1, \boxed{-1})$을 지나는 직선이다.

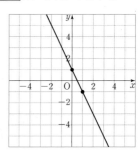

03 $x=1$일 때, $y=2\times1-1=1$
$x=2$일 때, $y=2\times2-1=3$
따라서 일차함수 $y=2x-1$의 그래프는 두 점 $(1, 1)$, $(2, 3)$을 지나는 직선이다.

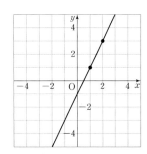

04 $x=2$일 때, $y=-\dfrac{1}{2}\times2+2=1$

$x=0$일 때, $y=-\dfrac{1}{2}\times0+2=2$

따라서 일차함수 $y=-\dfrac{1}{2}x+2$의 그래프는 두 점 $(2, 1)$, $(0, 2)$를 지나는 직선이다.

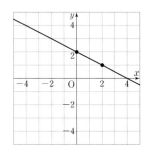

05 일차함수 $y=px+5$의 그래프가 점 $(-1, 3)$을 지나므로
$x=-1$, $y=3$을 $y=px+5$에 대입하면
$3=p\times(\boxed{-1})+5$　　∴ $p=\boxed{2}$
따라서 $y=2x+5$이므로 $(2, q)$를 대입하면
$q=\boxed{2}\times2+5$　　∴ $q=\boxed{9}$
∴ $p+q=\boxed{11}$

06 $y=0$일 때, $0=x+2$　　∴ $x=-2$
$x=0$일 때, $y=2$
따라서 일차함수 $y=x+2$의 그래프의 x절편은 -2, y절편은 2이다.

07 $y=0$일 때, $0=-x+5$　　∴ $x=5$
$x=0$일 때, $y=5$
따라서 일차함수 $y=-x+5$의 그래프의 x절편은 5, y절편은 5이다.

08 $y=0$일 때, $0=-\dfrac{1}{3}x+4$　　∴ $x=12$
$x=0$일 때, $y=4$
따라서 일차함수 $y=-\dfrac{1}{3}x+4$의 그래프의 x절편은 12, y절편은 4이다.

09 $y=0$일 때, $0=\dfrac{3}{2}x-1$　　∴ $x=\dfrac{2}{3}$
$x=0$일 때, $y=-1$
따라서 일차함수 $y=\dfrac{3}{2}x-1$의 그래프의 x절편은 $\dfrac{2}{3}$, y절편은 -1이다.

10 $y=0$일 때, $0=-\dfrac{4}{3}x+2$　　∴ $x=\dfrac{3}{2}$
$x=0$일 때, $y=2$
따라서 일차함수 $y=-\dfrac{4}{3}x+2$의 그래프의 x절편은 $\dfrac{3}{2}$, y절편은 2이다.

본문 86쪽

06 일차함수의 그래프의 x절편과 y절편

01 x절편: -4, y절편: 3	**02** x절편: 5, y절편: -3
03 x절편: 6, y절편: 4	**04** x절편: -7, y절편: -5
05 -4, -8, -4, -8	**06** x절편: -2, y절편: 2
07 x절편: 5, y절편: 5	**08** x절편: 12, y절편: 4
09 x절편: $\dfrac{2}{3}$, y절편: -1	**10** x절편: $\dfrac{3}{2}$, y절편: 2

05 $y=0$일 때, $0=-2x-8$　　∴ $x=\boxed{-4}$
$x=0$일 때, $y=0-8$　　∴ $y=\boxed{-8}$
따라서 일차함수 $y=-2x-8$의 그래프의 x절편은 $\boxed{-4}$이고, y절편은 $\boxed{-8}$이다.

본문 87쪽

07 x절편과 y절편을 이용하여 일차함수의 그래프 그리기

01~06 풀이 참조

01 두 점 $(4, 0)$, $(0, 2)$를 지나는 직선을 그으면 그림과 같다.

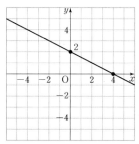

02 두 점 $(-3, 0)$, $(0, 4)$를 지나는 직선을 그으면 다음과 같다.

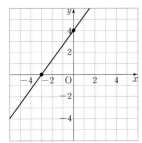

03 두 점 $(-2, 0)$, $(0, 1)$을 지나는 직선을 그으면 다음과 같다.

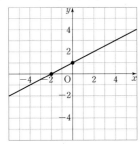

04 $y=x+3$에서

$y=0$일 때, $0=x+3$ $\quad \therefore x=-3$

$x=0$일 때, $y=3$

따라서 x절편은 -3, y절편은 3이므로 일차함수 $y=x+3$의 그래프는 두 점 $(-3, 0)$, $(0, 3)$을 지나는 직선이다.

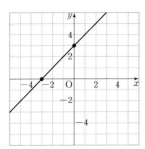

05 $y=2x-4$에서

$y=0$일 때, $0=2x-4$ $\quad \therefore x=2$

$x=0$일 때, $y=-4$

따라서 x절편은 2, y절편은 -4이므로 일차함수 $y=2x-4$의 그래프는 두 점 $(2, 0)$, $(0, -4)$를 지나는 직선이다.

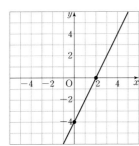

06 $y=-\dfrac{1}{2}x+2$에서

$y=0$일 때, $0=-\dfrac{1}{2}x+2$ $\quad \therefore x=4$

$x=0$일 때, $y=2$

따라서 x절편은 4, y절편은 2이므로 일차함수 $y=-\dfrac{1}{2}x+2$의 그래프는 두 점 $(4, 0)$, $(0, 2)$를 지나는 직선이다.

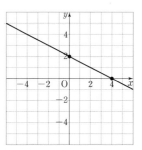

핵심 반복 본문 88쪽

1 ③	**2** ②, ④	**3** ①	**4** ③
5 $a=3$, $b=-2$		**6** ③	**7** ①

1 ③ 몸무게가 $x\ \mathrm{kg}$으로 같더라도 키는 사람에 따라 다를 수 있다. 즉, x의 값이 정해짐에 따라 y의 값이 오직 하나씩만 정해지지 않으므로 y는 x의 함수가 아니다.

2 ①, ③, ⑤는 $y=(x$에 대한 일차식$)$이 아니므로 일차함수가 아니다.

3 $f(x)=ax+4$에서

$f(2)=-4$이므로

$2a+4=-4$, $2a=-8$ $\quad \therefore a=-4$

4 일차함수 $y=ax$의 그래프가 점 $(5, 4)$를 지나므로

$x=5$, $y=4$를 $y=ax$에 대입하면

$4=5a$ $\quad \therefore a=\dfrac{4}{5}$

5 일차함수 $y=3x$의 그래프를 y축의 방향으로 -2만큼 평행이동한 그래프의 식은 $y=3x-2$

이 그래프는 일차함수 $y=ax+b$의 그래프와 일치하므로

$a=3$, $b=-2$

6 일차함수 $y=2x-4$의 그래프의 x절편은 2, y절편은 -4이므로

$a=2$, $b=-4$

$\therefore a+b=2+(-4)=-2$

7 p와 q는 각각 일차함수 $y=\dfrac{1}{2}x+2$의 그래프의 x절편과 y절편이다.

$y=\dfrac{1}{2}x+2$에서

$y=0$일 때, $0=\dfrac{1}{2}x+2$ $\quad \therefore x=-4$

$x=0$일 때, $y=2$
따라서 x절편은 -4, y절편은 2이므로
$p=-4$, $q=2$
$\therefore pq=(-4)\times 2=-8$

형성 평가

1 -1	2 ④	3 -6	4 ①
5 ①	6 ⑤	7 4	8 1

1 $f(2)=4$이므로 $x=2$를 $f(x)=\dfrac{a}{x}$에 대입하면

$f(2)=\dfrac{a}{2}=4$ $\therefore a=8$

따라서 $f(x)=\dfrac{8}{x}$이므로

$f(-8)=\dfrac{8}{-8}=-1$

2 $y=ax-x-3=(a-1)x-3$이 x에 대한 일차함수가 되려면
$a-1\neq 0$이어야 한다.
$\therefore a\neq 1$

3 일차함수 $y=ax$의 그래프가 점 $(-2, 4)$를 지나므로
$4=-2a$ $\therefore a=-2$
또 일차함수 $y=-2x$의 그래프가 점 $(3, p)$를 지나므로
$p=-2\times 3=-6$

4 일차함수 $y=\dfrac{1}{2}x$의 그래프를 y축의 방향으로 -4만큼 평행이
동하면

$y=\dfrac{1}{2}x-4$

이 그래프가 점 $(4, a)$를 지나므로

$a=\dfrac{1}{2}\times 4-4=-2$

5 ① $x=-2$일 때, $y=-2\times(-2)+3=7$
이므로 점 $(-2, 7)$은 일차함수 $y=-2x+3$의 그래프 위
의 점이다.

6 일차함수 $y=3x-5$의 그래프를 y축의 방향으로 m만큼 평행
이동하면 $y=3x-5+m$
이 그래프의 y절편이 -2이므로 $x=0$, $y=-2$를 대입하면
$-2=-5+m$ $\therefore m=3$

7 일차함수 $y=-\dfrac{3}{4}x+b$의 그래프의 y절편은 3이므로
$x=0$, $y=3$을 대입하면 $b=3$
$\therefore y=-\dfrac{3}{4}x+3$

$y=0$일 때, $0=-\dfrac{3}{4}x+3$ $\therefore x=4$

따라서 일차함수 $y=-\dfrac{3}{4}x+3$의 그래프의 x절편은 $p=4$

8 일차함수 $y=-3x+b$의 그래프를 y축의 방향으로 4만큼 평
행이동하면
$y=-3x+b+4$
이 그래프가 점 $(-1, 5)$를 지나므로
$5=-3\times(-1)+b+4$
$5=7+b$ $\therefore b=-2$
일차함수 $y=-3x-2$의 그래프가 점 $(p, -5p)$를 지나므로
$-5p=-3p-2$, $-2p=-2$
$\therefore p=1$

08 일차함수의 그래프의 기울기

01 1, 2, 2, 4, 4, 2, 2		**02** -1, 3, 3, 3, 3, 3, 1
03 -2, 4, 4, -8, -8, 4, -2		**04** 1
05 -3	**06** $\dfrac{3}{2}$	**07** 4	**08** -2

01 (x의 값의 증가량)$=3-\boxed{1}=\boxed{2}$,
(y의 값의 증가량)$=6-\boxed{2}=\boxed{4}$이므로

(기울기)$=\dfrac{(y\text{의 값의 증가량})}{(x\text{의 값의 증가량})}=\dfrac{\boxed{4}}{\boxed{2}}=\boxed{2}$

02 (x의 값의 증가량)$=2-(\boxed{-1})=\boxed{3}$,
(y의 값의 증가량)$=6-\boxed{3}=\boxed{3}$이므로

(기울기)$=\dfrac{(y\text{의 값의 증가량})}{(x\text{의 값의 증가량})}=\dfrac{\boxed{3}}{\boxed{3}}=\boxed{1}$

03 (x의 값의 증가량)$=2-(\boxed{-2})=\boxed{4}$,
(y의 값의 증가량)$=-4-\boxed{4}=\boxed{-8}$이므로

(기울기)$=\dfrac{(y\text{의 값의 증가량})}{(x\text{의 값의 증가량})}=\dfrac{\boxed{-8}}{\boxed{4}}=\boxed{-2}$

04 일차함수 $y=x-2$의 그래프의 기울기는 x의 계수와 같으므
로 1이다.

05 일차함수 $y=-3x+4$의 그래프의 기울기는 x의 계수와 같으
므로 -3이다.

06 일차함수 $y=\dfrac{3}{2}x-1$의 그래프의 기울기는 x의 계수와 같으
므로 $\dfrac{3}{2}$이다.

07 (기울기)$=\dfrac{(y\text{의 값의 증가량})}{(x\text{의 값의 증가량})}=2$에서

$$\frac{(y의\ 값의\ 증가량)}{2}=2이므로$$

$$(y의\ 값의\ 증가량)=4$$

08 $(기울기)=\dfrac{(y의\ 값의\ 증가량)}{(x의\ 값의\ 증가량)}=-1에서$

$$\frac{(y의\ 값의\ 증가량)}{2}=-1이므로$$

$$(y의\ 값의\ 증가량)=-2$$

본문 91쪽

09 일차함수의 그래프를 보고 기울기 구하기

01 1	02 2	03 -1	04 $-\dfrac{3}{4}$
05 $\dfrac{4}{3}$	06 $-\dfrac{2}{3}$	07 3	08 $-\dfrac{1}{2}$

01 주어진 직선이 두 점 $(1, 2)$, $(2, 3)$을 지나므로

$$(기울기)=\frac{(y의\ 값의\ 증가량)}{(x의\ 값의\ 증가량)}$$

$$=\frac{3-2}{2-1}=1$$

02 주어진 직선이 두 점 $(1, 0)$, $(2, 2)$를 지나므로

$$(기울기)=\frac{(y의\ 값의\ 증가량)}{(x의\ 값의\ 증가량)}$$

$$=\frac{2-0}{2-1}=2$$

03 주어진 직선이 두 점 $(-2, 3)$, $(2, -1)$을 지나므로

$$(기울기)=\frac{(y의\ 값의\ 증가량)}{(x의\ 값의\ 증가량)}$$

$$=\frac{-1-3}{2-(-2)}=-1$$

04 주어진 직선이 두 점 $(-3, 1)$, $(1, -2)$를 지나므로

$$(기울기)=\frac{(y의\ 값의\ 증가량)}{(x의\ 값의\ 증가량)}$$

$$=\frac{-2-1}{1-(-3)}=-\frac{3}{4}$$

05 주어진 직선이 두 점 $(-3, 0)$, $(0, 4)$를 지나므로

$$(기울기)=\frac{(y의\ 값의\ 증가량)}{(x의\ 값의\ 증가량)}$$

$$=\frac{4-0}{0-(-3)}=\frac{4}{3}$$

06 주어진 직선이 두 점 $(3, 0)$, $(0, 2)$를 지나므로

$$(기울기)=\frac{(y의\ 값의\ 증가량)}{(x의\ 값의\ 증가량)}$$

$$=\frac{2-0}{0-3}=-\frac{2}{3}$$

07 주어진 직선이 두 점 $(1, 0)$, $(0, -3)$을 지나므로

$$(기울기)=\frac{(y의\ 값의\ 증가량)}{(x의\ 값의\ 증가량)}$$

$$=\frac{-3-0}{0-1}=3$$

08 주어진 직선이 두 점 $(-4, 0)$, $(0, -2)$를 지나므로

$$(기울기)=\frac{(y의\ 값의\ 증가량)}{(x의\ 값의\ 증가량)}$$

$$=\frac{-2-0}{0-(-4)}=-\frac{1}{2}$$

본문 92쪽

10 기울기와 y절편을 이용하여 일차함수의 그래프 그리기

01 -1, -1, 1, 1, 1, -1, 0, 그래프는 풀이 참조
02~04 풀이 참조

01 y절편이 $\boxed{-1}$이므로 점 $(0, \boxed{-1})$을 지난다.

기울기가 $\boxed{1}$이므로 x의 값이 1만큼 증가하면 y의 값도 $\boxed{1}$만큼 증가한다.

즉, 점 $(0+1, -1+\boxed{1})$을 지난다.

따라서 일차함수 $y=x-1$의 그래프는 두 점

$(0, \boxed{-1})$, $(1, \boxed{0})$을 지나는 직선이다.

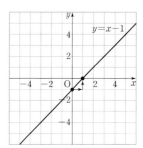

02 일차함수 $y=-x+3$의 그래프는 y절편이 3이므로 점 $(0, 3)$을 지난다.

또 기울기가 -1이므로 x의 값의 1만큼 증가하면 y의 값은 1만큼 감소한다.

즉, 점 $(0+1, 3-1)$을 지난다.

따라서 일차함수 $y=-x+3$의 그래프는 두 점 $(0, 3)$, $(1, 2)$를 지나는 직선이다.

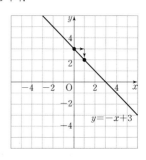

03 일차함수 $y=\dfrac{1}{2}x+4$의 그래프는 y절편이 4이므로 점 $(0, 4)$를 지난다.

또 기울기가 $\dfrac{1}{2}$이므로 x의 값이 2만큼 증가하면 y의 값은 1만큼 증가한다.

즉, 점 $(0+2, 4+1)$을 지난다.

따라서 일차함수 $y=\dfrac{1}{2}x+4$의 그래프는 두 점 $(0, 4)$, $(2, 5)$를 지나는 직선이다.

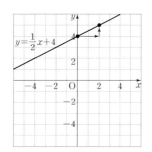

04 일차함수 $y=2x-2$의 그래프는 y절편이 -2이므로 점 $(0, -2)$를 지난다.

또 기울기가 2이므로 x의 값이 1만큼 증가하면 y의 값은 2만큼 증가한다.

즉, 점 $(0+1, -2+2)$를 지난다.

따라서 일차함수 $y=2x-2$의 그래프는 두 점 $(0, -2)$, $(1, 0)$을 지나는 직선이다.

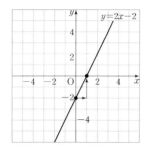

본문 93쪽

11 일차함수 $y=ax+b$의 그래프의 성질

01 ㄷ   **02** ㄹ   **03** ㄴ   **04** ㄱ
05 ③, ④, ⑤   **06** ①, ②   **07** ㄴ, ㄹ, ㅂ
08 ㄱ

01 기울기가 양수이므로 그래프는 오른쪽 위로 향하는 직선이고, y절편이 양수이므로 그래프는 y축과 양의 부분에서 만난다.
따라서 조건에 알맞은 그래프는 ㄷ이다.

02 기울기가 양수이므로 그래프는 오른쪽 위로 향하고, y절편이 음수이므로 그래프는 y축과 음의 부분에서 만난다.
따라서 조건에 알맞은 그래프는 ㄹ이다.

03 기울기가 음수이므로 그래프는 오른쪽 아래로 향하고, y절편이 음수이므로 그래프는 y축과 음의 부분에서 만난다.
따라서 조건에 알맞은 그래프는 ㄴ이다.

04 기울기가 음수이므로 그래프는 오른쪽 아래로 향하고, y절편이 양수이므로 그래프는 y축과 양의 부분에서 만난다.
따라서 조건에 알맞은 그래프는 ㄱ이다.

05 기울기가 음수인 그래프는 그래프가 오른쪽 아래로 향하므로 조건에 알맞은 그래프는 ③, ④, ⑤이다.

06 x의 값이 증가할 때, y의 값도 증가하는 그래프는 기울기가 양수인 그래프이므로 그래프가 오른쪽 위로 향하는 그래프이다.
따라서 조건에 알맞은 그래프는 ①, ②이다.

07 x의 값이 증가할 때, y의 값은 감소하는 직선은 기울기가 음수인 그래프이므로 ㄴ, ㄹ, ㅂ이다.

08 오른쪽 위로 향하는 직선은 기울기가 양수, y축과 음의 부분에서 만나는 직선은 y절편이 음수이므로 ㄱ이다.

본문 94쪽

12 일차함수의 그래프의 평행과 일치

01 평행   **02** 한 점   **03** 일치   **04** 평행
05 평행   **06** 2   **07** 1
08 $a=-1$, $b=3$ **09** $a=-\dfrac{1}{2}$, $b=-5$

01 기울기가 같고, y절편이 다르므로 두 일차함수의 그래프는 서로 평행하다.

02 기울기가 서로 다르므로 두 일차함수의 그래프는 한 점에서 만난다.

03 기울기와 y절편이 각각 같으므로 두 일차함수의 그래프는 서로 일치한다.

04 기울기가 같고, y절편이 다르므로 두 일차함수의 그래프는 서로 평행하다.

05 기울기가 같고, y절편이 다르므로 두 일차함수의 그래프는 서로 평행하다.

06 두 일차함수 $y=2x+3$, $y=ax+2$의 그래프가 평행하므로 기울기가 같고 y절편은 달라야 한다.
∴ $a=2$

07 두 일차함수 $y=-ax+3$, $y=-x+4$의 그래프가 평행하므로 기울기가 같고 y절편은 달라야 한다.

즉, $-a=-1$ $\therefore a=1$

08 두 일차함수 $y=ax+3$, $y=-x+b$의 그래프가 일치하므로 기울기와 y절편이 각각 같아야 한다.

$\therefore a=-1$, $b=3$

09 두 일차함수 $y=ax-b$, $y=-\dfrac{1}{2}x+5$의 그래프가 일치하므로 기울기와 y절편이 각각 같아야 한다.

$\therefore a=-\dfrac{1}{2}$, $b=-5$

본문 95쪽

13 일차함수의 식 구하기(1) – 기울기와 한 점이 주어질 때

01 $y=2x-1$ **02** $y=\dfrac{1}{3}x+5$

03 $y=-4x+3$ **04** $y=-\dfrac{1}{2}x-1$

05 $y=\dfrac{4}{3}x-2$ **06** $y=x+2$

07 $y=\dfrac{1}{4}x+2$ **08** $y=-3x-1$

09 $y=-\dfrac{1}{3}x+1$ **10** $y=3x-1$

01 기울기가 2이고, y절편이 -1인 직선을 그래프로 하는 일차함수의 식은 $y=2x-1$이다.

02 기울기가 $\dfrac{1}{3}$이고, y절편이 5인 직선을 그래프로 하는 일차함수의 식은 $y=\dfrac{1}{3}x+5$이다.

03 y축과 점 $(0, 3)$에서 만나는 직선은 y절편이 3이다. 기울기가 -4이고, y절편이 3인 직선을 그래프로 하는 일차함수의 식은 $y=-4x+3$이다.

04 y축과 점 $(0, -1)$에서 만나는 직선은 y절편이 -1이다. 기울기가 $-\dfrac{1}{2}$이고, y절편이 -1인 직선을 그래프로 하는 일차함수의 식은 $y=-\dfrac{1}{2}x-1$이다.

05 x의 값이 3만큼 증가할 때, y의 값도 4만큼 증가하는 직선의 기울기는 $\dfrac{4}{3}$이다. 기울기가 $\dfrac{4}{3}$이고, y절편이 -2인 직선을 그래프로 하는 일차함수의 식은 $y=\dfrac{4}{3}x-2$이다.

06 기울기가 1이므로 일차함수의 식을 $y=x+b$로 놓고 이 식에 $x=1$, $y=3$을 대입하면

$3=1+b$ $\therefore b=2$
따라서 구하는 일차함수의 식은
$y=x+2$

07 기울기가 $\dfrac{1}{4}$이므로 일차함수의 식을 $y=\dfrac{1}{4}x+b$로 놓고 이 식에 $x=4$, $y=3$을 대입하면

$3=\dfrac{1}{4}\times4+b$ $\therefore b=2$
따라서 구하는 일차함수의 식은
$y=\dfrac{1}{4}x+2$

08 기울기가 -3이므로 일차함수의 식을 $y=-3x+b$로 놓고 이 식에 $x=-1$, $y=2$를 대입하면
$2=-3\times(-1)+b$ $\therefore b=-1$
따라서 구하는 일차함수의 식은
$y=-3x-1$

09 x의 값이 3만큼 증가할 때, y의 값은 1만큼 감소하는 직선의 기울기는 $-\dfrac{1}{3}$이다. 기울기가 $-\dfrac{1}{3}$이므로 일차함수의 식을 $y=-\dfrac{1}{3}x+b$로 놓고 이 식에 $x=6$, $y=-1$을 대입하면

$-1=-\dfrac{1}{3}\times6+b$ $\therefore b=1$

$\therefore y=-\dfrac{1}{3}x+1$

10 x의 값이 2만큼 증가할 때, y의 값도 6만큼 증가하는 직선의 기울기는 $\dfrac{6}{2}=3$이다. 기울기가 3이므로 일차함수의 식을 $y=3x+b$로 놓고 이 식에 $x=2$, $y=5$를 대입하면
$5=3\times2+b$ $\therefore b=-1$
$\therefore y=3x-1$

본문 96쪽

14 일차함수의 식 구하기(2) – 서로 다른 두 점이 주어질 때

01 2, 2, -2, 4, $2x+4$

02 -3, -3, -3, 7, $-3x+7$

03 $y=2x-3$ **04** $y=3x+7$

05 $y=-x+3$ **06** $y=-2x+5$

01 기울기가 $\dfrac{6-2}{1-(-1)}=\boxed{2}$이므로

일차함수의 식을 $y=\boxed{2}x+b$로 놓고
이 식에 $x=-1$, $y=2$를 대입하면
$2=\boxed{-2}+b$ $\therefore b=\boxed{4}$
따라서 구하는 일차함수의 식은
$y=\boxed{2x+4}$

02 기울기가 $\dfrac{-2-4}{3-1}=\boxed{-3}$이므로

일차함수의 식을 $y=\boxed{-3}x+b$로 놓고

이 식에 $x=1$, $y=4$를 대입하면

$4=\boxed{-3}+b$ $\therefore b=\boxed{7}$

따라서 구하는 일차함수의 식은

$y=\boxed{-3x+7}$

03 (기울기)$=\dfrac{1-(-1)}{2-1}=2$

기울기가 2이므로 일차함수의 식을 $y=2x+b$로 놓고

이 식에 $x=1$, $y=-1$을 대입하면

$-1=2+b$ $\therefore b=-3$

따라서 구하는 일차함수의 식은

$y=2x-3$

04 (기울기)$=\dfrac{4-1}{-1-(-2)}=3$

기울기가 3이므로 일차함수의 식을 $y=3x+b$로 놓고

이 식에 $x=-2$, $y=1$을 대입하면

$1=-6+b$ $\therefore b=7$

따라서 구하는 일차함수의 식은

$y=3x+7$

05 (기울기)$=\dfrac{2-4}{1-(-1)}=\dfrac{-2}{2}=-1$

기울기가 -1이므로 일차함수의 식을 $y=-x+b$로 놓고

이 식에 $x=1$, $y=2$를 대입하면

$2=-1+b$ $\therefore b=3$

따라서 구하는 일차함수의 식은

$y=-x+3$

06 (기울기)$=\dfrac{-3-3}{4-1}=\dfrac{-6}{3}=-2$

기울기가 -2이므로 일차함수의 식을 $y=-2x+b$로 놓고

이 식에 $x=1$, $y=3$을 대입하면

$3=-2+b$ $\therefore b=5$

따라서 구하는 일차함수의 식은

$y=-2x+5$

본문 97쪽

15 일차함수의 식 구하기(3) − x절편과 y절편이 주어질 때

01 $y=-\dfrac{1}{2}x+2$ **02** $y=2x+6$

03 $y=-\dfrac{1}{2}x-1$ **04** $y=\dfrac{2}{5}x-2$

05 $y=-\dfrac{3}{5}x+3$ **06** $y=2x-4$

07 $y=x+5$ **08** $y=-\dfrac{4}{3}x-4$

01 두 점 $(4, 0)$, $(0, 2)$를 지나므로

(기울기)$=\dfrac{2-0}{0-4}=-\dfrac{1}{2}$

따라서 기울기가 $-\dfrac{1}{2}$이고, y절편이 2이므로

$y=-\dfrac{1}{2}x+2$

02 두 점 $(-3, 0)$, $(0, 6)$을 지나므로

(기울기)$=\dfrac{6-0}{0-(-3)}=2$

따라서 기울기가 2이고, y절편이 6이므로

$y=2x+6$

03 두 점 $(-2, 0)$, $(0, -1)$을 지나므로

(기울기)$=\dfrac{-1-0}{0-(-2)}=-\dfrac{1}{2}$

따라서 기울기가 $-\dfrac{1}{2}$이고, y절편이 -1이므로

$y=-\dfrac{1}{2}x-1$

04 두 점 $(5, 0)$, $(0, -2)$를 지나므로

(기울기)$=\dfrac{-2-0}{0-5}=\dfrac{2}{5}$

따라서 기울기가 $\dfrac{2}{5}$이고, y절편이 -2이므로

$y=\dfrac{2}{5}x-2$

05 두 점 $(5, 0)$, $(0, 3)$을 지나므로

(기울기)$=\dfrac{3-0}{0-5}=-\dfrac{3}{5}$

따라서 기울기가 $-\dfrac{3}{5}$이고, y절편이 3이므로

$y=-\dfrac{3}{5}x+3$

06 두 점 $(2, 0)$, $(0, -4)$를 지나므로

(기울기)$=\dfrac{-4-0}{0-2}=2$

따라서 기울기가 2이고, y절편이 -4이므로

$y=2x-4$

07 두 점 $(-5, 0)$, $(0, 5)$를 지나므로

(기울기)$=\dfrac{5-0}{0-(-5)}=1$

따라서 기울기가 1이고, y절편이 5이므로

$y=x+5$

08 두 점 $(-3, 0)$, $(0, -4)$를 지나므로

(기울기)$=\dfrac{-4-0}{0-(-3)}=-\dfrac{4}{3}$

따라서 기울기가 $-\dfrac{4}{3}$이고, y절편이 -4이므로

$y=-\dfrac{4}{3}x-4$

1 ④	**2** ②	**3** ②	**4** ③
5 ③	**6** ②	**7** ②	

1 일차함수 $y=ax+b$의 그래프는 $a<0$일 때, x의 값이 증가하면 y의 값은 감소한다.

2 주어진 그래프는 두 점 $(-8, 0)$, $(0, -6)$을 지나므로
(기울기)$=\dfrac{0-(-6)}{-8-0}=\dfrac{6}{-8}=-\dfrac{3}{4}$

3 일차함수 $y=2x-3$의 그래프는 y절편이 -3이므로
점 $(0, -3)$을 지난다.
기울기가 2이므로 x의 값이 2만큼 증가하면 y의 값은 4만큼 증가한다. 즉, 점 $(0+2, -3+4)$를 지난다.
따라서 일차함수 $y=2x-3$의 그래프는 두 점 $(0, -3)$, $(2, 1)$을 지나는 직선이다.

4 오른쪽 아래로 향하는 직선이므로 $a<0$
그래프가 y축의 양의 부분과 만나므로 $b>0$

5 일차함수 $y=2x-1$의 그래프와 기울기가 2로 같고, y절편이 -1이 아닌 것을 찾으면 ③이다.

6 일차함수 $y=3x+5$의 그래프와 평행한 그래프는 기울기가 3이다.
따라서 기울기가 3이고 y절편이 -1인 일차함수의 식은
$y=3x-1$

7 (기울기)$=\dfrac{2-0}{1-(-1)}=1$
이므로 일차함수의 식을 $y=x+b$로 놓고
이 식에 $x=-1$, $y=0$을 대입하면
$0=-1+b$　　∴ $b=1$
따라서 구하는 일차함수의 식은
$y=x+1$

1 ⑤	**2** ⑤	**3** ④	**4** ④
5 ①	**6** ④	**7** ⑤	**8** -2

1 일차함수 $y=ax+b$의 그래프는 a의 절댓값이 클수록 y축에 가까워진다.
① $|1|=1$　　② $\left|-\dfrac{2}{3}\right|=\dfrac{2}{3}$　　③ $\left|\dfrac{4}{5}\right|=\dfrac{4}{5}$

④ $|-3|=3$　　⑤ $\left|\dfrac{10}{3}\right|=\dfrac{10}{3}$

$\left|\dfrac{10}{3}\right|>|-3|>|1|>\left|\dfrac{4}{5}\right|>\left|-\dfrac{2}{3}\right|$이므로 일차함수의 그래프 중 y축에 가장 가까운 것은 ⑤이다.

2 두 점 $(2, -3)$, $(4, 5)$를 지나는 일차함수의 그래프의 기울기는 $\dfrac{5-(-3)}{4-2}=\dfrac{8}{2}=4$
이 그래프에서 x의 값이 -3에서 1까지 증가할 때
$4=\dfrac{(y\text{의 값의 증가량})}{1-(-3)}$
∴ $(y$의 값의 증가량$)=16$

3 $a<0$, $b>0$이므로 (기울기)$=-a>0$이고 (y절편)$=b>0$
그래프는 오른쪽 위로 향하고 y축과 양의 부분에서 만나므로 이 그래프는 제1, 2, 3사분면은 지나고 제4사분면을 지나지 않는다.

4 일차함수 $y=ax-1$의 그래프가 일차함수 $y=2x+1$의 그래프와 평행하므로 기울기가 같다.
∴ $a=2$
일차함수 $y=2x-1$의 그래프가 점 $(2, b)$를 지나므로
$x=2$, $y=b$를 $y=2x-1$에 대입하면
$b=2\times 2-1=3$
∴ $a+b=2+3=5$

5 기울기가 2이고 y절편이 -4인 직선을 그래프로 하는 일차함수의 식은
$y=2x-4$
이 그래프가 점 $(-2, p)$를 지나므로
$x=-2$, $y=p$를 $y=2x-4$에 대입하면
$p=2\times(-2)-4=-8$

6 일차함수 $y=2ax-b$의 그래프를 y축의 방향으로 5만큼 평행이동하면 $y=2ax-b+5$
두 일차함수 $y=2ax-b+5$와 $y=-2x+3$의 그래프가 일치하므로
$2a=-2$, $-b+5=3$
∴ $a=-1$, $b=2$
∴ $a+b=-1+2=1$

7 두 점 $(1, 1)$, $(3, -3)$을 지나므로
(기울기)$=\dfrac{-3-1}{3-1}=-2$
기울기가 -2이므로 일차함수의 식을 $y=-2x+b$로 놓고
이 식에 $x=1$, $y=1$을 대입하면
$1=-2+b$　　∴ $b=3$
따라서 일차함수의 식은 $y=-2x+3$이고 이 그래프가
점 $(-4, p)$를 지나므로
$p=-2\times(-4)+3=11$

8 y절편이 1이므로 일차함수의 식을 $y=ax+1$로 놓고
이 그래프가 점 $(2, 2)$를 지나므로
$2=2a+1$ $\therefore a=\dfrac{1}{2}$

$\therefore y=\dfrac{1}{2}x+1$

이 식에 $y=0$을 대입하면

$0=\dfrac{1}{2}x+1$ $\therefore x=-2$

따라서 이 그래프의 x절편은 -2이다.

본문 100쪽

16 일차함수와 일차방정식의 관계

01 $y=-x-1$　　**02** $y=2x+1$

03 $y=-\dfrac{1}{2}x+2$　　**04** $y=-\dfrac{3}{2}x+\dfrac{1}{2}$

05 $y=\dfrac{4}{5}x+2$　　**06** $y=\dfrac{3}{4}x-3$

07 $1, 1$　　**08** $-2, -3$　　**09** $-2, \dfrac{1}{2}$　　**10** $\dfrac{3}{2}, -3$

03 $x+2y-4=0$에서
$2y=-x+4$
$\therefore y=-\dfrac{1}{2}x+2$

04 $3x+2y-1=0$에서
$2y=-3x+1$
$\therefore y=-\dfrac{3}{2}x+\dfrac{1}{2}$

05 $-4x+5y-10=0$에서
$5y=4x+10$
$\therefore y=\dfrac{4}{5}x+2$

06 $-3x+4y+12=0$에서
$4y=3x-12$
$\therefore y=\dfrac{3}{4}x-3$

07 $-x+y-1=0$에서 $y=x+1$이므로
기울기는 1이고, y절편은 1이다.

08 $2x+y+3=0$에서 $y=-2x-3$이므로
기울기는 -2이고, y절편은 -3이다.

09 $4x+2y-1=0$에서 $2y=-4x+1$
즉, $y=-2x+\dfrac{1}{2}$이므로
기울기는 -2, y절편은 $\dfrac{1}{2}$이다.

10 $3x-2y-6=0$에서 $-2y=-3x+6$
즉, $y=\dfrac{3}{2}x-3$이므로
기울기는 $\dfrac{3}{2}$, y절편은 -3이다.

본문 101쪽

17 미지수가 2개인 일차방정식의 그래프 그리기

01~05 풀이 참조

01 (1) $2x+y-3=0$에서 $y=-2x+\boxed{3}$
따라서 일차방정식 $2x+y-3=0$의 그래프는 기울기가 -2이고 y절편은 $\boxed{3}$인 직선이다.
(2)

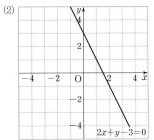

02 $-2x+2y+4=0$에서 $2y=2x-4$
$\therefore y=x-2$
따라서 일차방정식 $-2x+2y+4=0$의 그래프는 기울기가 1이고 y절편은 -2인 직선이다.

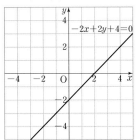

03 $4x-2y-6=0$에서 $-2y=-4x+6$
$\therefore y=2x-3$
따라서 일차방정식 $4x-2y-6=0$의 그래프는 기울기가 2이고 y절편은 -3인 직선이다.

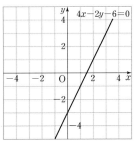

04 $x+2y-2=0$에서 $2y=-x+2$

$\therefore y=-\dfrac{1}{2}x+1$

따라서 일차방정식 $x+2y-2=0$의 그래프는 기울기가 $-\dfrac{1}{2}$

이고 y절편은 1인 직선이다.

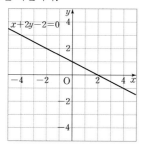

05 $2x-3y-9=0$에서 $-3y=-2x+9$

$\therefore y=\dfrac{2}{3}x-3$

따라서 일차방정식 $2x-3y-9=0$의 그래프는 기울기가 $\dfrac{2}{3}$

이고 y절편은 -3인 직선이다.

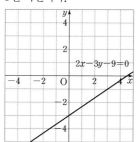

본문 102쪽

18 일차방정식 $x=p$, $y=q$의 그래프

01~04 풀이 참조	**05** $y=3$	**06** $x=3$
07 $x=3$	**08** $y=-4$	**09** $x=5$	**10** $x=-2$
11 $y=6$	**12** $y=-7$	**13** 풀이 참조	**14** 9

01

x	$\cdots$	4	4	4	4	$\cdots$
y	$\cdots$	1	2	3	4	$\cdots$

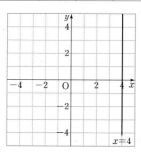

02

x	$\cdots$	-3	-3	-3	-3	$\cdots$
y	$\cdots$	1	2	3	4	$\cdots$

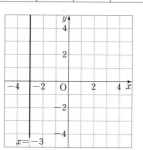

03

x	$\cdots$	1	2	3	4	$\cdots$
y	$\cdots$	4	4	4	4	$\cdots$

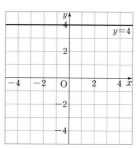

04

x	$\cdots$	1	2	3	4	$\cdots$
y	$\cdots$	-1	-1	-1	-1	$\cdots$

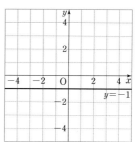

05 점 $(0, 3)$을 지나고, x축에 평행한 직선을 그래프로 하는 방정식은 $y=3$이다.

06 점 $(3, 0)$을 지나고, y축에 평행한 직선을 그래프로 하는 방정식은 $x=3$이다.

07 점 $(3, -4)$를 지나고, x축에 수직인 직선을 그래프로 하는 방정식은 $x=3$이다.

08 점 $(3, -4)$를 지나고, y축에 수직인 직선을 그래프로 하는 방정식은 $y=-4$이다.

09 점 $(5, 0)$을 지나고, y축에 평행한 직선의 방정식은
$x=5$

10 점 $(-2, 0)$을 지나고, y축에 평행한 직선의 방정식은
$x=-2$

11 점 $(0, 6)$을 지나고, x축에 평행한 직선의 방정식은
$y=6$

12 점 $(0, -7)$을 지나고, x축에 평행한 직선의 방정식은
$y=-7$

13 네 방정식 $x=1$, $x=4$, $y=-1$, $y=-4$의 그래프를 좌표평면 위에 그리면 그림과 같다.

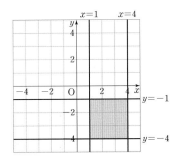

14 네 직선으로 둘러싸인 도형은 정사각형이고, 가로와 세로의 길이는 모두 3이므로 그 넓이는
$3 \times 3 = 9$

본문 104쪽

19 연립방정식의 해와 그래프 (1)

01 $x=1$, $y=2$　　　**02** $x=-1$, $y=3$

03 $(4, 5)$　**04** $\left(\dfrac{3}{4}, \dfrac{5}{4}\right)$　**05** $a=1$, $b=5$

06 $a=1$, $b=-2$

03 $\begin{cases} y=x+1 & \cdots\cdots\ \text{㉠} \\ y=2x-3 & \cdots\cdots\ \text{㉡} \end{cases}$
㉡$-$㉠을 하면 $0=x-4$　　$\therefore x=4$
$x=4$를 ㉠에 대입하면 $y=4+1=5$
따라서 구하는 교점의 좌표는 $(4, 5)$이다.

04 $\begin{cases} y=-x+2 & \cdots\cdots\ \text{㉠} \\ y=3x-1 & \cdots\cdots\ \text{㉡} \end{cases}$
㉡$-$㉠을 하면 $0=4x-3$　　$\therefore x=\dfrac{3}{4}$
$x=\dfrac{3}{4}$을 ㉠에 대입하면 $y=-\dfrac{3}{4}+2=\dfrac{5}{4}$
따라서 구하는 교점의 좌표는 $\left(\dfrac{3}{4}, \dfrac{5}{4}\right)$이다.

05 두 일차방정식의 그래프의 교점의 좌표가 $(1, 3)$이므로
$ax-y=-2$에 $x=1$, $y=3$을 대입하면

$a-3=-2$　　$\therefore a=1$
$2x+y-b=0$에 $x=1$, $y=3$을 대입하면
$2+3-b=0$　　$\therefore b=5$

06 두 일차방정식의 그래프의 교점의 좌표가 $(-2, 0)$이므로
$ax-y+2=0$에 $x=-2$, $y=0$을 대입하면
$-2a+2=0$　　$\therefore a=1$
$x+y=b$에 $x=-2$, $y=0$을 대입하면
$b=-2$

본문 105쪽

20 연립방정식의 해와 그래프 (2)

01 $-x$, $-x$, 기울기, 평행, 없다　　**02** 해가 없다.
03 1개　　**04** 해가 무수히 많다.　　**05** 1개
06 해가 없다.　　**07** 해가 없다.

01 연립방정식 $\begin{cases} x+y=-1 \\ x+y=2 \end{cases}$를 각각 $y=(x$에 대한 식$)$으로 나타내면
$\begin{cases} y=\boxed{-x}-1 \\ y=\boxed{-x}+2 \end{cases}$
이므로 두 일차함수의 그래프는 $\boxed{\text{기울기}}$가 같고, y절편은 다르다.
따라서 두 방정식의 그래프는 $\boxed{\text{평행}}$하므로 연립방정식
$\begin{cases} x+y=-1 \\ x+y=2 \end{cases}$는 해가 $\boxed{\text{없다}}$.

02 $\begin{cases} -x+y=1 \\ x-y=1 \end{cases} \Rightarrow \begin{cases} y=x+1 \\ y=x-1 \end{cases}$
두 일차방정식의 그래프의 기울기가 같고, y절편이 다르므로 평행하다. 따라서 연립방정식의 해는 없다.

03 $\begin{cases} 2x+3y=1 \\ 2x-3y=4 \end{cases} \Rightarrow \begin{cases} y=-\dfrac{2}{3}x+\dfrac{1}{3} \\ y=\dfrac{2}{3}x-\dfrac{4}{3} \end{cases}$
두 일차방정식의 그래프의 기울기가 서로 다르므로 한 점에서 만난다. 따라서 연립방정식의 해는 한 개이다.

04 $\begin{cases} 2x-3y=5 \\ 4x-6y=10 \end{cases} \Rightarrow \begin{cases} y=\dfrac{2}{3}x-\dfrac{5}{3} \\ y=\dfrac{2}{3}x-\dfrac{5}{3} \end{cases}$
두 일차방정식의 그래프의 기울기와 y절편이 각각 같으므로 일치한다. 따라서 연립방정식의 해는 무수히 많다.

05 $\begin{cases} x+3y=1 \\ -x+2y=-2 \end{cases}$ ➡ $\begin{cases} y=-\dfrac{1}{3}x+\dfrac{1}{3} \\ y=\dfrac{1}{2}x-1 \end{cases}$

두 일차방정식의 그래프의 기울기가 서로 다르므로 한 점에서 만난다. 따라서 연립방정식의 해는 한 개이다.

06 $\begin{cases} 2x-5y=3 \\ -2x+5y=-1 \end{cases}$ ➡ $\begin{cases} y=\dfrac{2}{5}x-\dfrac{3}{5} \\ y=\dfrac{2}{5}x-\dfrac{1}{5} \end{cases}$

두 일차방정식의 그래프의 기울기가 같고, y절편이 서로 다르므로 평행하다. 따라서 연립방정식의 해는 없다.

07 $\begin{cases} \dfrac{1}{2}x-\dfrac{1}{3}y=5 \\ 3x-2y=1 \end{cases}$ ➡ $\begin{cases} y=\dfrac{3}{2}x-15 \\ y=\dfrac{3}{2}x-\dfrac{1}{2} \end{cases}$

두 일차방정식의 그래프의 기울기가 같고, y절편이 서로 다르므로 평행하다. 따라서 연립방정식의 해는 없다.

본문 106쪽

21 여러 개의 직선으로 둘러싸인 도형의 넓이

01 그래프는 풀이 참조, 3 **02** 그래프는 풀이 참조, 9

03 그래프는 풀이 참조, $\dfrac{49}{4}$ **04** 그래프는 풀이 참조, 12

01 직선 $y=x+2$의 x절편은 -2, y절편은 2이고,
직선 $y=-2x+2$의 x절편은 1, y절편은 2이므로
두 직선을 좌표평면 위에 그리면 다음과 같다.

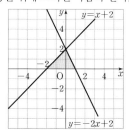

따라서 두 직선과 x축으로 둘러싸인 도형의 넓이는 색칠한 삼각형의 넓이와 같으므로
$\dfrac{1}{2}\times 3\times 2=3$

02 $\begin{cases} y=x+4 & \cdots\cdots\;\bigcirc \\ y=-x+2 & \cdots\cdots\;\bigcirc\!\!\!\!\bigcirc \end{cases}$

$\bigcirc-\bigcirc\!\!\!\!\bigcirc$을 하면
$0=2x+2$ $\therefore\;x=-1$

$x=-1$을 ㉠에 대입하면 $y=-1+4=3$
즉, 두 직선의 교점의 좌표는 $(-1,\,3)$
직선 $y=x+4$의 x절편은 -4, y절편은 4이고,
직선 $y=-x+2$의 x절편은 2, y절편은 2이므로
두 직선을 좌표평면 위에 그리면 다음과 같다.

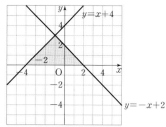

따라서 두 직선과 x축으로 둘러싸인 도형의 넓이는 색칠한 삼각형의 넓이와 같으므로
$\dfrac{1}{2}\times 6\times 3=9$

03 $\begin{cases} y=x-3 & \cdots\cdots\;\bigcirc \\ y=-x+4 & \cdots\cdots\;\bigcirc\!\!\!\!\bigcirc \end{cases}$

$\bigcirc-\bigcirc\!\!\!\!\bigcirc$을 하면
$0=2x-7$ $\therefore\;x=\dfrac{7}{2}$

$x=\dfrac{7}{2}$을 ㉠에 대입하면 $y=\dfrac{7}{2}-3=\dfrac{1}{2}$

즉, 두 직선의 교점의 좌표는 $\left(\dfrac{7}{2},\,\dfrac{1}{2}\right)$

직선 $y=x-3$의 x절편은 3, y절편은 -3이고,
직선 $y=-x+4$의 x절편은 4, y절편은 4이므로
두 직선을 좌표평면 위에 그리면 다음과 같다.

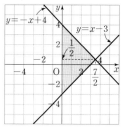

따라서 두 직선과 y축으로 둘러싸인 도형의 넓이는 색칠한 삼각형의 넓이와 같으므로
$\dfrac{1}{2}\times 7\times\dfrac{7}{2}=\dfrac{49}{4}$

04 $\begin{cases} y=x+4 & \cdots\cdots\;\bigcirc \\ y=-\dfrac{1}{2}x-2 & \cdots\cdots\;\bigcirc\!\!\!\!\bigcirc \end{cases}$

$\bigcirc-\bigcirc\!\!\!\!\bigcirc$을 하면
$0=\dfrac{3}{2}x+6$ $\therefore\;x=-4$

$x=-4$를 ㉠에 대입하면 $y=0$
즉, 두 직선의 교점의 좌표는 $(-4,\,0)$
직선 $y=x+4$의 x절편은 -4, y절편은 4이고,
직선 $y=-\dfrac{1}{2}x-2$의 x절편은 -4, y절편은 -2이므로
두 직선을 좌표평면 위에 그리면 다음과 같다.

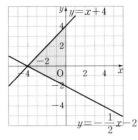

따라서 두 직선과 y축으로 둘러싸인 도형의 넓이는 색칠한 삼각형의 넓이와 같으므로
$$\frac{1}{2} \times 6 \times 4 = 12$$

22 일차함수의 활용

본문 107쪽

01 $y=7x+8$	**02** 7분	**03** 0.2 cm
04 $y=20-0.2x$	**05** $y=331+0.6x$	
06 340 m/초	**07** 25 ℃	**08** 2000 m

01 2분씩 지날 때마다 14 ℃씩 온도가 올라가므로 1분씩 지날 때마다 7 ℃씩 온도가 오른다. x분 후의 온도는 $7x$ ℃만큼 오르므로 처음 온도가 8 ℃인 물은 x분 후에 $(7x+8)$ ℃이다.
따라서 y를 x에 관한 식으로 나타내면
$$y=7x+8$$

02 $y=57$을 $y=7x+8$에 대입하면
$$57=7x+8,\ 7x=49$$
$$\therefore x=7$$
따라서 물을 끓이기 시작한 지 7분 후이다.

03 양초가 10분에 2 cm씩 줄어들므로 1분 동안에는 0.2 cm 줄어든다.

04 양초는 1분에 0.2 cm씩 줄어드므로 x분 후에는 $0.2x$ cm 줄어든다. 처음 양초의 길이가 20 cm이므로 x분 후의 양초의 길이는 $(20-0.2x)$ cm이다.
따라서 y를 x에 관한 식으로 나타내면
$$y=20-0.2x$$

05 소리의 빠르기는 기온이 1 ℃ 올라갈 때마다 0.6 m/초씩 증가하므로 기온이 x ℃ 올라가면 소리의 빠르기는 $0.6x$ m/초 증가한다. 기온이 0 ℃일 때 소리의 빠르기는 331 m/초이므로 기온이 x ℃이면 소리의 빠르기는 $(331+0.6x)$ m/초이다.
따라서 y를 x에 관한 식으로 나타내면
$$y=331+0.6x$$

06 $x=15$일 때, $y=331+0.6 \times 15=340$
이므로 기온이 15 ℃일 때, 소리의 빠르기는 340 m/초이다.

07 $y=346$일 때,
$$346=331+0.6x,\ 0.6x=15$$
$$\therefore x=25$$
따라서 소리의 빠르기가 346 m/초일 때의 기온은 25 ℃이다.

08 지면에서 높이가 x m인 지점의 기온을 y ℃라 하자.
지면에서 100 m씩 올라갈 때마다 기온은 0.6 ℃씩 내려가므로 1 m씩 올라갈 때마다 기온은 0.006 ℃씩 내려간다.
지면의 온도가 20 ℃이므로 지면에서 x m 올라갔을 때의 기온은 $(20-0.006x)$ ℃이다.
즉, $y=20-0.006x$에 $y=8$을 대입하면
$$8=20-0.006x,\ 0.006x=12$$
$$\therefore x=2000$$
따라서 기온이 8 ℃인 지점의 높이는 2000 m이다.

핵심 반복

본문 108쪽

1 ③	**2** ①	**3** ②	**4** ①
5 ②	**6** ④	**7** ②	
8 (1) $y=50-2.5x$ (2) 20분			

1 $4x+2y+3=0$에서 $2y=-4x-3$
$$\therefore y=-2x-\frac{3}{2}$$

2 $2x+y-5=0$을 y에 관하여 정리하면
$$y=-2x+5$$
따라서 $a=-2$, $b=5$이므로
$$ab=(-2) \times 5=-10$$

3 y축과 평행한 직선 위의 점들은 모두 x의 값이 일정하다.
즉, 두 점 $(p,\ 1)$, $(-1,\ 4)$의 x좌표가 같으므로
$$p=-1$$

4 연립방정식의 해는 두 일차방정식의 그래프의 교점의 좌표 $(1,\ 2)$와 같으므로
$$x=1,\ y=2$$

5 두 일차함수 $y=-x+3$, $y=x-1$의 그래프의 교점의 좌표는
연립방정식 $\begin{cases} y=-x+3 & \cdots\cdots \text{㉠} \\ y=x-1 & \cdots\cdots \text{㉡} \end{cases}$ 의 해와 같다.
㉡-㉠을 하면
$$0=2x-4 \qquad \therefore x=2$$
$x=2$를 ㉡에 대입하면 $y=2-1=1$
따라서 구하는 교점의 좌표는 ② $(2,\ 1)$이다.

6 교점의 좌표가 $(3, 2)$이므로 $x=3$, $y=2$를 $ax+y=8$에 대입하면
$3a+2=8$
$\therefore a=2$

7 일차방정식 $x-y+2=0$의 그래프의 x절편은 -2, y절편은 2이고, 일차방정식 $x+2y-4=0$의 그래프의 x절편은 4, y절편은 2이므로 두 직선을 좌표평면 위에 그리면 그림과 같다.

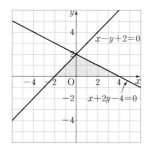

따라서 두 직선과 x축으로 둘러싸인 도형의 넓이는
$\dfrac{1}{2}\times6\times2=6$

8 (1) 1분에 2.5 L의 비율로 일정하게 물이 흘러나오므로 x분 후에는 $2.5x$ L의 물이 흘러나온다. 처음 50 L에서 x분 동안 $2.5x$ L가 일정하게 흘러나오면 남아 있는 물의 양은 $(50-2.5x)$ L이므로 x와 y 사이의 관계식은
$y=50-2.5x$
(2) 물이 다 흘러나오면 남아 있는 물의 양은 0 L이므로 $y=0$을 $y=50-2.5x$에 대입하면
$0=50-2.5x$, $2.5x=50$
$\therefore x=20$
따라서 물이 다 흘러나올 때까지 걸린 시간은 20분이다.

1 ⑤	2 ①, ④	3 ①	4 ③
5 ②	6 $y=-3x+24$		7 12

1 $2x-3y+1=0$에 $x=2$, $y=p$를 대입하면
$4-3p+1=0$, $-3p=-5$
$\therefore p=\dfrac{5}{3}$

2 $x-2y+4=0$을 y에 관하여 정리하면
$-2y=-x-4$
$\therefore y=\dfrac{1}{2}x+2$
① $y=0$을 대입하면
$0=\dfrac{1}{2}x+2$　　$\therefore x=-4$
x절편은 -4이다.

② $y=\dfrac{1}{2}x+2$에서 y절편은 2이다.
③ $x=-2$, $y=2$를 대입하면
$2=\dfrac{1}{2}\times(-2)+2$ (거짓)
이므로 그래프는 점 $(-2, 2)$를 지나지 않는다.
④ 기울기와 y절편이 모두 양수이므로 일차방정식 $x-2y+4=0$의 그래프는 제1, 2, 3사분면을 지나고 제4사분면을 지나지 않는다.
⑤ 일차함수 $y=-2x$의 그래프와 기울기가 서로 다르므로 한 점에서 만난다.
따라서 옳은 것은 ①, ④이다.

3 $2x+y-1=0$에서 $y=-2x+1$
구하는 일차함수의 그래프는 일차함수 $y=-2x+1$의 그래프와 기울기가 같으므로 그 식을 $y=-2x+b$로 놓는다.
이 그래프가 점 $(1, 2)$를 지나므로
$x=1$, $y=2$를 $y=-2x+b$에 대입하면
$2=-2+b$　　$\therefore b=4$
따라서 구하는 일차함수의 식은
$y=-2x+4$
① $x=-2$, $y=10$을 대입하면 $10\ne-2\times(-2)+4$이므로 참이 아니다.

4 두 일차함수 $y=3x-5$, $y=-x+3$의 그래프의 교점의 좌표는
연립방정식 $\begin{cases} y=3x-5 & \cdots\cdots ㉠ \\ y=-x+3 & \cdots\cdots ㉡ \end{cases}$의 해와 같다.
㉠$-$㉡을 하면
$0=4x-8$　　$\therefore x=2$
$x=2$를 ㉡에 대입하면
$y=-2+3=1$
교점의 좌표는 $(2, 1)$이고 이때 기울기가 2이고 점 $(2, 1)$을 지나는 직선을 그래프로 하는 일차함수의 식을 $y=2x+b$로 놓고 이 식에 $x=2$, $y=1$을 대입하면
$1=4+b$　　$\therefore b=-3$
따라서 구하는 일차함수의 식은
$y=2x-3$

5 네 직선 $x=-2$, $x=p$, $y=-1$, $y=4$를 좌표평면에 나타내면 그림과 같다.

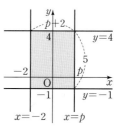

네 직선으로 둘러싸인 도형은 가로의 길이가 $p+2$, 세로의 길이가 5인 직사각형이고, 그 넓이가 20이므로
$(p+2)\times5=20$

$$p+2=4$$
$$\therefore p=2$$

6 점 P가 1초에 1 cm씩 움직이므로
$$\overline{\mathrm{CP}}=x \text{ cm}, \ \overline{\mathrm{BP}}=(8-x) \text{ cm}$$
따라서 $(\triangle\mathrm{ABP}$의 넓이$)=\dfrac{1}{2}\times\overline{\mathrm{BP}}\times6$이므로
$$y=\dfrac{1}{2}\times(8-x)\times6$$
$$\therefore y=-3x+24$$

7 직선 $y=x-2$ ➡ x절편 : 2, y절편 : -2
직선 $y=-x+2$ ➡ x절편 : 2, y절편 : 2
직선 $y=\dfrac{1}{2}x+2$ ➡ x절편 : -4, y절편 : 2
직선 $y=-\dfrac{1}{2}x-2$ ➡ x절편 : -4, y절편 : -2
이므로 네 직선은 그림과 같다.

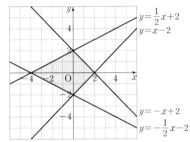

따라서 네 직선으로 둘러싸인 도형의 넓이는
$$2\times\left(\dfrac{1}{2}\times6\times2\right)=12$$

쉬운 서술형
본문 110쪽

1 (1) $y=\dfrac{1}{4}x-\dfrac{9}{4}$ (2) 9 (3) $-\dfrac{9}{4}$

2 (1) 1 (2) $y=x-1$ (3) 1

3 (1) 2 (2) 2 (3) -3

4 (1) $\mathrm{A}(4,\,0)$ (2) $\mathrm{P}\left(\dfrac{2}{3},\,\dfrac{10}{3}\right)$ (3) $\dfrac{20}{3}$

1 (1) 일차함수 $y=\dfrac{1}{4}x-2$의 그래프를 y축의 방향으로 $-\dfrac{1}{4}$만큼 평행이동하면
$$y=\dfrac{1}{4}x-2-\dfrac{1}{4}$$
즉, $y=\dfrac{1}{4}x-\dfrac{9}{4}$ ······ (가)

(2) $y=\dfrac{1}{4}x-\dfrac{9}{4}$에서 $y=0$을 대입하면
$$0=\dfrac{1}{4}x-\dfrac{9}{4}$$
$$\therefore x=9$$
따라서 x절편은 9이므로 $a=9$ ······ (나)

(3) $y=\dfrac{1}{4}x-\dfrac{9}{4}$에서 $x=0$을 대입하면
$$y=\dfrac{1}{4}\times0-\dfrac{9}{4}$$
$$\therefore y=-\dfrac{9}{4}$$
따라서 y절편은 $-\dfrac{9}{4}$이므로
$$b=-\dfrac{9}{4}$$ ······ (다)

채점 기준표

단계	채점 기준	비율
(가)	평행이동한 그래프의 식을 구한 경우	40 %
(나)	x절편을 구한 경우	30 %
(다)	y절편을 구한 경우	30 %

2 (1) 두 점 $(-1,\,-2)$, $(1,\,0)$을 지나는 직선의 기울기는
$$\dfrac{0-(-2)}{1-(-1)}=\dfrac{2}{2}=1$$ ······ (가)

(2) 기울기가 1이므로 일차함수의 식을 $y=x+b$로 놓고
이 식에 $x=1$, $y=0$을 대입하면
$$0=1+b \quad \therefore b=-1$$
따라서 구하는 일차함수의 식은
$$y=x-1$$ ······ (나)

(3) $y=x-1$에 $x=2$, $y=a$를 대입하면
$$a=2-1=1$$ ······ (다)

채점 기준표

단계	채점 기준	비율
(가)	기울기를 구한 경우	30 %
(나)	일차함수의 식을 구한 경우	40 %
(다)	a의 값을 구한 경우	30 %

3 (1) 주어진 그래프는 두 점 $(-2,\,0)$, $(0,\,4)$를 지나므로
직선의 기울기는
$$\dfrac{4-0}{0-(-2)}=2$$ ······ (가)

(2) 평행한 두 직선은 기울기가 같으므로
$$a=2$$ ······ (나)

(3) 그래프의 y절편이 -3이므로
$$b=-3$$ ······ (다)

채점 기준표

단계	채점 기준	비율
(가)	주어진 그래프의 기울기를 구한 경우	40 %
(나)	a의 값을 구한 경우	30 %
(다)	b의 값을 구한 경우	30 %

4 (1) $x+y=4$에 $y=0$을 대입하면
$$x=4$$
$$\therefore \mathrm{A}(4,\,0)$$ ······ (가)

(2) 연립방정식 $\begin{cases} y=5x & \cdots\cdots \text{ ㉠} \\ x+y=4 & \cdots\cdots \text{ ㉡} \end{cases}$ 에서

㉠을 ㉡에 대입하면

$x+5x=4$, $6x=4$

$\therefore x=\dfrac{2}{3}$

$x=\dfrac{2}{3}$ 를 ㉠에 대입하면

$y=5\times\dfrac{2}{3}=\dfrac{10}{3}$

$\therefore \text{P}\left(\dfrac{2}{3}, \dfrac{10}{3}\right)$ $\cdots\cdots$ (나)

(3) $(\triangle\text{POA의 넓이})=\dfrac{1}{2}\times\overline{\text{OA}}\times(\text{점 P의 } y\text{좌표})$

$\qquad\qquad\qquad\quad =\dfrac{1}{2}\times 4\times\dfrac{10}{3}$

$\qquad\qquad\qquad\quad =\dfrac{20}{3}$ $\cdots\cdots$ (다)

채점 기준표

단계	채점 기준	비율
(가)	점 A의 좌표를 구한 경우	30 %
(나)	점 P의 좌표를 구한 경우	40 %
(다)	△POA의 넓이를 구한 경우	30 %

MEMO